天津社会科学院　中国城市史研究会　主办

城市史研究

（第30辑）

URBAN HISTORY
RESEARCH

张利民　主编

社会科学文献出版社
SOCIAL SCIENCES ACADEMIC PRESS (CHINA)

《城市史研究》 编委会

目 录

市政管理与规划建设

区域体系与经济发展

空间结构与环境变迁

近代中国西部河谷城市自然灾害救灾防灾研究*

蔡云辉

内容提要：近代是中国自然灾害的高发期，西部河谷城市由于其所处的独特地理区位与环境，成为自然灾害频繁侵损与破坏的主要对象之一。多样化的自然灾害对这些城市的发展产生了不同程度的破坏与影响，面对灾害，来自官方与民间的力量，采取了一系列救灾防灾措施，在一定程度上降低了对城市所造成的灾害损失与破坏性影响，有助于西部河谷城市的缓慢发展。

关键词：西部河谷　城市　自然灾害　救灾

自然灾害是自然界的一种客观现象，"是指当自然灾害施加于人类社会，造成人员伤亡和财产损失，危害人类生存与发展时，即称之为自然灾害"。① 自然灾害主要包括水旱灾害、气象灾害、地震灾害、地质灾害、海洋灾害、生物灾害和森林草原火灾等。西部河谷城市所处的特殊地理空间是自然灾害多发区之一，近代以来，这些城市曾不同程度地遭受了多样性的自然灾害侵损与破坏。面对自然灾害的发生，来自政府与民间的力量，他们从不同角度采取不同措施，进行了较为系统的救灾和防灾工作。

---

*　本文系作者主持的国家社科基金项目："近代以来西部河谷城市自然灾害研究（1840～1949）"之阶段性成果。项目编号：11BZS060。
①　王绍玉、冯百侠：《城市灾害管理》，化学工业出版社，2010，第29页。

一　西部河谷城市与自然灾害

1. 河谷城市与自然灾害

河谷型城市是指城市的主体在河谷中形成和发育的城市。[①] 河谷城市又可分为广义和狭义两类。广义的河谷型城市本身不受地形制约，但城镇体系发育却受到地形条件深刻的、潜在的影响和限制，一般随地形、河流走向布局和延伸，并由此形成城市发展的主轴。狭义的河谷型城市是指城市主体的发育受到河谷地形较为强烈的直接限制，城市本身被迫沿地形及其河流走向发展。

河谷型城市地处两边甚至四边山地、丘陵包围的低洼地带，河流总是沿地表的断裂带等薄弱地段下切，形成冲积、洪积盆地与阶地。地表水和地下水由山体、丘陵流向河谷，容易产生洪水、滑坡、泥石流、塌陷、崩塌等多种多样的自然灾害。如果河谷底部面积较小且狭长，并且两端出口紧束，则可能引致河水倒灌，加重洪水的危害。河谷由于一般地处断裂带，因此不同等级的地震灾害也频繁发生。

2. 西部河谷城市与自然灾害

河谷城市是世界上分布较为广泛的一类城市，在山地和丘陵地区尤其突出。河谷型城市在中国具有强烈的典型性和区域性，尤以西部地区的河谷型城市具有代表性。各种规模、职能、性质的河谷型城市基本上在西部地区都有分布。中国西北和西南地区河谷型城市就是典型例证。从西北地区来看，该区域的地貌由高原、山地、荒漠、丘陵、盆地组成，其中大部分地区为干旱、半干旱的荒漠景观。由于西北地区地处中国三大地势阶梯中的第二级，河流自西向东穿过各种地貌类型，或者由高山流向盆地、走廊而消失，所以在西北地区形成了众多的河谷、川地与盆地，例如湟源谷地、关中平原等。这些地区也自然成为城市诞生与发展的摇篮之一，尤其是河流流过的地理位置较好的河谷、川台地、盆地等。从西南地区来看，西南地区的自然地理环境经历远古时期的"印支运动""燕山运动"到"喜马拉雅运动"等一系列地质变化，初步形成其

---

① 赵荣、杨新军：《西北地区城市发展研究》，陕西人民出版社，2001，第156页。

独特的地势、地形和气候等特点，从地势上看，西南地区西高东低，呈阶梯状分布，主要包括第一阶梯的横断山脉东部地区，第二阶梯四川盆地以及第三阶梯长江中下游平原的过渡地带。地形分区呈现由西北向东南倾斜的特点。区内地形复杂，山地、丘陵、高原、盆地、峡谷及河谷平原交错分布。山地在总面积中占的比例很大。其中四川、重庆、云南、贵州、西藏自治区几个省区市的山地面积均在 7 成以上，属于典型的山地地貌。云南有94%的面积是山地，而贵州的黔西北高原、黔中高原大部分为高山和中山地貌。① 区域内属横断山脉的邛崃山、龙门山和大凉山、大雪山等由北向南延伸。与此同时，西南地区水系发达，有近10条大江及众多支流，从西北高原向东南奔流。夏秋雨量集中，5～10月的雨量占全年的85%～90%，一旦下雨集中，泄洪不畅，就易酿成洪灾，引发自然灾害。

地貌是城市环境基本组成之一，一定区域的地貌环境为该区域城市的发展提供了基础。因此，尽管这些破坏力巨大的自然灾害并非全部发生于城市，但地处西部地区的城市，尤其是西部河谷地区的城市，由于其独特的地理区位和地貌特征，也成为自然灾害破坏力的天然承担者之一。城市建设的实践表明，地貌营力与人类的过度活动相叠加，往往使高能低频的地貌过程（如泥石流、滑坡、洪水和崩塌等）增多，使低能高频的地貌过程（如地面沉降、地表侵蚀和堆积等）加剧，从而形成城市灾害。以四川省为例，山地、丘陵、平原和高原组成了不同的城市地貌环境，该省自然灾害类型多样，主要有洪灾、地震、滑坡、崩塌、泥石流、土溜和沟蚀等，对城市破坏很大。② 其中的丘陵城市，因大多在丘间沿河阶地和坳谷平坝上，地面略有起伏，较为破碎。由于丘坡坡度较大，岩性松软，坡地上的降雨径流常挟带大量泥沙，汇入河流沟谷，给丘陵城市造成危害。山地城市因多位于距河水面不很高而较平坦的河谷谷坡，或台地、阶地上，山高坡陡，地面起伏较大，地质构造复杂，河流侵蚀切割强烈，活跃的内、外营力常导致严重的城市自然灾害频发，如重庆、万州、涪陵等。

---

① 李旭：《西南地区城市历史发展研究》，东南大学出版社，2011，第 7 页。
② 刁承泰：《城市自然灾害与地貌环境的关系》，《灾害学》1989 年第 3 期。

二　近代西部地区及西部河谷城市主要自然灾害统计分析

1. 近代西部地区主要自然灾害统计分析

据统计，有清一代（1644～1911）共267年，其间全国共发生较大洪水398次，即大约平均每2年发生3次。全国性干旱有13年，大约20年出现一次。地震灾害共记载4200次，其中除震级较小的外，震级≥4.75级的破坏性地震398次，震级≥6.5级的地震101次，震级≥8.0级的大地震7次。地质灾害有记载的共124次，多发的是山崩，其次为地裂、滑坡等。在这些主要自然灾害中，发生在西北和西南的主要是地震灾害、地质灾害，以及水旱灾害。尤其是地震灾害，8级以上的7次大地震，有5次发生在西部地区（西北4次，西南1次）。[①] 中华民国（1911～1949）共计38年，为多种自然灾害频发期。其中，洪灾共发生65次；有11年发生较为严重的干旱；地震共记载了1300多次，震级≥4.75级的地震有1021次，震级≥7级的地震有50次，震级≥8级的地震有5次。地质灾害主要有山崩、滑坡、地裂和地陷等。洪灾主要集中于黄河、长江、淮河、珠江等7大河流域；旱灾主要集中于华北和西南地区；地震则主要集中于西北、西南和台湾地区；地质灾害主要发生在西南、西北的陕西和甘肃，以及长江中下游地区。[②] 这些频发的自然灾害，对中国经济社会发展造成巨大破坏，导致全国死亡人数在万人以上的大灾就达124次，死亡10万人以上的28次，死亡50万人以上的11次，100万人以上的6次，1000万人以上的2次。[③]

2. 近代西部河谷城市主要自然灾害分析

通过对西部河谷城市的系统考察可发现，西部河谷城市自然灾害的主要类型有洪水、滑坡、泥石流、崩塌和地震等。当然，由于西部地域辽

---

① 科技部国家计委国家经贸委灾害综合研究组编《中国重大自然灾害与社会图集》，广东科技出版社，2004，第112页。

② 科技部国家计委国家经贸委灾害综合研究组编《中国重大自然灾害与社会图集》，第114页。

③ 杨志娟：《近代西北地区自然灾害特点规律初探》，《西北民族大学学报》（哲学社会科学版）2008年第4期。

阔，不同的城市个案，其自然灾害类型也存在一定差异，如表 1 所示。

表 1　中国西部部分河谷城市地区主要自然灾害类型统计

城　市	主要自然灾害	城　市	主要自然灾害
拉　萨	山麓地带滑坡、泥石流等	重　庆	洪水、滑坡、泥石流、崩塌、地震等
攀枝花	滑坡、泥石流、崩塌、地震等	自　贡	滑坡、泥石流、崩塌等
宜　宾	洪水、滑坡、泥石流、崩塌等	西　昌	洪水、地震、滑坡、泥石流、崩塌等
贵　阳	洪水、滑坡、泥石流、崩塌等	遵　义	洪水、滑坡、泥石流、崩塌等
六盘水	洪水、滑坡、泥石流、崩塌等	楚　雄	地震、洪水、滑坡、泥石流等
铜　川	洪水、滑坡、泥石流、塌方等	宝　鸡	洪水、滑坡、泥石流、地震等
延　安	洪水、滑坡、泥石流、崩塌等	兰　州	洪水、滑坡、泥石流、地震、崩塌等
白　银	滑坡、泥石流、塌方等	玉　门	洪水、滑坡、泥石流、塌方等
平　凉	洪水、滑坡等	西　宁	洪水、滑坡、泥石流、崩塌等
乌鲁木齐	地震、洪水等	舟　曲	洪灾、地震、滑坡、泥石流
安　康	暴雨、洪水、滑坡、地震等	岚皋县城	洪水、滑坡、泥石流、地震等
白河县城	暴雨、洪水、泥石流、地震等	紫阳县城	暴雨、洪水、旱、风灾、雹灾等
略阳县城	水灾、滑坡、泥石流、地震等	镇巴县城	洪水、崩塌、泥石流、滑坡、地震等

资料来源：杨永春：《中国西部河谷城市的发展和空间结构研究》，博士学位论文，南京大学，2003；各相关区县地方志资料整理与舟曲县地方志编纂委员会编《舟曲县志》，三联书店，1996，第 121 页。此表据上述资料综合分析所得。

学者何爱萍也认为，在西部、北部地区，自然灾害首先是干旱、雪灾、地震，其次是沙尘暴、滑坡、泥石流及山洪。在西南等地，自然灾害主要是干旱、洪涝、地震、冻灾、风灾、滑坡和泥石流等。[①]

三　救灾、防灾的制度措施

1. 中国古代的救灾思想

中国古代救灾思想源远流长，《礼记·月令》就讲："天子布德行惠，命有司发仓廪，赐贫穷，振乏绝，开府库，出布帛周天下。"《晏子春秋·内篇杂上》也讲："晏子欲发粟于民而已，若使不可得，则依物而偶（寓）于政。"中国最多的自然灾害是水灾。水少则旱，水多则涝。为此，对水

---

① 何爱萍：《区域灾害经济学》，中国社会科学出版社，2006，第 191 页。

灾的防治就显得尤为重要。《荀子·王制》主张："修堤梁，通沟浍，行水潦，安水藏，以时决塞。岁虽凶败，使民有所耘艾，司空之事也。"《元史》卷六十四《志第十六·河渠一》载："水为中国患，尚矣……夫润下，水之性也，而欲为之防，以杀其怒，遏其冲，不亦其难也哉！惟能因势利导之，可蓄则储水以备旱暵之灾，可泄则泻水以防水潦之溢，则水之患息，而于是盖有无穷之利焉。"

在中国古代，虽然在周代中央政府中就有一些兼管救灾的官员，隋唐所设户部的职责之一就是救灾，但一直到清代，都没有设立专门的救灾机构。[①] 尽管没有设立专门的救灾机构，但从君王到各地官吏还是非常重视抗灾救灾，尤其是地方官员都将抗灾救灾当作自己的重要职责。为了保证各级官员履行抗灾救灾的职责，不少王朝都制定了报灾、勘灾、救灾的相关条例。同时还制定了对救灾官员的奖惩制度。当然，中国历史上救灾制度的局限也是显而易见的，突出地表现在：第一，古代一直没有设立专门的救灾机构，没有负责救灾的专职官员；第二，没有建立完善的救灾法律和相关条例；第三，在皇权专制集权下，地方政府要事事按皇帝诏书和中央指示办事，很难根据具体情况制定和实施切实可行的救灾措施。

2. 具体救灾措施与制度

救灾是中国地方政府的主要职责之一。灾害发生后，地方官员要负责勘查灾情，呈报上级，并亲自负责救灾。事实上，地方官员的勘灾报灾制度在秦代就已形成。清代要求地方官员要认真勘查报灾，以便确定救灾方案。[②] 地方官员勘查灾情主要涉及内容包括地区、灾民人数、受灾土地面积等。清代的灾情申报程序是：灾害发生后，应立即上报督抚，督抚接报后，一面要及时上报朝廷，另一面要选派官员会同州县迅速前往灾区实地查看，根据灾情轻重，造具图册申报司道，由司道复查具结，上报督抚，督抚再将勘查的情况上报中央。中央批复后，即可落实各项具体救灾措施。清代还规定，地方发生自然灾害，必须速报，报灾逾期，将受到罚俸、降职甚至革职等的处置。1915年1月，北京政府制定和公布了《勘报

---

① 孙绍骋：《中国救灾制度研究》，商务印书馆，2005，第54页。
② 孙绍骋：《中国救灾制度研究》，第58页。

灾歉条例》，1928 年国民政府又对此条例进行了修订并颁行实施。《条例》规定：风雹、水灾及其他急灾，需立即勘查，最迟不能超过三天。[①]

地方官员除了勘灾、报灾外，当自然灾害发生后，还要负责救灾。清朝中央政府对救灾不力或救灾中的违法官员惩处十分严厉。如果地方报灾逾期在一个月内，巡抚及道、府、州、县官各罚俸一个月；超过一个月，各降一级；超过两个月，各降两级；超过三个月，革职。地方官员在救灾过程中如若贪污救灾钱粮，以坐赃论。侵吞救灾物资和款项严重者，一经查处即严加惩处。

3. 城市防灾措施

针对河谷城市的水患之灾，中国古代在筑城之时，往往采取"防、导、蓄、高、坚、迁"等 6 条方略加以预防。[②] 首先，在城市选址上，重视防洪。"凡立国都，非于大山之下，必于广川之上，高毋近旱，而水用足，下毋近水，而沟防省。"尤其在河谷地区筑城，河床稳定，城址方可临河；在河流的凸岸建城，城址可以少受洪水冲刷；以天然岩石作为城址的屏障。[③] 当面对洪水威胁着城市，当人力又无法御灾时，则采取迁城以避水的策略。其次，规划设计好城市的防洪体系。它包括障水系统、排水系统、调蓄系统、交通系统 4 个系统。其中，障水系统的主要功用是防御外部洪水侵入城内，它由城墙、护城堤防、河塘、门闸等组成。排水系统的主要功用是把城内渍水排出城外，它由城壕、城内河渠、排水沟管、涵洞等组成。调蓄系统的主要功用是调蓄城内洪水，以避免雨潦之灾，它由城市水系的河渠湖池组成。交通系统的主要功用是保证汛期交通顺畅，使防洪抢险，人和物迁移顺利进行，它由城内外桥、路组成。最后，在城市的建筑设计上采取科学的防范措施，主要包括：将重要的建筑置于地势较高之处；设计高台、阁楼以避水患；采取科学的工程技术手段，确保城墙的防洪功能；等等。

针对城市洪灾的发生及救灾，其防洪抢险救灾措施主要包括 5 个方面：第一，准备抢险救灾的物质、设施，如沙袋、船只、竹木筏等；第二，城墙、堤防系统进入御洪状态，如关闭城门，下间淘水，闭塞排水涵洞以防

① 孙绍骋：《中国救灾制度研究》，第 60 页。
② 吴庆洲：《中国古代城市防洪研究》，中国建筑工业出版社，1995，第 179 页。
③ 吴庆洲：《中国古代城市防洪研究》，第 196、201 页。

洪水倒灌入城等；第三，由当地官吏统一指挥，组织抢险；第四，在抢险时，既要考虑防止城堤败破，以致洪水灌城，对城堤进行及时的修补加固，同时也要考虑以分洪等方法减灾；第五，一旦成灾，立即组织抢救。[①] 城市水灾后的善后措施则主要包括：葬死者，治疗疾病，安顿灾民，济以米谷，修建房宅，以及修缮城墙、堤防等防洪设施。

此外，城市其他自然灾害的防范与救助也有相应的措施。例如，对城市火灾问题，宋代已开始建立"潜火军"，又称为"防隅"。元代、明代建有"救火兵丁"，清代则建有"防范火班"。光绪二十八年（1902）清政府在天津南段巡警总局设消防队。其后，北京、哈尔滨、保定、昆明、广州、沈阳、长沙等地陆续建立了消防队。1905年，清政府成立巡警部，下设消防处。[②] 民间的消防组织，有"水龙会"等。为了防范火患，中国自古代以来，在城市选址时还非常注重水源问题，这既有利于生活之需，同时也便于就近取水灭火。在修筑建筑物体的过程中，还采用修建防火墙、设置避雷设施，以及合理布置灭火器具等来防范火灾的发生。

针对救灾而言，各地则主要通过赈济与抚恤、平粜与借贷、税赋减免、移民、民间自救等具体措施来实施救灾。也有学者在总结中国历代救灾措施时，将之分为消极和积极两个层面。消极的政策措施包括：赈济、调粟、养恤、除害、安缉、蠲缓；积极的救灾政策措施包括：重农、仓储，兴修水利和林垦等。[③]

此外，自古代至民国时期，从中央到地方政府还通过发展农业、兴修水利、储备粮食和厉行节约等措施，来防灾减灾。

4. 近代中国的城市救灾机构

1912年1月1日，孙中山宣布成立中华民国临时政府，中央设内务部，省设民政厅，主管全国和地方的选举、赈恤、救济、慈善、户籍及卫生等事业。1912年8月，北京政府成立内务部，掌管赈恤、救济、慈善及卫生等事宜。1920年9月14日公布的《筹议赈灾临时委员会章程》规定，由内务、农商、交通等部合组机构，以专门筹议临时救灾及善后事宜。1921年10月29日，北京政府还以教令形式颁发《赈务处暂行条例》，规

---

① 吴庆洲：《中国古代城市防洪研究》，第288页。
② 赫治清：《中国古代灾害史研究》，中国社会科学出版社，2007，第433~434页。
③ 邓云特：《中国救荒史》，商务印书馆，2011，第6~9页。

定由赈务处综理灾区赈济及善后事宜。1921年5月13日，北京政府内务部公布了《全国防灾委员会章程》，《章程》规定该委员会的重要职责就是分析灾害发生的原因，谋划防灾办法。

1921年广东军政府颁布《广州市暂行条例》，《条例》规定：广州市为地方行政区域，直接隶属于省政府，不入县行政范围。其行政范围共计9项。其中，第4项为公安、消防、水患事项；第5项为市教育、风纪及慈善事项；第7项为交通、电力、电话、自来水、煤气，以及其他公用事业的经营与取缔等。① 这是中国地方政府首次以行政方式对城市自然灾害的防范与救助进行专项职权规范。

1921年7月3日，北京政府正式公布《市自治制》共8章57条。9月9日又公布《市自治制施行细则》。《市自治制》是中国第一个由中央政府颁布的关于市建制设置的正式文件，② 其规定市的职权主要为下列各项：（1）教育；（2）交通、水利及其他土木工程；（3）劝业及公共营业；（4）卫生救济事业；（5）其他依法令属于市自治的事务。

1928年南京国民政府设立行政院为最高行政机关，行政院下除设内务部外，还设立了赈济委员会，掌管全国赈济行政事务，从而中央一级机构首次有了专职救灾机构。但由于这一时期战乱不断，政权更迭频繁，初步建立起来的救灾体制也没能发挥应有的作用。1931年6月27日，国民政府修订的《内政部各司分科规则》规定，由民政司第四科掌管贫民救济、防灾备荒、地方粮食管理、地方筹募赈捐审复、游民教养等事项。1931年特大水灾发生后，国民政府成立了救济水灾委员会，办理临时赈灾、善后补救及防灾事务。1936年修订的《内政部组织法》规定，内政部设总务、民政、地改、礼俗等司，其中民政司掌管地方行政、行政区划、地方官员任免、户籍、选举、地方自治、赈灾、救贫、慈善等事务。

中国由于在相当长的历史时期一直实行的是"城乡合治"的管理模式，因此在城市救灾制度层面，同样体现着"城乡合一"的运行模式。这一方面受制于中国的行政管理运行制度和机制的历史惯性，另一方面也体现出中国的城市近代化转型缓慢，近代城市管理与救灾防灾也因此先天不足。

---

① 赵可：《市政改革与城市发展》，中国大百科全书出版社，2004，第128页。
② 田穗生：《旧中国市建制设置概述》，《学术研究》1985年第1期。

四　近代西部典型河谷城市的自然灾害与救灾

1. 重庆市万县县城

万县位于四川盆地东中部，长江三峡西段，是自然灾害多发区之一，1912～1992年的80年间，严重的自然灾害共发生60次，主要以旱灾、洪涝灾害、滑坡、岩崩等为主，而县城的主要是洪涝和滑坡。自清代晚期至民国时期，万县的救灾措施主要包括：①赈济，通过设立公乐堂、慈善院（后改为救济院）承办赈济公益事业。②平粜，清末民国期间，万县建有常平仓、济仓，以备岁歉平粜和赈济之用。③养恤，政府和当地富商急义好施，养孤济贫，施粥赈饥，收容灾民。④募捐，灾害发生后，万县慈善机构如慈善会、群众慈善会、红卍会、红十字会，以及商会和富商、富绅等纷纷解囊，捐以巨款与物资，赈济灾民。此外，民国时期，万县还通过减赈、放贷、重农等具体措施来赈灾济困。①

2. 青海省湟源县城

青海湟源县城地处北极山南麓，湟水河畔，属典型的西部河谷重镇，曾是内地通往西藏、柴达木、新疆的重要门户，有"青海通衢"之称。区域内的自然灾害主要有霜冻、干旱、冰雹、大风、洪水、秋涝以及泥石流等，县城的主要自然灾害为洪灾。近代针对自然灾害的救助主要采取以下措施：①社会救济，包括地方政府设立粥厂，并开设面铺救济灾民；②劝捐钱粮，平粜赈济；③设义仓收储和开放义仓赈灾；④减免钱粮赋税；⑤设立养济院，收容社会孤贫；⑥扶持农民生产等。②

3. 甘肃省天水（今秦州区）

天水市中心城区北依靖山，南滨南湖。市区有渭河、籍河、罗玉河流经。其自然灾害主要有地震、泥石流、干旱、暴雨、洪灾等。③ 近代天水城市防救灾措施主要有：①疏浚河道，整修堤防工程；②蠲免受灾民众租

---

① 关于万县的情况介绍可参见重庆万州区龙宝移民开发区地方志编纂委员会编《万县县志》，重庆出版社，2001，第72～74、814页。

② 关于湟源的介绍可参见湟源县志编纂委员会编《湟源县志》，陕西人民出版社，1993，第87、463～470页。

③ 天水市地方志编纂委员会编《天水市志》（上），方志出版社，2004，第205～218页。

赋钱粮；③设局放赈（粮）；④赐民粟赈恤；⑤发放救灾款；⑥设立养济院、救济院，收养鳏寡孤独残等。[①]

4. 陕西省安康古城（今安康市汉滨区）

该城北滨汉水，南临巴山，地势低洼。正如古人所云："兴安（即安康）逼近汉水，周围皆崇山峻岭。俯视城池，其形如釜。"[②] 安康是典型的河谷城市，加之属凉亚热带气候，夏季多有暴雨，秋季多连阴雨或连绵大雨，易引起山洪暴发，致使安康城所在汉江河水暴涨，汛期水位比枯水期可高出21米多，比城内地平面可高出6～11米。因此，城市洪灾及次生灾害格外突出。从唐长庆元年（821）至1949年的1128年中，汉水泛滥达66次，洪水塌城在15次以上。其中，自1840年至1949年，洪水淹城就达14次。[③] 针对安康城频发的自然灾害，地方政府主要采取的救灾措施有：①向上级申请赈济粮款；②建设常平仓，平市价；③成立专门救灾机构（急赈委员会、慈善会等）募捐赈灾；④设立养济院、救济院，收养老孤残等。[④]

5. 四川省汶川县城

汶川县地处四川西部岷江上游（今灌县以西）地区的龙门山系和邛崃山系之间，有三条主要大断裂带斜穿全县。地势西高东低，为高山峡谷地区。县城威州位于县境北部杂谷脑河与岷江交汇处，四面环山，群山耸立。街道依山傍水，蜿蜒岷江两岸，形成"三山雄秀、二水竞流"之态。由于地处三大断裂带和褶皱带穿插断裂，地质构造复杂，形成多个地震带，地震活动较为频繁。据统计，1952年前，有记载的较大地震共有30次。此外，受地震和暴雨冲刷的影响，汶川县城的自然灾害主要还有泥石流、滑坡、山崩等。气象灾害主要有洪灾、涝灾、旱灾、风灾和雹灾。[⑤]水灾主要发生在每年的6～7月。岷江和杂谷脑河的洪水和区域暴雨聚集叠加，因此水灾频繁。针对频发的自然灾害，该地主要采取的救灾措施包

① 天水市地方志编纂委员会编《天水市志》（上），第716～717、725页。
② （清）嘉庆《安康县志》卷十九。
③ 吴庆洲：《中国古代城市防洪研究》，第238～240页。
④ 安康市志编纂委员会编《安康县志》，陕西人民出版社，1989，第583～585页。
⑤ 四川省阿坝藏族羌族自治州汶川县地方编纂委员会编《汶川县志》，民族出版社，1992，第110、135～136页。

括：①成立专门的机构——救济会（后改为赈济会）；②发放救济粮、救济款；③呈请上级政府拨钱粮救灾；④募集钱粮救灾等。①

6. 甘肃省文县县城

文县地处西秦岭山脉，南秦岭山带，是新地质构造运动强烈区。文县属于中国西部内陆地区，自然水依赖大气降水补给，旱灾为该县主要自然灾害。同时，因文县属中高山区，部分高半山地区因植被遭到破坏，每遇夏秋暴雨，极易形成洪灾，并引发泥石流等灾害。此外，文县还是川、滇南北构造体系和"秦岭—昆仑山"东西构造部位的结合部，各种地形交错，地质情况十分复杂，因此又是历史上著名的地震多发区。文县县城自元初迁建于县境中部的白水江北岸台地，三面靠山，南临白水江，为典型河谷地区，地势西北高东南低，亦是地震活动频繁地区。近代的救灾措施主要包括：①呈请上级政府拨发救灾钱粮以赈灾；②减免赋税；③募捐救灾；④建立养济院收养孤独老弱等。②

7. 陕西省柞水县城

柞水县位于陕西南部，处于秦岭南麓，东秦岭褶皱系的华西褶皱带上，地形以碳酸盐沉积为主。境内高山叠嶂，峡谷深邃，是以复杂的高、中低山为主体的山区，"九山半水半分田"是其典型的地貌特征。③ 城邑自古代至近代以来，历经4城：最早的金井城（道光十一年因北河上游发生泥石流，城墙、城址被毁）、唐安业城、乾元城至后汉乾祐县城。清乾隆四十八年（1783），因置孝义厅，又在大山岔建厅城。清嘉庆七年（1802）大雨十多日，河水暴涨，冲毁厅城后，在旧县关始修新城。旧县关孝义厅城即今柞水县城所在地。柞水县城西临乾祐河，东枕后寨山。同治九年（1870），七月和八月两个月持续大雨，乾祐河水冲毁西城楼和城墙，浸塌城内民房和兵房的1/5，历时一年方得以修复。同治十二年（1873）七月十六日至十八日特大暴雨，乾祐河再次冲毁修复的西城墙，并冲毁城内民房、兵房80多间。直到20世纪70年代中期，地方政府改乾祐河道至西山

---

① 以上叙述参见四川省阿坝藏族羌族自治州汶川县地方志编纂委员会编《汶川县志》，第143、288~290页。
② 以上叙述参见文县县志编纂委员会编《文县县志》，甘肃人民出版社，1997，第146、241、724~726页。
③ 柞水县志编纂委员会编《柞水县志》，陕西人民出版社，1998，第65~67页。

下，方使河水水患威胁减少。1913 年的孝义县城和 1914 年以后的柞水县城均在旧县关孝义厅城处。近代以来，该县遭遇的主要自然灾害包括：①地震，自清同治五年（1866）至 1949 年，该县共发生较大地震 5 次。②水灾，自清道光十五年（1835）至 1949 年，较大洪水灾害共有 10 次之多。此外，旱灾、雹灾、霜冻等也多有发生。县境内的地质灾害主要有崩塌、滑坡、泥石流和暴雨等。柞水县应对自然灾害的救助措施包括：①呈请上级政府予以优厚赈抚，下拨赈济银、粮；②地方设置社仓赈济灾民；③于绅商富户倡捐救灾；④设建养济院、留养院、义冢等，济养孤残幼贫，安葬外籍和本籍无后人或贫穷无钱置坟地、棺木者。①

8. 兰州市

兰州市坐落在黄河谷地，城区地理位置自汉以来因地理环境条件、黄河河道变迁，以及军事、政治、经济要素等的影响，有一个自东到西，从西到中，又从中向东西扩展的过程。城区两岸群山绵延，20 多条洪沟将城市切割为众多小块。每至雨季，黄河泛滥，山洪暴发，洪灾肆虐。1840 年以来兰州发生的较大暴雨和洪水灾害记录达 16 次之多。② 兰州的主要地质灾害还有地震、滑坡、泥石流。据统计，仅兰州市区范围发生过泥石流的较大型沟谷就达 36 条，全市范围内 2～5 年就有一次灾害性泥石流发生。仅在 21 世纪内就出现过 7 次 4000 立方米/秒以上流量的泥石流，最大的一次洪水发生在 1904 年农历六月一日至四日，最大流量估计为 8000 立方米/秒以上，整个兰州盆地除旧兰州城（主要城基在石质岛屿上）外全被泥石流淹没。③ 为抵御洪灾，兰州地区的先民们在设立聚落时，均选择高坪地区。明代重筑兰州城时，临河城墙处堆砌坚顽巨石，防洪护城。清代则在兰州黄河旧城段修坝筑堤以防洪灾。1919 年黄河水文站首次设立，以科学方法观测黄河水义，用电报传报水位、流量等。其后，当地还成立了黄河水利委员会上游修防林垦工程处，负责包括黄河兰州段在内的黄河综合开发利用和防洪防汛工作。④ 但由于日寇侵略，国内政治腐败，技术落后等

---

① 以上关于柞水县城资料可参见柞水县志编纂委员会编《柞水县志》，第 108、110～111、114～115、415～418、510～515 页。

② 兰州市志编纂委员会编《兰州市志·自然地理志》，兰州大学出版社，1998，第 379～381 页。

③ 杨永春：《中国西部河谷型城市的发展和空间结构研究》，第 101 页。

④ 兰州市志编纂委员会编《兰州市志·城建综合志》，第 636 页。

因素，兰州城防洪工程薄弱，防洪措施不力，以致洪水灾害频率较高，造成的损失也较大。近代兰州对自然灾害的救助措施，晚清时期主要有：①散赈；②蠲免（地丁赋）；③塌房补救；④煮粥施赈；⑤社仓赈济。民国时期的主要救灾措施包括：①勘报灾歉；②减免土地赋税；③散、放赈款或物资；④设厂煮粥；⑤设社仓以赈贷；⑥以工代赈等。[1]

随着社会经济的进步，现代城市不仅出现了高度的人口聚集、建筑物聚集、生产聚集和财富聚集等快速发展的趋势，而且伴随这种发展趋势，这些城市同时也作为自然灾害的巨大承载体而存在着。对城市而言，城市规模越大、现代化水平越高，其蕴含的潜在自然灾害也就越多，各种灾害发生的频率也就越高，危险性也就越大，而西部河谷城市尤其如此。

基于此，我们对近代河谷城市自然灾害及其救灾、防灾的系统研究，将对未来西部河谷城市可能发生的自然灾害的预测、预报，科学编制防灾、救灾预案，最大限度地减轻乃至避免西部河谷城市自然灾害发生可能带来的灾害损失有一定的借鉴作用。

（作者：蔡云辉，陕西理工学院学科建设管理处）

---

① 甘肃省志编纂委员会编《甘肃省志·民政志》，甘肃人民出版社，1994，第577~580页。

石家庄"市自治"新论（1923～1928）

李惠民

内容提要： 20世纪20年代北京政府推行的"市自治"，是全国意义上城市建制的开始，也是石家庄城市化初期行政中心功能创立的一个起步阶段。石家庄市自治的整体过程划分为：申请筹备阶段、市自治会产生阶段、市政公所产生阶段、市政公所运转与终止阶段。市自治终结后的十年间，石家庄形成了极为独特的行政管理模式。

关键词： 近代史 城市史 石家庄 市自治 行政功能

学术界对中国城市史的"建制市"起自何时一直众说纷纭。有的学者认为，"1921年，北京政府公布《市自治制》和《市自治制施行细则》，从国家意义上开始了中国的市制"。[①] 多数学者认为，北京政府的"市自治"制度并未在全国推广实行。例如，《近代中国城市发展与社会变迁》中说："《市自治制》实际上只在北京和青岛两城市实施。"[②] 有的学者认为："1921年，北洋政府以教令第16号公布《市自治制》，规定全国开始建立市的行政体制，并将市分为特别市和普通市两种。但因种种原因，这一制度除青岛外并没有实行。"[③] 或者认为，北京政府时期的市自治制"只是为了点缀门面，并无实行地方自治的诚意，以及其权威和财力有限，所以仍然是只见条文，不见实行"。[④] 然

---

① 熊月之：《从城乡联系史看中国城镇化愿景》，见《城市发展与中华民族复兴暨中国城市史研究会首届年会论文集》上册，中国城市史研究会2013年6月编印，第7页。

② 何一民主编《近代中国城市发展与社会变迁》，科学出版社，2004，第288页。

③ 涂文学：《上世纪三十年代的"市政改革"：人文价值与历史启示》，《光明日报》2009年3月31日。

④ 李国忠：《民国时期中央与地方的关系》，天津人民出版社，2004，第62页。

而，也有学者认为："北京政府在1921～1928年间推行的市自治是中国建制市设立的一个前奏。它不仅使广州、上海等大城市的管理体制更趋完备，而且使诸多中小城市获益匪浅。"[1] 该学者对石家庄"市自治"进行了个案研究，首次梳理了石家庄实施"市自治"的基本线索，简析了"市自治"产生的一些影响，初创了石家庄"市自治"研究的轮廓基础。

本文在此研究的基础上，主要利用河北省档案馆的民国档案，继续对石家庄"市自治"的背景前提、过程阶段、地位作用等问题做进一步探讨，以深化对20世纪20年代石家庄"市自治"的研究，从而寻求近代新兴城市的独特发展途径，进一步丰富中国近代城市发展的不同类型和模式的研究。

一 石家庄 "市自治" 的前提背景

北京政府时期的石家庄，既不是传统的行政中心城市，也不是传统的工商城镇，更不是开埠通商的口岸大城市，而是因路而兴的一个小城市，属近代中国新兴城市发展形态的典型范例。从20世纪初开始，石家庄经过20年发展已经基本形成了商贸集散地的雏形，并逐渐成为区域性经济中心。20世纪20年代北京政府推行的"市自治"，是石家庄城市化初期行政中心功能创立的一个起步阶段。从20世纪初铁路兴修以来，石家庄这个小村庄在20年间发生了翻天覆地的变化，迅速转变为一个重要的交通枢纽。

交通枢纽的地理区位优势是石家庄申请筹办"市自治"的首要前提。1902年8月京汉铁轨铺设，[2] 1903年京汉铁路经石家庄，此地就此建成火车站，1904年动工兴建正太铁路。1906年4月京汉铁路正式全线通车，1907年正太铁路全线竣工通车，至此，石家庄成为京汉与正太铁路交会的枢纽。到20年代初，石家庄已经成为华北最大的煤炭铁路转运枢纽之一。"石家庄一农田之小庄耳，自京汉路成而变为车站矣，自正太路成而变为要埠矣。"[3] 可见，交通基础功能成为20年代初期石家庄申请筹备"市自

① 熊亚平：《石家庄"市自治"述论》，《民国档案》2008年第3期，第71页。
② 《筑路纪要》，载平汉铁路管理委员会编《平汉年鉴》，1932，第6～8页；刘统畏《铁路修建史料（1876-1949）》第1集，中国铁道出版社，1991，第308页。
③ 王骧：《开展石家庄商埠计划书》，《河北工商月报》第1卷第3期，1929，第21页。

治"最突出的优势条件之一。正如石家庄市自治筹备处临时会长张士才在申请缘由中所强调的，"石家庄为京汉交通枢纽，近来商业发达，人口增多，有自治之必要"。[①]

自铁路枢纽形成以后，冀晋两省间以及中原诸省之间传统的交通运输结构有所改变，京津冀地区间的人流、物流、资金流、信息流的流动速度也得以明显提高，从而改变了经济区域间的运输能量，促进了京汉、正太两条铁路沿线地域的商品流通和经济开发。这就为石家庄成为重要的商贸集散中心创造了良好的条件。交通枢纽优势与商贸集散中心的形成，使得城市的发展如虎添翼，到20年代初期，石家庄不仅具有直隶之中心和晋冀之咽喉的区位优势，并且基本成为区域经济中心。石家庄"商务繁兴，华洋杂处，俨然商埠之地"，[②] 因此，具备了申请筹办"市自治"的客观经济前提。

获得了区域性商品集散中心地位后，石家庄占据了非常有利的区位优势，成为"扼数省之咽喉，诚为华北开发之腹心地也"。[③] 20世纪20年代，随着区域市场之间联系的逐步加强，在市场氛围方面形成了特殊的外部影响力，石家庄迅速将冀中、冀南、晋中、晋西等地纳为自己的基本经济腹地，并仰仗着该地域丰富的棉和煤等重要经济资源，一举创造了石家庄成为区域性现代制造业中心的优势条件。"石家庄四境之外，或富有农产，或富有矿产，且富有劳工，富有水。制造则就地取材，运输则四通八达，销售则客商云集，燃料则所在皆是，此诚制造之宝地，实业之要埠。"[④] 石家庄由于具备了资源优势转换的前提条件，可以通过变物流优势为资源优势和产业结构优势，实现对生产要素的地域调配与组合，直接带动煤炭资源和棉花作物的深加工，推动炼焦和纺织等新产业的出现。20世纪20年代的石家庄，尽管尚属内地新兴小城市，但是冀中南区域的经济活动中心非它莫属，石家庄是当时区域经济发展的"增长极"。地理位置和铁路丁字形线路连接的特点决定了石家庄成为山西的重要门户，天津成为石家庄最大

---

① 张士才：《为石家庄市自治筹备处已经成立请予备案转详省宪事》，1925年，河北省档案馆藏《直隶全省自治筹备处令石家庄商会会长张士才呈请设立市自治会卷》，656－2－132。

② 刘春霖：《直隶全省自治筹备处训令第13号》1923年5月22日，载《直隶全省自治筹备处令石家庄商会会长张士才呈请设立市自治会卷》。

③ 陈佩编《石门市事情》，新民会中央总会，1940年4月，第38页。

④ 王骧：《开展石家庄商埠计划书》，《河北工商月报》第1卷第3期，1929，第23页。

的贸易城市，可见，石家庄并没有因为地处内陆而隔断或减少其进出口贸易。洋商大多先指定货色价格，再委托收购公司或货栈代为收买，外贸棉纱由此转运，络绎不绝。总之，石家庄商贾云集，竞争激烈，进出口贸易业务与日俱增。"虽未列入商埠，然以目下形势而论，实有商埠之资。"① 这些经济优势说明石家庄的确具备了申请筹备"特别自治"的基本条件。

随着新兴城市逐步兴起，移民人口、工商税收、基础设施、社会民政等管理问题越来越突出，迫切需要新的行政控制和管理方式来适应新兴工商城市的发展。故此，石家庄社会各界对"市自治"充满了期待，筹办"市自治"的社会舆论也在日益高涨。此前，在石家庄设置"县佐"的动议和将获鹿县署搬迁石家庄的倡议，都为石家庄筹备"市自治"营造了浓郁的舆论气氛。早在1915年北京政府推行《县佐官制》时，直隶保定道尹（许元震）认为，"石家庄为京汉正太两路交通之处，商贾林立，政务殷繁，难同他县可比"，曾极力推动获鹿县申报在石家庄增设"县佐"。② 当时在快速崛起的石家庄设"县佐"，以使其行政地位获得相应的提升，应是一件顺理成章的事情。根据拟订的石家庄设县佐的预算和备用方案，县佐的驻地衙署拟建在石家庄村西，"择地租盖一亩大小平房约二十间"。该方案拟划归石家庄行政区管辖的附近村庄有休门村、姚栗村、任栗村、范谈村、花园村、彭村、东里村、东焦村、柏林庄、北焦村、市庄、东岗头村、槐底村、孔家庄村、方北村、尖灵（岭）村、元村、高柱村、党家庄、赵陵铺村等，共计21个村。③ 虽然由于种种原因，此次在石家庄设县佐的计划未果，但石家庄飞速发展变化的事实已经引起社会各界人士和政府官员的广泛关注。

"一喜一悲一枯荣"，石家庄区域性经济中心地位的迅速提升，映衬出传统古城获鹿的衰落。"获鹿城内，前数十年本为繁盛之区，近则商业一落千丈。"④ 鉴于石家庄崛起的现实，自1923年有人呼吁由石家庄取代获鹿县县级行政中心地位后，将获鹿县署搬迁至石家庄的建议一直不绝于

---

① 《获鹿县知事曾出示晓谕》，1914，河北省档案馆藏《饬知城石商会遵照法令改组具报以凭详转卷》，656－1－280。

② 《直隶保定道道尹许元震饬》，1915年2月24日，河北省档案馆藏《巡按使道尹饬令筹议县佐卷》，656－1－336。

③ 《获鹿县石家庄设立县佐预算表》，载河北省档案馆藏《巡按使道尹饬令筹议县佐卷》。

④ 张志澄：《获鹿行记略》，《河北月刊》，1933，第19页。

耳。主张迁移石家庄的多数为新式知识分子，他们提出的主要理由如下："石家庄居京汉铁路之中枢，为正太铁路之起点，（未来）沧石铁路之终点，交通之便为河北冠"；"石家庄既踞铁路之中枢，则为军事要道"；"交通便利，商业发达，条达辐辏"；"石家庄警局性质独立，不归县署统制……一邑之地而事权不一，不便可知"；"石家庄居获邑之中心，县署移设该地，统辖自是便利，无文化不及之患"；"石家庄方初兴之际，所有一切捐项全归获邑收用，所以获邑财政命脉全在石庄，厥后以警权旁落，获邑似无统制该埠之权……若县署移于此地，则各项收入自能统一"；"石庄亦以商业兴盛、人烟稠密之故，已呈准筹备市自治"；"石庄交通便利，商业兴盛，在邑士绅来此业商者实繁有徒……若移县署于石庄可化党派于乌有，将来做事自然顺利"；"石庄商业日盛，人烟日多，故民刑案件亦因之而日繁，只恃警察能力诚不足以保治安，若设县署于此地，则消防队、保安队、警备队、清洁队等自必立形起色，共维治安"；"石家庄为初兴之地，又无正当机关以统驭……则石家庄为县署必设之地，于行政安民守土无不适宜"。① 虽然获鹿县议会两度表决均赞同了这一提升石家庄行政地位的方案，但却因其他缘故致使县署东移终成泡影。② 然而，这场围绕是否迁移获鹿县署的论争，无疑表明了提升石家庄行政地位的主张得到了广泛认同，扩大了石家庄这个新兴城市的影响。总之，随着城市化的发展，市民社会主流关于明确地方行政自治名分的呼吁越来越强烈，主张提高石家庄行政地位的强大社会舆论，显然也已经成为影响"市自治"计划的重要社会背景。

在城市社会经济发展的带动下，石家庄原有社会结构发生了深刻的变动，社会阶层发生了剧烈的变化。随着新型市民社会开始孕育和萌芽，商办民间社团享有了越来越多的独立自主权利，城市民间社会拥有了越来越大的自由空间。商会作为近代工商业发展的产物，是新型民间商办社团，其中，石家庄商会在清宣统二年（1910）成立，商会组织的作用在成立之初并不明显。然而，随着石家庄工商业的集聚和发展，经济实力日益强大，商会组织规模也进一步壮大，商会宗旨与职权得以明确，商会地位因

---

① 《公民张殿珍等六十人上获鹿县步知事书》，1923，河北省档案馆藏《公民张殿珍等呈请县署迁移石家庄案卷》，656－2－392。

② 参见拙文《20世纪20年代围绕获鹿县署搬迁石家庄的博弈》，《石家庄职业技术学院学报》2014年第1期。

此获得显著提升。它构成了跨行业的商人联合团体，属于石家庄工商界系统的顶级组织。商会"以图谋工商业及对外贸易之发展，增进工商业公共之福利为宗旨"，并以推动当地工商业发展为己任。商会所聚拢起来的庞大工商业者队伍正是实行"市自治"的社会基础，由此，石家庄就具备了实施"市自治"的社会主体力量。

石家庄商会以其经济职能为核心，并在此基础上又先后衍生出其他职能，其影响力逐渐向政治、文化、社会各个领域渗透，其作用逐步得到拓展，几乎触及整个社会层面。总之，民族资产阶级的力量壮大，当地社会主体成分的改变，以及商会职能作用的发挥，确立了工商社团的主流地位。当北京政府公布《市自治制》后，在直隶自治筹备处和获鹿县议会、参事会的推动下，石家庄商会采取了积极响应的态度，并快速统一了思想认识，紧紧抓住了历史赐予的机遇，于1923年5月22日之前，正式做出了申办市自治的决定。"兹经石家庄绅商议决，先设市自治筹备会，以为特别自治之基础。"① 由此，商会成为推动"市自治"计划开展的核心力量，以石家庄商会会长张士才呈请设立市自治会予以核准备案为标志，正式揭开了石家庄"市自治"的序幕。

以上所述的前提背景，说明石家庄在成为近代化工商业城市的同时，也基本具备了筹备"市自治"的条件和可能。正如当时研究撰写《石家庄之经济状况》的作者所言，"将来如能产出完善之市自治机关，市政或当有起色"。②

二 石家庄 "市自治" 的进程梳理

对筹备石家庄"市自治"的启动时间，学者们的观点不一致，有1921年筹备说、1923年筹备说、1925年4月1日筹备说和1925年5月筹备说。③

① 刘春霖：《直隶全省自治筹备处训令第13号》1923年5月22日，载《直隶全省自治筹备处令石家庄商会会长张士才呈请设立市自治会卷》。
② 《石家庄之经济状况》，《中外经济周刊》第181号，1926年9月25日，第20页。
③ 具体可参见熊亚平《石家庄"市自治"述论（1921～1928）》，《民国档案》2008年第3期；栗永等著《石家庄城市发展史》，中国对外翻译出版公司，2001，第115页；石玉新主编《石家庄通史·近现代卷》，河北人民出版社，2011，第120页；杨俊科《石家庄近代史编年》，方志出版社，2004，第80页。

学界对于"市自治"实施时间的主张也不一致。有的论者认为，1925 年 6 月 24 日北京政府批准"石家市"于 1925 年 7 月 1 日开始实施，就是石家庄"市自治"开始的主要标志。有的论者认为，1925 年 8 月 29 日北京政府批准"石家庄、休门合并成石门市"，是"市自治"开始实施的主要标志。也有学者认为，历时 8 年之久的"市自治"过程可划分为三个主要阶段：第一，"石家市"的设立（1921～1925）；第二，石门市的成立（1925～1928）；第三，石门自治市撤销（1928 年 7 月～12 月）。[①] 总之，对石家庄"市自治"发展阶段的划分，众说纷纭。

要厘清"市自治"的具体进度，必须以原始档案为依据，质疑辨惑，缜密考证。以下，笔者将之划分为 4 个阶段。

第一阶段为"市自治"申请筹备期（1923 年 5 月～1925 年 7 月 1 日）。1921 年 7 月 3 日北京政府正式公布的《市自治制》和 9 月 9 日公布的《市自治制施行细则》，为"市自治"兴办提供了法律依据。1921 年直隶设立全省自治筹备处，以督促各县市的自治事宜，由刘春霖出任该处处长一职，为"市自治"提供了具体的督促引导和筹办指导。但是，目前并没有发现 1921 年石家庄就开始筹备"市自治"的佐证。1923 年获鹿成立了县议会和参事会，特别是此后，"县事无巨细咸得由议会决之"，"是时县政财务，议会操之，监督之效颇著"。[②] 所以，在获鹿县自治的直接影响和推动下，石家庄"市自治"逐步兴起。当年就经石家庄商会召集绅商合议，决定筹备石家庄"市自治"，"市自治"筹备工作从此拉开了序幕。张士才以石家庄商会会长身份向获鹿县知事提出筹设石家庄市自治预备会申请，根据目前发现的档案材料可以断定，其时间起码在 1923 年 5 月 22 日之前。

按照 1923 年 8 月 5 日直隶全省自治筹备处第 13 号指令的具体要求，石家庄商会经过"绅商合议"，不仅做出组建石家庄市自治预备会的决定，还拟订了预备会简章，并将预备会成立缘由以及当地人口数据等基本条件全部上报了县署和省自治筹备处备案。1924 年 8 月，直隶全省自治筹备处认定，"大名、石门等市十一处，人口、经济合于普通市资格规定"，报经

[①] 熊亚平：《石家庄"市自治"述论（1921～1928）》，《民国档案》2008 年第 3 期，第 71 页。

[②] 获鹿县志编纂委员会编《（民国）鹿泉文献史志》上册，第 12 页，石家庄市图书馆藏，史部 112－21/77。

内务部后，"蒙批准以十四年四月一日为开办之期"。后来，由于各自治单位在审批过程中出现一些尚未理顺的问题，内务部批准开办日期延至 7 月 1 日。①

原定的 1925 年 4 月 1 日批准开办日过后，石家庄"市自治筹备处"在"集合石家庄休门本地绅民共同议决"基础上，于 1925 年 4 月 6 日之前正式宣告成立。1925 年 5 月 6 日，石家庄"市自治筹备处"上报了更名为"石门市自治筹备处"的申请。但是，申报改名的文书经层层转呈，未能赶在内务部审核申报前送达。所以，1925 年 6 月 24 日北京政府在公布的《直隶省属各地实行市自治日期及区域令》中，批准直隶 11 个"市自治筹备处"的成立，规定了"石家市以石家庄为其区域"，它标志着市自治制建设从 7 月 1 日开始进入新的实施阶段。

第二阶段为市自治会的产生（1925 年 7 月 1 日~1926 年 11 月 14 日）。市筹备处获准进入市自治制实施阶段以后，1925 年 8 月 2 日启用了"直隶石门市自治筹备处钤记"。近一个月后，1925 年 8 月 29 日北京政府公布了批准"更名为石门市，以符名实"的指令。此指令主要意义在于对自治市称谓变更的认可，对自治进程并没有产生任何实际影响。②

进入市自治会选举阶段，恰巧"大兵过境"，爆发了军阀战争，自治进程"遂致中搁"。直到 1926 年 7 月，"大局稳定，恢复原状"，市自治会才恢复选举准备工作。1926 年 8 月 20 日进行了正式投票，当地选举出 10 位市自治会会员，以得票顺序排列：张汉三 1409 票，翟亚卢 1402 票，王秀山 1392 票，段世昌 1280 票，任威荣 1274 票，赵雨亭 1264 票，于庆珍 1262 票，高建中 1244 票，王克勤 1224 票，翟殿华 1161 票。1926 年 11 月 14 日，举行了石门市自治会成立典礼，即日撤销石门市自治筹备处，筹备处处长张士才也随即解职；此日典礼标志着石门市自治制的议决机关正式产生。

第三阶段为市政公所的产生（1926 年 11 月 15 日~1927 年 4 月 29 日）。市自治会成立后，于 1926 年 11 月 17 日举行了第一次市议事会议，

---

① 《获鹿县呈案事》1925 年 4 月 6 日；《直隶省长公署训令第 3575 号》1927 年 7 月 12 日。均见河北省档案馆藏《直隶全省自治筹备处令石家庄商会会长张士才呈请设立市自治会卷》。

② 参见拙文《石家庄"市自治"若干史实辨析》，《石家庄经济学院学报》2012 年第 3 期。

选举了自治会会长（市议长），即日启用"直隶石门市自治会钤记"。1926年12月26日市自治会举行了市政公所市长、市董选举。经10名议员投票选举，周维新当选市长，曹致堂、赵宪章、王毅之、杨生池当选市董。1927年4月29日上午11时，在石门同乐戏院举行"市政公所成立暨市长、市董就职典礼"。该典礼标志着石门市自治制的执行机关正式产生。

第四阶段为市政公所的运转与终止（1927年4月29日~1928年11月30日）。1927年4月29日市政公所成立以后，其行政运转和权力行使，一直借用"石门市商会钤记"，至1928年4月17日，才正式获准启用"直隶省石门市自治公所钤记"。1928年7月，南京国民政府陆续颁布了《特别市组织法》和《普通市组织法》，重新规定了特别市与普通市设置的新形式和新标准，撤销了此前北京政府的各类各级自治机关。1928年9月18日，河北省民政厅给获鹿县县长发出训令："现在市组织法已有新章，关于从前各属市政机关名义自应一律取消，听候本厅查酌情形依据新章办理。所有从前各县市自治公所钤记应饬一律缴销。"① 尽管石门市自治会一再强调当地特殊性，强烈要求上级网开一面，但1928年11月13日河北省民政厅依然给获鹿县县长发出强硬指令，"无论石门市应否成立尚待考虑，而旧设之自治公所应随同县议会一律取消。且事关划一市政，各县均先后遵办有案，该县未便独异。仰仍转饬遵照前令缴销勿延"。② 由于撤销市自治为大势所趋，无可奈何之下，市长周维新遂将自治公所负责的事务分别转交给公安局、商会、财政委员会，并向获鹿县政府上缴了"石门市自治公所钤记"，于11月30日最终结束了作为市自治执行机关的短暂使命。石门市自治会也于12月6日前向商会移交了卷宗档案，向获鹿县政府上缴了"石门市自治会钤记"，结束了其作为市自治议决机关的使命。

三　石家庄　"市自治"　的历史影响

20世纪20年代石家庄"市自治"的实施，是其城市发展史上标志性

---

① 《河北省政府民政厅训令警字第140号》1928年9月18日，载《直隶全省自治筹备处令石家庄商会会长张士才呈请设立市自治会卷》。
② 《河北省政府民政厅训令警字第1510号》，1928年11月13日，《直隶全省自治筹备处令石家庄商会会长张士才呈请设立市自治会卷》。

的重要事件。作为中国现代建制市的前奏序曲，"市自治"对石家庄早期城市行政功能的创立起到了重要作用，不仅对石家庄的早期城市行政体制产生了积极影响，而且直接推动了石家庄城市化发展的步伐。

（一）"市自治"促进了石家庄城市行政管理体制的民主化和法制化

20世纪20年代，石门市自治会和市政公所的成立，标志着一种全新的地方城市行政系统形成。"市自治"的城市行政管理系统有别于以往行政系统，它的新颖性表现在以下三个方面。

其一，它属于地方城市的行政自治社会团体，既独立于国家行政系统之外，也与地方政府行政体系紧密衔接。依照《市自治制》规定，自治地域范围有严格的限制，"市自治团体，以固有之城镇区域为其区域"。现任国家行政系统人员不得在"市自治"团体中兼职，"现任本地方之官吏"和"现任警察官、司法官、征税官"被严格排斥于市自治系统之外，不得拥有被选举为市自治会会员及市自治公所职员之权。"市自治"团体具有相对独立性，但是要接受地方政府的指导和监督。《市自治制》规定，"市为法人，承监督官署之监督，于法令范围内办理自治各项事宜"。"凡市以县知事为直接监督，其上级监督机关依现行官制定之"，"直接监督官署，因监督之必要，得发命令或处分"。县署官员虽然对市自治团体拥有这种监督权，但是并不能直接干预"市自治"团体的独立执政。对此，获鹿县知事李遵青颇有微词，"石庄自治公所借自治之名，垄断市政，曾改名为市政公所，自举市长周化邦，行使其普通市市长之权，县政府不敢过问"，特别是对于地方自治财政，"实行操纵一市之财政，但便私图，恐非公意，而省政府对此不甚留意，县长之微，又何敢争"。① 由此可见，县知事对"市自治"的监督权所流露出来的感受，并非是自豪，更多是无奈。

其二，它属于具有近代化特征的地方城市行政管理系统，不仅"市自治"采取由市民选举的方式反映出了民主化的趋势，而且市议会与市政公所相互制约的体制也反映出了法制化的趋势。石家庄"市自治"城市行政管理体制的产生，不仅具有法律依据，而且完全按照自下而上的民主选举

---

① 《李尊青为获鹿驻军石庄商会印行角票等事项的密呈》，河北省档案馆藏，656-4-802。

程序，这与民国之前传统的考任和捐纳等方式相比有了根本的改变，也与民国以来国家行政自上而下逐级任命的方式完全不同。"市自治"筹备处申办之初，按照北京政府颁布的《市自治制》通过了石家庄自治经费、人口规模的资格审查。筹备处获得正式批准进入实施阶段，由县公署委任选举投票管理员、投票检察员、开票管理员、开票检察员，并在县知事监督下，经过全市"公民"不记名投票，公开选举城市自治机构。1926年8月20日，按照选举规条确定的全体选民，"亲自投票，计共发出印票一万三千九百三十八张。次日当众开票计入柜者一万三千七百六十四张"，① 选举出了得票最多的前十名为市自治会的议员。进而，市自治会的议员通过记名投票方式，选举出市政公所市长和市董。这在石家庄城市史上是第一次，开创了大规模公开民主选举的先例。

其三，《市自治制》确定了市议会与市政公所相互制约的体制。首先，是市议会对市行政的约束和监督。"市自治会对于市自治公所所定规则及执行事务，视为逾越权限、违背法律，或妨害公益时，得提案决议，开具理由，呈请直接监督官署核准，停止其执行。不服前项之行政处分时，得依法提起诉愿，或陈述于省参事会，请求处理。"其次，是市行政对市议会的约束和牵制。"市长对于市自治会议决议事件，视为逾越权限、违背法律，或妨害公益者，得于五日内申述理由，提交复议。市自治会仍执前议时，得呈请直接监督官署核准撤销之。不服前项之行政处分时，得依法提起诉愿，或陈述于省参事会，请求处理。"最不可思议的是，一般情况下市自治会的会议主要由市长召集，而非由议长召集。《市自治制》第24条规定："市自治会分通常会与临时会。通常会每年两次，以四月、十月为会期，由市长召集。临时会经市长认为有必要之情事，或经会员半数以上之提议，由市长召集之。但涉及市长之事项，由会长召集之。"② 尽管说"市自治"的地方城市行政系统不可避免地存在着一些局限和弊端，但是，其民主化和法制化的突出特征无疑代表着一种进步的趋向。

---

① 《为呈报市自治投票及开票情形恭请钧鉴事》1926年8月23日，载《直隶全省自治筹备处令石家庄商会会长张士才呈请设立市自治会卷》。

② 《市自治制》，《直隶自治周刊》第30期，《法规》，第3页。

（二）"市自治"实现了警区、新建城区、行政村三者的城市管理整合

筹备"市自治"之前，石家庄地盘上存在三个管理系统，即警察局、商会、村公会，它们分别承担着不同的地方管理职责。警察局是获鹿县知事指挥监督下负责地方司法行政等事务的机构，商会是石家庄工商业者跨行业联合的商务管理机构，村公会是管理石家庄行政村事务的基层组织。20世纪20年代，石家庄产生的市自治会和市政公所，是涵盖整个新建城区的城市管理系统，也是石家庄区域发展史上第一次产生的地方城市行政管理机构。石门市自治会和石门市自治公所兼容了警察行政管理、商会经济管理、村公会社会管理三个系统的部分职责，整合出了一种全新的城市行政管理模式。

首先，作为城市行政自治管理机构，石门市自治公所与石门警察机关在城市管理职责上有了明确分工，警察机关向市自治团体移交了原来的捐务权。"所有地方建设系就警察厅之捐务股收归市办，以原有收入从事进行。"①警察部门作为地方政府的机关，其经费主要由政府预算解决，"经费除省补助一部分外，其不足数地方自筹"。②警察机关对石门地方财政具有某种依赖关系，需要市自治公所予以经费支撑。市自治团体也积极与警察机关取得相互配合，在管辖范围和地域名称上取得了"庶几名实相符"的默契对接。在正式批准实施"市自治"前，警察机关不仅将"石家庄""休门"两警区名称合并为"石门"，而且将合并后的警察机关提升为警察厅，从此脱离受获鹿县管辖的关系，直属省管。石门警察厅下设两个警察分局，铁路以西属于第一分局管辖（含石家庄村在内），铁路以东属于第二分局管辖（含休门村、栗村在内）。新成立的市自治团体与警察厅协调一致，在管理角色上配合默契，将石家庄"市自治"改成为石门"市自治"，在地域称谓上与石门警察厅毫无二致，实现了地域行政区"改名换性"，③完成了石家庄村、休门村、姚栗村、任栗村的行政合并，从而为"市自治"日后正常运转创造了和谐的管辖环境和条件。

① 《石门市救济院成立八年之概览》，石门市救济院基金管理委员会编印，1934，第2页。
② 白靖安：《简话石门商会》，《石家庄文史资料》第8辑，政协石家庄市委员会文史资料委员会编印，1988，第3页。
③ 参见拙文《1925年石家庄更名石门新释》，《河北广播电视大学学报》2012年第4期。

其次，作为城市行政自治管理机构，石门市自治公所与商会关系密切，虽然两者在城市经济发展上均有职能作用，但因性质不同，管理职责有别。商会作为本地工商业团体的集中代表，主要侧重于商务管理；石门市自治公所作为地方行政管理主体，客观上拥有超越商会的更广泛的管理权限。石门市自治公所在法令范围内，具有办理如下各项自治事权："一、教育；二、交通、水利，及其他土木行政；三、劝业及公营事业；四、卫生及救济事业；五、其他依法令属于市自治事务。"① 也就是说，除了城市的教育、交通、经济之外，自治公所还有市政设施建设、公共卫生、慈善救济等一系列行政管理职能。市自治公所设置了总务科、工程科、卫生科、警卫室等下属机构，拥有独立的财政来源和法定的征税权，以维持市自治所需要的经费。在市自治实施前，凡商会所从事上述征收的地方公益事项，依照法律规定要交由市自治团体继续办理，所以，商会向市自治公所让出了部分职权。根据《市自治制》第49条之规定，市自治经费由本市财产之收入、市自治税，本市公共营业之收入、规费及使用费、过怠金充之。②

再次，作为城市行政自治管理机构，石门市自治公所与石家庄村公所、休门村公所、姚栗村公所、任栗村公所确立了上下级的行政隶属关系。石家庄村是石家庄城市化发展的原始起点，20世纪20年代实施"市自治"，解决了"市乡之协议，订立组合公约"的问题，理顺了村公所在新兴城市中的地位。例如，石家庄村公所的前身称为"公会"，亦称"公议会"，产生于清代光绪初年。当时因村中一度曾"屡有不法土棍，纵火焚烧柴草，砍伐树木，甚有剪毁田苗。恶风日炽，民不聊生"，③ 为了恢复村里的正常秩序和村民的安宁生活，经光绪四年（1878）九月间举行的阖乡公议，决定组织村公会，"保守禾稼""整顿乡规""设会防御"，"由会公议送究"违规者，"以靖恶风"。由于推出的乡约措施成效显著，群力防御，秩序趋于平静，使骚乱风波逐步得以平息，因此村公会得以保留延续，一直沿袭至民国。1921年前后，石家庄"村上设有村公所，设村长一

---

① 《市自治制实施细则》，《直隶自治周刊》1924年第77期。
② 《市自治制》，《直隶自治周刊》第15期，《法规》，第3页。
③ 《禀为村混狡乱乡规聚众凌辱绅董恳恩究办以儆刁风而安阖闾间事》，河北省档案馆藏《石家庄从九街赵元泰等禀请脚行夫头赏给贫民承充并据夫头于志文等禀潘得才等争夺脚行互控卷》，655-1-1289。

人，村副二人，乡地四人，负责村里行政事务"。① 村长是处理村内事务的主持召集人，村副为佐助，成员皆由乡绅公举产生，遇有村里的大事便召开"公会"讨论决定。"村中一切事务由会中邀请众村民议决，由村正副办理。"② 随着城市化的发展，村公所职责范围逐渐扩大，但是，其主要职能是管理和协调原住民的土地行政和日常事务。市自治筹备处就曾组织"公会"，对地方行政名称做过议决，"兹经石庄休门两村公民会议，佥以石庄休门两村利益共同，有组合之必要"。③ 确切地说，这是为实现"市自治"目标而实施的市乡组合。建立石门市自治制后，石家庄村与休门村、姚栗村、任栗村一样，皆隶属于石门自治市和石门警察厅的管辖。④ 大约在1928年，石家庄村公所和休门村公所，被分别扩大为石门市石家庄镇公所和休门镇公所，其最主要的职责是管理各自的土地行政。

（三）"市自治"提升了商会在城市管理中的地位和作用

《市自治制》颁布后，石家庄商会成为申请筹办"市自治"的主力，曾在民国初年出任国会议员的张士才以商会副会长身份亲自出马，担任了石家庄筹备"市自治"工作的负责人。北京政府批准石家庄筹备"市自治"后，商会又成为实施"市自治"的中坚，张士才不仅出任了石家庄市自治筹备处处长，而且考虑到商会"与地方警察一切措施在在相关"，及时将石家庄商会更名为石门商会，⑤ 与石门警察厅默契呼应，密切配合。进入市自治实施阶段，商会成员不仅在市议会中占据了垄断位置，而且把持了市政公所的重要大权。由商会新首领周维新担任市长，市政公所下设所有机构都选任了清一色的商会成员，总务科科长由商会事务主任张静安

---

① 高健：《石家庄的建市经过》，《石家庄文史资料》第1辑，政协石家庄市委员会文史资料委员会编印，1983，第19页。

② 《石家庄各姓代表姚梦兰等公举村副祈赏谕卷》1919年2月，河北省档案馆藏，656－1－1062。

③ 张士才：《为更改名称恳祈准予备案并请申详省宪备案事》1925年5月4日，河北省档案馆藏《直隶全省自治筹备处令石家庄商会会长张士才呈请设立市自治会卷》，656－2－132。

④ 严格地说，"将休门并入石家庄"、"石家庄、休门两村合并"、"石庄休门两村合并，更名为石门市"的表述都不准确、不严谨。

⑤ 《石家庄商务会公函》1925年8月25日，河北省档案馆藏《石家庄商会函请将该商会改为石门商会转呈颁给官防卷》，656－2－699。

兼任，卫生科科长由商会成员冯卓如出任，工程科科长和警卫科科长由商会成员张世泰出任，市政公所书记长由商会成员刘鸣运出任。从严格意义上说，商会与市自治公所是两个不同属性的系统。从主持人员的属性上看，两个不同属性的系统却是一队人马，两者可谓唇齿相依，荣辱与共。"市自治"的实施使石家庄商会在城市经济领域的地位得到极大的提升，"当时商会和市政公所已成为石门地方商务和行政机构，俨若官府"。①

撤销"市自治"之后，商会成为石门"市自治"最主要的善后接管机构之一，市自治会将全部卷宗移交给石门商会。商会在"市自治"过程中所付出的努力和发挥的作用，为提升商会在城市经济领域的领导地位夯实了基础，使其管理经验更加丰富，统领地位更加巩固。"商会为法人团体，对于本埠商务应负维持之责"，②"设在石门的中国银行、交通银行、英美烟草公司以及私人大兴纱厂等较大企业，也必须听从商会的命令"。③ 商会甚至对警察厅也具有极大的牵制力，原因在于石门市的警察薪饷由商会发给，"商会发警饷，无形中左右了警权"。④ 由于石门商会的地位和作用，没有任何组织可以替代，实际上商会成为后市自治时期"变相"的地方衙门。由于当时所有过往石门的军政委员都要由商会组织迎送招待，商会一度官气充盈，派头十足，出尽风头，甚至不把省里的官员放在眼里。"当时河北省民政厅厅长魏鉴来石视察工作，检查地方财政情况，商会竟以地方自治经费，上级无权过问为由，予以拒绝。魏鉴回到保定，在报纸上发表文章，称石门商会俨然官府派头。"⑤《石门日报》也发表过评论文章，称商会的首领是"石门的土皇帝"。

（四）"市自治"加快了石家庄城市化的步伐

石家庄实施"市自治"，对城市经济发展、市政设施建设、空间拓展、

---

① 白靖安：《简话石门商会》，《石家庄文史资料》第 8 辑，第 3 页。
② 《石家庄商务会公函》1925 年 8 月 25 日，载《石家庄商会函请将该商会改为石门商会转呈颁给官防卷》。
③ 赵育民：《石门商会和市政公所的缘起》，《石家庄文史资料》第 5 辑，政协石家庄市委员会文史资料委员会编印，1986，第 105 页。
④ 刘中五：《我所知道的"七七事变"前的石门商会》，《石家庄文史资料》第 5 辑，第 80～81 页。
⑤ 白靖安：《简话石门商会》，《石家庄文史资料》第 8 辑，第 3 页。

人口增加、慈善救济等方面产生了重要影响，推进了近代城市化的发展。

在筹办和实施"市自治"期间，石家庄有一大批现代工业企业建成投产，奠定了近代石家庄工业的基础，成为近代石家庄工商业经济的基本结构。譬如，大兴纱厂于20世纪20年代初建成投产。大兴纱厂日用工人三四千名，日出棉纱一百余包，"创办以来，盈利逐年增加，计民国十二年为三十万元，十三年四十余万元，十四年六十余万元"。① 1923年京汉铁路的机车厂也由正定迁至石家庄，成为京汉铁路最大的一个机车厂。曾因第一次世界大战爆发而导致工程停顿的石家庄炼焦厂，1923年也恢复建设，1925年11月建成投产。"井矿炼焦厂，日出焦炭四十吨，制造油类数十种。"② 石家庄1924年建成和庆德工厂、育德铁工厂；1925年建成俭德玻璃厂；1926年建成利田铁工厂、沈永兴铁工厂；1927年建成万华制胰厂；1928年建成亚兴制革厂。1927年的电灯公司由商会会长张庸池接手后，改造成了石家庄新记电灯股份公司，进一步加大发电机组设施投资，扩充用电区域，使售电量逐年增长，全市电灯的营业安装量日渐增加。"市自治"期间，石家庄第三产业也获得迅猛发展，已经呈现出"商贾云集，人民辐辏，市面各色商业无不毕具"③ 的繁华景象，这个时期石家庄工商业进入了快速发展期。

由于工商业的发展和"市自治"的推行，石家庄20年代的城市区域得以迅速拓展，城市空间面貌一新。正如1925年准备在石家庄开设电话业务的商家所说："石家庄近时，中外商业林立，堪为中国繁盛商埠，各机关、各军队较前加增，而地方屡经中外人士修盖房舍，新添街道宽广数十里之遥。"④ 此后十年，石家庄城市空间便已经突破了获鹿县"正东路"的东南界限，将"东南路"的元村等连为一体，全市面积达11平方公里。⑤

石家庄实施"市自治"期间，还完成了历史上的第一个城市规划——《开展石家庄商埠计划书》。石家庄城市化初始阶段，城市空间发展所形成

① 《石家庄之经济状况》，《中外经济周刊》第181号，1926，第27页。
② 王骧：《开展石家庄商埠计划书》，《河北工商月报》第1卷第3期，1929，第23页。
③ 河北省档案馆藏《石家庄商会呈请姚梦梅等拟设万华造胰工厂呈请专售年限卷》，656 - 1 - 193。
④ 河北省档案馆藏《实业厅令饬商人徐定欧呈请在石家庄设立电话案卷》，1925，656 - 2 - 548。
⑤ 石家庄市规划局编《石家庄市规划志》，新华出版社，1994，第1页。

的空间规模、空间组合、空间质量带有很大的自发性。这种自发性表现在以时间先后的自然顺序发展，欠缺空间布局规划，"其街市区划，完全听其自然发展，殊无整齐划一之规"①。而如果城市空间发展继续任其自流，政府再不加约束、引导，那么必然要付出更大的代价。正如有识之士所言："夫石庄岔道，既如上述之狭小，而其旧街市，更系随意建筑。若不制定地方，划定马路，则再过数年，更难改良。徒使金钱掷于虚牝，房屋置于废地耳，诚大可叹惜者也。"所以，当时石家庄迫切需要制定一个城市规划，即"故开展本埠之具体计划，为现今之急图"。城市规划的制定者王骧非常清楚，"实行此种计划，则须有官厅之主持，有地方之辅助，方易成功。凡久在石家庄之商民人等，无不渴望其成"。② 拟订本规划的过程中，王骧走访了石家庄工商各界首领，不仅在起草初期接触过周维新（后来出任市长职位），并且还与石家庄转运业的龙头老大"京正两路矿务转运道岔联合会"马庚芹会长进行了反复会商，与掌握地方实权的石家庄商会会长张庸池等多次协商。1927 年这部侧重城市布局的规划《开展石家庄商埠计划书》由山西范华印刷厂出版。虽是以个人名义发表，但它是"博采众议，许加讨究"的成果，事关城市空间发展的未来。毫无疑义，这是由"市自治"催生出来的规划，它对近代石家庄城市发展产生了深远影响。

石家庄"市自治"对城市化进程的推进，还表现在拉动了城市人口的快速增加。虽然20 世纪 20 年代石家庄曾"因连年战争，商业不振，人口大减"，③ 但未能遮挡自治城市焕发出来的魅力，它对外来移民有强烈的吸引力。实施"市自治"以后的 8 年间，人口机械增长迅速，市住民总数几乎翻了一番。1925 年批准筹备市自治时，登记的市住民为 33044 人，到1933 年 7 月户口调查时，石门共有 15006 户，其中男 40001 人，女 23155人，共计 63156 人。④ 由此可见，"市自治"对城市化进程具有明显的提速作用，使城市人口达到一个新高度。

市政建设随着"市自治"的推进，亦大有起色，特别是市政公所建立

---

① 《石家庄之经济状况》，《中外经济周刊》第 181 号，1926，第 20 页。
② 王骧：《开展石家庄商埠计划书》，《河北工商月报》第 1 卷第 3 期，1929，第 24～30 页。
③ 石门日报社编《石门指南》第一编《地理》，1934，第 2 页。
④ 石门日报社编《石门指南》第一编《地理》，第 3～4 页。

后，"而事无不举。例如，修筑马路，栽植树木，展宽街道，缩减警费，组织卫生清洁，设立民众学校及阅报所，购置义地等项，此其荦荦大者。其他关于兴利除弊，及种种有益于地方、有益于民众之事，不问难易轻重，力之所至，无不期底于成。至今市民，有口皆碑"。① 1926 年 11 月，周维新当选石门市政公所市长后，"创办贫民教养院于本市之西北隅，即今之救济院也。购置院址十余亩，建筑房屋一百余间，所需经费除由地方资助外，余惟周市长之劝募而已。凡市内之困苦无告者，不问老幼，皆与收留，为数达五百人。老弱残废者施以养，年富力强者兼以教，院之名盖以此也"。②

综上所述，北京政府时期实施的"市自治"，对石家庄城市的发展具有重要意义，成为城市管理体制近代化的一个重要阶段。这个阶段的"市自治"标志着近代石家庄城市行政功能的初创，对后来的城市管理体制产生了较大的促进作用。

（作者：李惠民，河北广播电视大学地域文化研究所）

---

① 《石门市救济院成立八年之概览》，石门市救济院基金管理委员会编印，1934，第 2 页。
② 石门日报社编《石门指南》第一编《地理》，第 24 页。

警察对近代市政道路的维修[*]

——以北洋政府时期的北京为例

丁　芮

内容提要： 清末北京警察机构初设时，除了基本的治安管理外，还负责经营土木工程、修整街道等市政事务。1914 年北京的市政公所成立，负责城市的总体规划和基础设施，但京师警察厅仍承担重要市政职责，其对市政道路的建造和维修起到了重要的作用。京师警察厅和市政公所在市政项目上分工合作，不仅利于近代公共交通系统的形成，并且促进了近代城市社会生活的发展。

关键词： 警察　北京　市政　道路

清末民初，城市人口大量增加，生活频率加快，各种新式交通工具逐渐出现，对于城市道路的改善有了更明显的需求，可以说是近代城市交通体系形成和道路发展的关键时期。清末北京警察机构设立后，除了基本的治安管理外，还负责经营土木工程、修整街道等市政事务，是市政、司法和警察混合为一的机关。1914 年京都市政公所成立后，设立工务科，专门负责"道路桥梁之实施兴修事项"，^① 但北京市政的许多工程，如工务、公用、土地、财政、卫生等，都是"无不赖公安行政为之协助"。^② 可以说，从 1914 年至 1928 年，北京的市政管理体制是由两个政府机构组成，即京

---

* 本文为天津市哲学社会科学规划课题项目："警察与近代城市社会管理研究——以京津两市为中心"（项目编号：TJZL13 – 003）。

① 《京都市政公所各处分科办事细则》，京都市政公所编译室编《京都市法规汇编》，市政公所编译室印，1925，第 5 页。

② 董修甲：《京沪杭汉四大都市之市政》，大东书局，1931，第 117 页。

都市政公所和京师警察厅。这两个市政机构在许多项目上进行合作，但又有各自的职责范围。市政公所主要负责城市的总体规划和基础设施，如道路的建造和维修。京师警察厅作为当时北京重要的市政机构，根据当时城市交通道路的实际情况，在制订各种交通法规、采取多种措施规范交通秩序的同时，对于城市道路的建造和维修也起到了关键作用，这不仅利于近代公共交通系统的形成，并且促进了近代城市社会生活的发展。近代警察对交通秩序的管理已有学者进行了研究，但对于作为市政管理机构警察所承担的道路建造和维护问题还少有研究。本文尝试从警察机构的市政职能来考察北洋政府时期（1912～1928），北京警察对城市道路的维护，由此不仅可以很大程度上反映这一阶段全国，特别是大中城市道路维修的总体情况，亦可反映出在近代化发展过程中以警察机构承担市政职能这种新型而又典型的城市管理模式的特点。

一

清末以前，北京城内有几条用石板和石条铺设的大路，但绝大多数道路是未加铺设的土路。北京的主要道路一般分为三部分，中间最宽的部分称甬道，约比两边路面高，车马多行于甬道，两侧道路的宽度不足甬道的一半，两边商铺林立。商铺外沿甬道旁有卖饮食品和杂货等小摊及说书的棚子等，行人多在其间行走。[①] 北京街道多是土路，由于土质松散易干以及行人、商贩不加保护，经常是"无风三尺土，有雨一街泥"。[②] 到20世纪初，在常年滥用和缺乏维修的情况下，北京的道路状况更加恶劣。

义和团运动后清政府设置的工巡局注意对道路进行整修和保护，将原有甬道翻起，使中间及两侧均成同一高度，中间为人行道及轻便车道，左、右两侧为重车道，中间甬道的左、右两边设沟以便排水，以用条石及水泥固定路面，道路左、右两侧种植杨柳，安设路灯，撤销全部小摊，每

---

① 〔日〕服部宇之吉等编《清末北京志资料》，张宗平、吕永和译，吕永和、汤重南校，北京燕山出版社，1994，第20页。

② 邓云乡：《燕京乡土记》，河北教育出版社，2004，第573页。"无风三尺土，有雨一街泥"，又叫"无风三尺土，有雨墨盒子"。

隔一二百米配备巡捕，维持交通和保障安全。这次重修，一定程度上改善了北京恶劣的道路状况，"是北京道路的一个新纪元"。[1] 在清末的最后几年，一部分大街已修改成马路，成效"颇有可观"。[2] 有竹枝词对此表示了称赞："大街拥挤记当年，高在中间低两边。一自维新修马路，眼前王道始平平。"[3]

进入民国后，清末道路整修带来的局部交通状况改善很快就面临了新的挑战，当地政府不得不进行变通，但依照其组织和财政情况，不能对涉及交通的所有情况进行考虑，必须确定重点。当时北京由于"顶急的是要整洁道路，便利交通"，所以道路工程在北京市政中成为重点。道路如何能够整洁，交通如何能够便利呢，当时的人认为，不和当时世界其他著名的都市相比，仅就北京而言，至少可以做到让街道无论是大雨滂沱还是阳光普照"均可步行，不愁泥泞，不遭坎坷的苦痛，不受臭味的熏蒸"。[4] 所以，"为了对付人口的增长和迅速的商业化所带来的街道交通的急剧膨胀，城市改革家们将铺设和更新街道道路作为他们考虑的第一个重点"。[5]

二

1904 年至 1929 年的 25 年间，北京共修筑了 96.7 公里长的碎石路和8.27 公里长的柏油路。[6] 因为柏油路成本比较高，新修道路多是碎石路面。道路建成后，维修便是最重要的问题了。"道路维修费用占去了用于改善道路状况专项资金的大部分。"除去自然磨损外，这一时期北京最常见的道路类型——碎石路，明显不如柏油路耐用。修路时节省的成本却造成了高昂的维修费用，"市政公所多年因修补马路所耗已属不赀"，[7] 1914 年至

---

① 〔日〕服部宇之吉等编《清末北京志资料》，第 21 页。
② 〔日〕服部宇之吉等编《清末北京志资料》，第 20 页。
③ 杨米人等著，路工编选《清代北京竹枝词：十三种》，北京古籍出版社，1982，第 126 页。
④ 《论说·市政整理之次序与工程之筹备》，《市政通告》第 1 期，1914 年 12 月 10 日，第 4 页。
⑤ 史明正：《走向近代化的北京城：城市建设与社会变革》，北京大学出版社，1995，第 80 页。
⑥ 《北京特别市工务局公务特刊》，1929，第 59 页，转引自史明正《走向近代化的北京城：城市建设与社会变革》，第 80 页。
⑦ 《市政公所取缔大车》，《晨报》1921 年 10 月 23 日，第 7 版。

1918 年间，市政府共花费 173000 元对相当于 10 公里的街道进行维修，大约占全部公共工程拨款的 60%。①

"修治道路，原为运输便利起见。其运输器具之构造重量大小，均与道路之建设有密切关系。"② 北京商民搬运货物，大多数使用旧式窄轮大车，往来装载。在未修马路时，这种重载大车往返于土道上，"尚无大碍"，但在北京主要大街和住户繁盛之巷碎石马路多已修筑后，这种旧式窄轮重载大车对道路的损坏便明显起来。这种大车"轮辐坚重"，③ 新修的碎石马路一经轧压，"立见坑坎之状"，"往往上月甫经修好，下月已形损坏，此处尚未竣工，彼处更需翻修，修路经费耗去无数，各处马路迄未平坦，究其原因，实以旧式窄轮重载大车轧压所致"。④

为保护新铺设的道路，京师警察厅对载重大车进行了严格限制。在1925 年《改良大车车轮办法》未颁布之前，京师警察厅就已要求各区署警察严格限制重载大车的运载数量，规定"单套车如逾五百斤，双套车如逾一千二百斤，三套车如逾一千六百斤，并即将车夫带区罚办，不得姑宽"。⑤ 市政公所对于大车车轮也加以改良，规定车轮厚度，至少不得在四寸半以下，不符合要求的车辆，不许通行马路。⑥ 市政公所和京师警察厅对各区重载大车往来，规定绕道路线，并在各马路交通地点由守望警察注意看护，遇有重载大车随时指导制止，⑦ 如有违背规定，守望巡警应"切实禁止"。⑧ 但直到 1925 年，北京街道上仍有不少"旧式重载大车任意经行"。⑨ 为护养北京道路，京师警察厅与市政公所进行多次协商，确定"根本办法，确在改良大车制度"，并于 1925 年 11 月会同订定《改良大车车轮办法》，该办法共计 6 条，"最要之点，在加宽车轮，减少马路承受轧力，其宽轮尺寸，系经详细研究，暨轮边之宽为四寸（中国营造尺）"。自

---

① 史明正：《走向近代化的北京城：城市建设与社会变革》，第 83 页。
② 张柏如：《修治道路与改良车辆》，《自觉月刊》第 1 卷第 4 期，1920，第 36～37 页。
③ 京都市政公所编《京都市政汇览》，京华出版社，1919，第 227 页。
④ 《改良大车车轮办法》，《晨报》1925 年 11 月 21 日，第 6 版。
⑤ 《取缔重载大车》，《晨报》1918 年 1 月 8 日，第 6 版。
⑥ 《市政公所取缔大车》，《晨报》1921 年 10 月 23 日，第 7 版。
⑦ 《京都市政公所致京师警察厅公函》，《政府公报》第 3355 号，1925 年 8 月 4 日，第 15 页。
⑧ 《京都市政公所致京师警察厅公函》，《政府公报》第 3421 号，1925 年 10 月 10 日，第 10 页。
⑨ 《京都市政公所致京师警察厅公函》，《政府公报》第 3421 号，1925 年 10 月 10 日，第 10 页。

新订车轮式样公布之日起，各车铺不准再制造旧式车轮，各用户旧有大车，限于半年内一律改换新式车轮。先换者酌予免捐，逾期者照章处罚。为便商民周知，京师警察厅和市政公所将该办法均有逐条登报公布，并将新订车轮式样绘图说明。① 市政公所和京师警察厅对于京师大车车轮的改革，取得了很好的效果，旧式车轮的大车在北京城内遭到禁止，只能在郊外的乡村道路上使用。政府的干预减少了车辆对道路的损害，一定程度上延长了道路的寿命，减少了维修，降低了成本。②

要保护道路路面，还应限制商民随意对道路进行刨挖。市政公所规定，北京商民"凡有因公拟刨马路者，不论区域大小均须先报明警厅，由厅函转本公所查明核准后方准开工"。③ 如自来水公司"有增设或修理地管及当街售水龙头等工作"时，④ 应事先预计工程大小及所需时期，先呈报警察厅，由警察厅转报到市政公所，由市政公所进行核定，核准后，仍由警察厅转告自来水公司进行施工。实施施工的具体日期由警察厅回复市政公所。如果一星期内未接到开工时日的回复，市政公所可向警察厅询问情由。⑤

三

政府修路资金有限，北京需要修筑的道路很多，为缓解政府财政困难，市政公所鼓励发挥民间修路的积极性，并颁布了成文的条例进行规范。京师内、外城各区市民如有集资或独资修治本街道路者，首先应禀报京师警察厅，由京师警察厅详报给市政公所，公所派员会同警察厅暨原发起人进行具体查勘、绘具线路图及估计修造工价；兴修时如所集经费不敷使用，市政公所根据工程具体情况酌量补助 1/3 或 1/4，"以成义举"；兴工之后所有指挥车马、暂时交通暨弹压工人各事均由各区警察署负责办理；全路完竣

① 《改良大车车轮办法》，《晨报》1925 年 11 月 21 日，第 6 版。
② 史明正：《走向近代化的北京城：城市建设与社会变革》，第 84 页。
③ 《因工刨路规则》（1921 年 4 月），京都市政公所编译室编《京都市法规汇编》，第 1 页。
④ 《自来水地管及售水龙头安设规则》（1917 年 9 月公布，1925 年 8 月 4 日修正），京都市政公所编译室编《京都市法规汇编》，第 1 页。
⑤ 《考工科办事细则》（1918 年 3 月 27 日核准，1925 年 7 月 25 日修正），京都市政公所编译室编《京都市法规汇编》，第 4～5 页。

后仍由发起人具报市政公所派员查验接收，交由京师警察管理。① 为表彰民间铺路行为，捐款 1000 元以上者，由大总统亲自授予光荣匾和金质或银质奖章，捐款不足 1000 元者，由内务总长颁发此类奖励。

京师警察厅在鼓励民间修路过程中起到了重要的联系作用，如上文所述，北京市民不管是独资还是集资修路，都是首先禀报本管警察区署，由各区警察署会同市政公所进行具体商议执行。市政公所资金缺乏，需要民间协助修路的，在没有市民主动提出集资时，也是由各区警察负责约集绅商铺户，商讨筹款修路事项。② 在京师警察厅的协助下，1914 年至 1918 年，北京民间共集资修建碎石街道 1442 米，总耗资 13701 元。③

四

市政公所开工修筑道路时，涉及交通秩序维持和材料安放等事项，需要京师警察厅进行协助。如 1919 年 3 月，市政公所改修正阳桥工程时，特地请"该管署派员到所当面接洽规定办法"，并要求"派警随时妥为照料，以重公务而利行人"。京师警察厅按照市政公所的要求，派员前往市政公所会同议订了《工程期内临时指挥车马通行办法》9 条，并负责广贴布告，让过往商民知晓工程期间具体交通规定，以便商民通行。在工程地点，京师警察厅还加派队警协助巡守长警进行指挥照料。④ 京师警察厅指挥工程修建车马通行的办法具体可参见下文。

改修正阳桥工程期内临时指挥车马通行办法

一　该桥桥面原分东、西、中三桥，现议定工程分两段先后兴修，修东桥时西面照后列办法酌量通行，修西桥时亦如之，但中间桥面因拆卸及半，工程上恐有为限，应由区设桩栏绳禁止通行，并于南

---

① 《公修道路简章》（1914 年 6 月 17 日），京都市政公所编译室编《京都市法规汇编》，第 1 ~ 2 页。
② 《劝绅商修筑马路》，《晨报》1917 年 9 月 30 日，第 6 版。
③ 京都市政公所编《京都市政汇览》，第 375 ~ 376 页。
④ 《京师警察厅布告》，《晨报》1919 年 3 月 18 日，第 6 版；《京师警察厅布告》，《政府公报》第 1123 号，1919 年 3 月 21 日，第 13 页。

北两端树立指挥牌以资指导；

二　工程期内，汽车、马车、桥车、人力车等均由酌留通行之处照旧通行，但人力车空车一律禁阻通过；

三　工程期内，正阳门东西两边门洞酌留一边通行车马，修东桥时限定由西门洞出入，不得走东门洞，修西桥时限定由东门洞出入，不得走西门洞，但赴东西车站马车得由城内绕行出入；

四　工程期内由车站至南城一带车马，除重载大车等照后列办法外，其汽车、马车、人力车等项，亦应绕行。修东桥时，东车站往南车马应进东门洞绕由西门洞行走，修西桥时西车站往南车马应进西门洞绕由东门洞行走；

五　工程期内所有重载大车（轿车、装货者认为重载大车）及骆驼均应限定，绕由崇文门、宣武门两门出入，正阳门东西门洞一律禁阻通行；

六　重载大车及骆驼如系由车站运载货物至南城一带，除西车站应由货厂装运往西绕行外，其东站运货往南须由正阳桥迤东京奉路局新建之铁桥绕行；

七　排地车运送行李赴东西车站，或由东西车站运送进城，仍准照旧通行，但由车站运送行李至南成一带之地排车应照普通车马绕行办法办理，运送货物至南城一带之地排车应照运货大车及骆驼绕行办法办理；

八　工程地点须加派队警协助巡守长警指挥照料，以期周密；

九　本办法俟工程完竣即行取消，在工程内如有应须变更之处，得随时酌量变更。[①]

五

清末北京工巡局翻修道路时，为维护道路和交通安全，已开始在新修整道路左、右两边种植树株、安设路灯。北洋政府时期，京师警察厅负责路街

[①]　《京师警察厅布告》，《晨报》1919年3月18日，第6版；《京师警察厅布告》，《政府公报》第1123号，1919年3月21日，第13页。

树株的种植事宜。1914 年，京师警察厅于先农坛内辟地收养贫民，教以树艺技能，1924 年 9 月，将其改称贫民教养院第二附属教养院。[①] 新修道路需要栽种树株时，京师警察厅先呈报内务部，请内务部与农商部进行协商，农商部同意后，饬令所属林业试验场拨给，再由京师警察厅派员"前往运取，允配种植"。1917 年 3 月，府右街等处马路应种洋槐树株 1120 余棵，即是按照上述程序进行。[②] 同年 3 月，正阳门内、外等处马路两旁所种洋梧桐树多有枯萎，京师警察厅请示内务部补种 177 株，其具体过程也是按照上述程序进行。[③] 京师警察厅不仅负责栽种马路两边树木，并且还负责对所辖区域的树木进行保护。如 1916 年，内外城马路旁栽种的树株"被雨冲刷，土壤甚浅"，到 10 月份，天气渐寒，冬季"不无冻伤之虞"，京师警察厅为保护起见，特意通告各区署转饬清道夫，"速将路旁树株加以培护，以免冻伤"。[④]

北京马路旁边所栽树株除由农商部林业试验场拨给外，还有一部分由京师警察厅负责购买，所需费用在内务部承领，有时实际费用超过承领金额，所缺数额京师警察厅也会负责筹备。如 1916 年，京师警察厅负责正阳门花木的种植，共计需用 2758.8 元，而在内务部所领款银只有 2000 元，不敷数目由警察厅"种树项下开支，不再请领"。[⑤] 1917 年全年，京师警察厅临时支出种树费 1736 元，所付工役费用为 232 元。[⑥] 京师警察厅栽种树株所用工役一般由其收养的贫民充任，因收养贫民有流动性，其树艺科工夫人数也不确定。以 1927 年 3 月为例，树艺科工夫人数为 49 人、41 人、42 人不等。[⑦]

六

甘博在北京进行社会调查时看到，到 1918 年左右，北京主要街道

① 蔡恂：《北京警察沿革纪要》，北京民社，1944，第 55 页。
② 《内务部指令第六二号》，《政府公报》第 415 号，1917 年 3 月 8 日，第 12 页。
③ 《内务部咨农商部据警厅呈请补种正阳门等处马路树株可否饬林业实验场照拨请查酌见复文》，《政府公报》第 427 号，1917 年 3 月 20 日，第 16 页。
④ 《保护马路树木》，《晨报》1916 年 10 月 23 日，第 5 版。
⑤ 《内务部指令》，《政府公报》第 271 号，1916 年 10 月 5 日，第 11 页。
⑥ 《警察经费》，京师警察厅制《京师警务一览图表》，出版地不详，1917。
⑦ 根据《附载》，《京师警察公报》1927 年 3 月 6 日~1927 年 4 月 3 日统计。

和部分非主要街道依靠公共资金安装了电灯，照明情况良好；其余街道使用煤油灯照明，而煤油灯的亮光仅够让人看清路上是否有行人；非主要街道的照明费由沿街居民负担，有专人负责看管路灯，这些人归警察厅管辖。① 虽然主要街道在民初已安设了路灯，但就整个城市而言，未安设路灯的街道仍有不少。有人认为，1916年北京市政"一切应行举办要务仍有不齐备者，而路灯尤甚"。② 未安设灯各街巷，不仅于交通不便，并且容易使道路遭到损坏，因此京师警察厅各区署要求地方巡守长警调查未燃路灯的街巷胡同，并"速劝令安设，以重公益"。③ 路灯安设"不唯与交通有益，且免许多匪盗"，所以京师警察厅和一些热心绅商都很愿意安设路灯，京师不少路灯的安设也是得益于二者的协助。如1916年12月，前门外草厂六条至十条胡同并与兴隆街一带，夜晚十分黑暗，左一区巡长便会同各巷热心公益的绅士，"劝办路灯多支"，当月便得到实施。④ 京师路灯的安设除了得益于热心绅商的襄助，也离不开警察的积极劝办。⑤ 京师警察厅为了鼓励警察人员劝办公益电灯，对劝办出力的警察人员给予一定的物质奖励。⑥

京师警察厅除积极劝办路灯外，还负责调查各警察署界内应安设而未安设电灯之处，以便报呈内务部。⑦ 京师一些路灯使用煤油照明，有时因煤油涨价，一些街巷路灯停点，京师警察厅为避免停点路灯，令各区署"就近逐日巡查，若有停点者，务须令其续点"。如经费"果然不敷"，警察厅可"酌量增补"。⑧ 路灯安设以后，保护也很重要。对于故意破坏路灯的行为，一经京师警察厅查获，便会"解送区署罚办"。⑨ 京师警察厅接管了路灯管理工作之后，为劝办和保护路灯做了不

---

① 〔美〕西德尼·D. 甘博：《北京的社会调查》（上），陈愉秉、袁熙等译，中国书店，2010，第119页。

② 《劝办兴隆街路灯》，《晨报》1916年12月25日，第5版。

③ 《饬警劝设路灯》，《晨报》1916年11月14日，第5版。

④ 《劝办兴隆街路灯》，《晨报》1916年12月25日，第5版。

⑤ 《阜外关厢安设公益电灯——警察劝办不遗余力，绅商赞襄告厥成功，由黑暗变为光明商务交通两有裨益》，《京师警察公报》1927年5月18日，第4版。

⑥ 《京师警察厅指令》，《京师警察公报》1927年4月17日，第3版。

⑦ 《添加水月电灯》，《晨报》1917年10月29日，第6版。

⑧ 《各路灯勿得停点》，《晨报》1917年3月7日，第5版。

⑨ 《砸毁路灯的被拿》，《晨报》1922年9月16日，第7版。

少工作，据当时佛教改革协会负责人表示，"他感觉警方对这项工作管理得很好"。①

经过京师警察厅和市政公所的努力，北京道路状况得到了很大改善，至1929年为止，北京的全部重要街道皆被改成碎石路和柏油路，许多街道得到了加宽和拓展，改善了交通状况。② 不少马路两边种上了树木，安设了路灯，既美化了城市环境，也方便了民众出行。然而，这种改变对于整个北京城来说是有限的。

首先，道路修筑范围有限。从清末到民初，京师碎石马路和柏油路的修建都是集中在内外城商业区和富人居住区，外城明显较少，③ 这对主要生活在外城的普通民众来说，并没有享受到多少道路改变所带来的便利。当时的市民深有体会："修理路政，竟修了那儿啦？原来光修理了那繁华的地方了，和那'洋鬼子'居住和常走的地方。"④

其次，道路修筑不坚固。北京的马路，除去几条比较讲究的，差不多都是用碎石块堆积而成。"在修筑马路之时，不过是铺满了石块，用汽碾在道上走几个来回就完了。"刚修之时，看起来异常平坦而且坚实，但"马路新修不过一星期，原来凸凹的现象依然露出来，数月之后……连山路也不如了"。尤其是在大雨之后，马路经过洗刷，本来面目立刻显现。修筑马路时"敷衍了事"也是一个重要原因。⑤

再次，道路维修不善。道路修筑后，维修费用昂贵。新修的碎石马路比较容易损坏，需要时常翻修，旧有道路因长期使用也需要整修，但因资金困难，不少需要翻修的马路未得到及时修整。如安定门大街附近马路，"永年不翻修"，马路中间，坑坎难行，路旁所砌的砖，亦残缺不齐，白天尚可行走，一到夜间，"行人裹足"。⑥ 还有不少交通繁盛的街道，道路高低不平，往来车马，稍不注意，"即有倾翻之险"。⑦

① 〔美〕西德尼·D. 甘博：《北京的社会调查》（上），第119页。
② 史明正：《走向近代化的北京城：城市建设与社会变革》，第96页。
③ 参看《各城区街道铺设的类型》，载史明正《走向近代化的北京城：城市建设与社会变革》，第98页图表；《市政公所不得不为阔人修路》，《晨报》1921年12月，第12版。
④ 《两老者的市政谈》，《晨报》1925年12月17日，第6版。
⑤ 《北京的马路》，《晨报》1925年9月3日，第7版。
⑥ 《走马路留神坎坷》，《晨报》1921年5月11日，第6版。
⑦ 《要路应加整修》，《晨报》1916年11月2日，第5版。

最后，特权阶层滥用权力所造成的破坏。例如，对于重载大车在马路行驶，市政公所和京师警察厅进行了严格的限制，但仍不能完全避免人为因素对道路的破坏，特权阶级的存在是一个重要原因。这一时期军人拥有特权，京师"街市间逐日必有身着军队制服之人督押大车行走马路，守望警察无法禁止，遂不得不出于放任"，这对于"马路之保护，市政之整齐，均大有妨碍"。[1] 对于军用大车行走于受管制马路的情况，市政公所虽函请"各军事机关一体查禁"，"并函知警厅通饬各区申明旧案切实办理"，[2] 但直到1927年，仍时有军用大车在限制路线通行，对于守望巡警的禁阻，置若罔闻。[3]

虽有这些问题，但考虑到当时的社会和政治环境，北京路政取得有限的成绩亦属不易，这其中应认识到京师警察厅所发挥的重要作用。

北洋政府时期是中国近代城市管理制度发展的重要阶段，也是中国近代化发展的重要阶段，这一阶段警察对北京市政道路的维护具有一定的代表性，中国许多城市，如广州、成都、天津等都是如此。目前，近代警察机构的市政管理作用未被充分认识，这使得学术界对警察机构的认识仅限于治安的层面上。在中国城市管理从传统向现代转型的过程中，警察机构是具有代表性的过渡机构，在一定程度上可以说，从清末到北洋政府时期，在普遍未设市政府的城市中，警察机构承担了市政府的职能，甚至有学者认为，"各市市政，能否办理尽善尽美，要以警察之能否得力"。[4] 这种由警察机构承担市政职能的城市管理模式最能代表当时中国城市，特别是大城市所进行的城市管理的普遍形态，也最能够突显城市管理转变过程中的阶段性特征。

（作者：丁芮，天津社会科学院历史研究所）

---

① 《公牍·致王景韩司令函》，《市政月刊》第 8 期，1926，第 21 页。
② 《公牍·致王景韩司令函》，《市政月刊》第 8 期，1926，第 21 页；《公牍·函京师警察厅现查内外城各马路时有军用大车通行函请转饬各区查照前案切实办理由》，《市政月刊》第 8 期，1926，第 23 页；《公牍·直鲁联军总司令部、京师宪兵司令部、京畿卫戍总司令部、镇威军第三四方面军团联合总司令部函通饬所属嗣后凡有因公需用重载大车务须按照各区绕道路线及就马路两旁便道行走勿再直行马路以维市政由》，《市政月刊》第 8 期，1926，第 24 页。
③ 《市政进行纪要·会衔军警各机关布告禁止重载大车通行马路》，《市政月刊》第 18、19 期，1927，第 1 页。
④ 董修甲：《对于中国市公安行政之我见》（1927），《市政研究论文集》，青年协会书报部编印，1929，第 340 页。

自开商埠与济南近代经济发展的特点

庄维民

内容提要： 在周边政治经济形势以及城市自身发展的驱动下，济南在 1904 年自行开埠，其城市经济得以迅猛发展。济南区位经济优势的确立既有政府各项政策支持的因素，也得益于交通条件的改善和新兴商人资本的发展。由于自身特殊的发展条件和背景，其发展呈现出不同于其他自开埠城市的特点，即现代化与传统的关系比较和谐，民族资本自身力量强大，商会在城市治理中发挥着重要的作用。

关键词： 济南　自开商埠　民族资本　商会

一　开埠前后济南城市经济发展的对比

在 19 世纪中叶，济南基本还只是一个地区政治文化中心和消费城市，不是商业贸易和手工业中心，城市中除手工纺织业外，没有其他大规模的手工业。对于同治年间的济南，清代学者何家琪在所著《天根文钞》中曾说："其地民惟力田，日用皆南产。"在产业和消费结构的制约下，清朝咸丰、同治年间，济南市场输入的大宗商品以绸缎、南货、茶叶、皮毡各货等庄为大，每年贸易额一百七八十万两，而对外输出的商品大部分为贩运关东的标布，每年七八十万两，另外，兖州、登州来的丝茧客商，每年五六十万两，大宗商品流通的特点为输入大于输出。①

---

① 佚名：《鲁政辑要》，清代抄本，北京大学图书馆藏。

开埠前，济南商业集中在消费服务性领域，基本为传统店铺经营。城区内的商号店铺集中于芙蓉街、西关大街、东关大街，如"洋广货铺多在芙蓉街，以裕聚为最，裕昌次之。新泰厚票号在西门大街，其右路北为瑞林祥，瑞生祥在芙蓉街，谦吉升在芙蓉巷，袁风九在布政司大街，其余钱肆散见于各街"。[1]

受传统经济和观念习俗的影响，古老的济南一向是"其人多文秀，其俗喜诗书，好利而乏远谋，故富商大贾往往无土著者"。[2] 在济南经商者以章丘、胶东及运河沿岸城镇商人为主，外省商人则以山西晋帮、河南豫帮为主。客居济南的外省官绅或商人，按地籍先后在济南建立了山陕会馆（布政司街）、江南会馆（宽厚所街）、八旗奉直会馆（院后街）、福德会馆（高都司巷）、中州会馆（榜棚街）、浙闽会馆（宽厚所街）、湖广会馆（小布政司街）、集云会馆（估衣街）、江西会馆（万寿宫）、浙绍会馆（院西大街）。在各帮商人中，山西晋商实力最强，他们在银钱业、典当业以及铁货、粮食等行业拥有很大的经营势力。[3]

1904 年，济南自开商埠，既有当时政治经济形势的宏观背景，同时也是城市自身发展的结果。烟台开埠通商后，济南通过烟潍商路延长线，开辟了与烟台进出口市场间的商品流通路线，市场由此开始转型。当时济南经由烟潍商路，每年输入烟台的各类洋货 200 余万银两。当时烟台由于大部分洋货由上海转口输入，故济南输入的洋货实际上大部分以上海为货源地。青岛开港与胶济铁路的修筑，加快了济南城市经济转型的进程。此时，城市商业已由东关和城里转移至西关，与周邻地区的商品交流也日趋活跃。单就开埠前的 1903 年来说，就是一个不同寻常的年份，这一年所发生的各种事情，似乎已经预示着这座古老的城市即将迎来一场前所未有的重大转变。

这一年，胶济铁路修至距济南只有一步之遥的周村；德国瑞记洋行、礼和洋行开始在济南"承办大小机器和一切粗细货物"的买卖，德国德基洋行甚至"携带各种洋货"，在济南南城根租赁房屋，发卖各种钟表、西洋乐器、留声机等洋货，英国商人柯德士则向山东商务局提出承办小清河

① 孙点：《历下志游》，载王锡祺辑《小方壶斋舆地丛钞》，第六帙上海着易堂，1891。
② 叶春墀：《济南指南》，大东日报社，1914。
③ 庄维民：《近代山东市场经济的变迁》，中华书局，2000，第 307 页。

轮运这样咄咄逼人的要求；1903 年春，日本商人开始陆续到济南筹划商贸经营，"商务人员往来络绎，不下十余人"，并有日商"拟在大布政司街开铺，专售东洋杂货"，其购货也托日商办理；在原有的宜宾馆、克本馆两家西餐馆之外，在济南司家码头又开设了一家新的西餐馆——天德茶楼，开业后"生意颇旺，日有西人前往饮啜"。过去，济南的大洋货铺只有屈臣氏、鹤林堂 2 家，到 1903 年又新增富兰堂、化劫堂、复兴隆 3 家，照相馆也增至 5 家。这一年，济南发行的各种报刊已达 38 种，发行总量达1619 份。通过《京报》《北洋官报》《政艺通报》《胶州报》《外交报》等报刊，济南的绅商学子逐渐对外界有了越来越多的了解，同时，要求开放与改革的愿望和呼声越来越高涨。①

接下来便是 1904 年的自开商埠，而这一举措与胶济铁路的全线修通以及 1912 年津浦铁路与胶济铁路的会接有密切联系，彻底改变了济南的历史发展进程。1906 年 1 月 10 日，济南正式开设"华洋公共通商之埠"。开埠后，济南的城市化水平有了很大提高，当时就有报道称："刻下东省人烟凑集，非常之多，即闲街僻巷，亦如闹市，西关外之十王店，本系荒野，今已修成马路，列肆而居。有多年离东者见之，无不惊讶，大有沧桑之感云。"② 1914 年，济南人口已达 246000 人，其中商埠人口共 2675 户，14601 人。北京政府时期，随着城市商贸和机器工业的发展，外来迁入人口大量增加，到 1929 年，全市人口达 38 万人，比 1914 年增长了近 65%。国民党南京政府时期，城市人口的增长虽有所放缓，但仍保持着平均每年2.3% 的增长速度。抗日战争前夕的 1936 年，济南城市人口达 99934 户，442250 人。③ 城市从事商业活动的人口比例也呈上升之势，1934 年，据公民登记法登记的公民计 169794 人，其中经商者 46095 人，约占 1/3。④

商埠设立后，外国商人纷纷到济南开设商行，经营各种土洋货贸易。1915 年，商埠区内已有外国人修建的楼房 26 栋，商埠区的洋行发展到 25家。其中著名的外商有德国的哈利、瑞记、美最时、礼和、捷成、禅臣、

---

① 《海岱丛谈》，《济南汇报》第 4、14、24、28、42 期，1903 年 7～10 月。
② 《今昔殊观》，《盛京时报》1906 年 12 月 29 日。
③ 〔日〕天城生：《济南》，1915，第 5 页；沈国梁：《济南开埠以来人口问题初探》，《山东史志资料》1982 年第 1 辑。
④ 罗腾霄编《济南大观》，济南大观社，1934。

礼丰、义利、万顺、华丰等洋行，法国的振兴洋行、立兴洋行，英国的仁得利洋行、英美烟草公司、亚细亚石油公司等，美国的美孚石油公司，日本的三井、汤浅、大仓、大文等洋行，俄国的滋美、开治、永昌等洋行。①

与此同时，华商资本也有了明显的增长，1918 年前后，济南登记在册的华商业户已有 2000 余户；1927 年，城埠两地大小工商业户达 9100 余户，其中商业 6500 余家，不到 10 年增加了近 2 倍。1915 年，商埠区内华商开设的商家店铺 500～600 家，1927 年商埠的商号店铺总数已发展到 1500 家，比 10 年前同样增加了近 2 倍。②

开埠后，随着交通条件的改善和商人资本的汇聚，济南不仅成为全省最大的棉花市场、粮食市场、花生市场和畜产品市场，而且也是内地最大的洋货分销市场。这就增强了城市对周边地区的辐射影响力。1914 年济南的市场商品流通总量为 1200 万银两，1918 年济南市场的交易规模已跃增至 1 亿元，大致 4 倍于同期的周村。20 世纪 20 年代初，省内历城、章丘、长山、长清、济阳等 46 个县的农副产品以济南为主要的销售市场。1927 年商品流通量达 2.3 亿元。③

在产业改进方面，面粉、纺织、火柴、化工等现代机器工业相继兴起并获得一定发展。1927 年济南全市大小工厂已有 240 余家，其中 29 家大工厂的资本总额 75457500 元。产业工人 1 万余人，其中男工 5600 余人，女工 3500 人，童工 1000 余人。济南面粉、火柴、机械、纺织等行业在华北地区占有非常重要的地位，成为华北地区乃至全国的面粉、火柴业重镇。④ 如面粉业在 1918～1921 年间，新开设的面粉厂达 8 家，年产量约 800 万袋（最高值达 1000 万袋）。⑤

---

① 〔日〕田原天南：《胶州湾》，大连满洲日日新闻会社，1915，第 102～103 页；天城生：《济南》，1915，第 19～20 页；〔日〕山东研究会编《山东の研究》，1915，第 168 页。按，开埠初期，日商在济南尚无大的商行，开设店铺的大部分为药材商和杂货店店主，如日华公司、东南公司书药局、东亚分公司、华和公司、三好堂等。

② 林修竹：《山东各县乡土调查录》，上海商务印书馆，1920；孙宝生：《历城县乡土调查录》，历城县实业局，1928。

③ 孙宝生：《历城县乡土调查录》，第 163～167 页；庄维民：《近代山东市场经济的变迁》，第 173～174 页。

④ 周世铭：《济南快览》，济南世界书局，1927，第 224～226 页。

⑤ 济南市志编纂委员会编《济南史志资料》第 2 辑（内部发行），1982，第 5 页。

二 开埠后城市经济发展的原因

自开商埠是济南由传统城市走向现代化的开端。市场经济和产业的发展，标志着济南已从一个开埠前的消费城市逐步转变为近代工商业城市。无论与本省同时开埠的周村、潍县相比，还是与外省的长沙等自开商埠城市相比，济南城市经济的发展都是相对较成功的。民国初期，周村市场的年贸易额已增至 2500 万银两，而当时济南只有 1500 万元，以至当时有"驾乎省垣而上之"的说法。但是到 1918 年济南市场的商品流通总量已达 1 亿元，是同期周村的 4 倍。商埠及整个城市之所以能够比较快的发展，主要有政治、经济等多方面的原因。

从政治上看，首先得益于政府有效的政策支持，具体表现在以下三个方面。

（1）设立了专门管理商埠的行政管理机构——商埠总局。商埠总局仿照外国市政厅办法（"总其整理之任者，为商埠总局，盖仿外国市政厅办法也"），负责管理商埠的日常行政、土木建筑、道路兴修、居民管理等事务。而商埠开发建设中所有应办事项，具体由以下三个部门负责管理，即："一为工程局，专管筑路、建厂及一切修造之事；一为巡警局，专司巡查街道，并稽查透漏等事；一为发审局，专理中外一切词讼之事"。①

（2）商埠的街区规划有一套完整完备的方案和方法。市区规划专门聘请德国人担任，在开发前，对城区采取科学的功能划分，将商埠新区划分为不同的功能区。按照德国工程师的规划，以东西为经，分为 7 条马路，以南北为纬，分成 11 条马路，由此，市区道路按经纬有规则的分布，使城区形成了棋盘格式的框架结构，并最终在商埠区形成了新的商业中心。20世纪 20 年代中期以后，济南的银行业、钱庄业、棉花业、油业、蛋业、五金业及洋行洋商等 40 多个行业，大约 1200 家店铺，大部分开设在商埠区。相比之下，在宣布开埠后，周村和潍县虽然也划出了 1000 ~ 2000 亩地的商埠区，但并没有对商埠区的开发进行认真的规划，更没有具体的发展措施。例如周村，从清末到民国时期只不过是长山县所属的一个城镇，在政

---

① 《东方杂志》第 2 卷第 7 期，1905 年 8 月 25 日，第 65 ~ 69 页。

治上一直处于被"边缘化"的状况，地方政府因能力有限，对商埠缺乏系统、完善的政策支持措施，结果直到1918年，商埠区基本仍是一片空地，并无新兴工商业在区内兴起。

（3）商埠区的开发得到了清政府有力的财政支持。为了促使商埠区的发展，清政府曾专门拨出40万银两作为开办费，并于开埠后每年拨付商埠总局24000元的经常费，加上商埠区的土地租让费、商户税捐等，商埠的开发建设与行政管理便有了较为可靠的经费保障。商埠区原先只有五里沟、三里庄两个不足百户人家的小村庄，其余地方大都是荒郊野坟，单是坟墓就有1万余处，清政府为了迁出这些旧坟，投入的花费估计就在5万两以上。[①] 1906年，商埠区内最长的一条马路——经一路修竣，整个工程投资共总约白银2万两，与此作比较，政府拨付的商埠开办费和常年经费在当时应是一笔不小的数额。

从经济上看，济南区位经济优势的确立还得益于交通条件的改善和新兴商人资本的发展。

首先，胶济铁路与津浦铁路在济南的会接，改变了济南的市场功能，大大提高了在区位经济中的优势地位。

开埠之前，济南与省内外市场的商品流通主要靠传统的陆运和河运，陆运以烟潍商路、济铜（山）商路等为主，河运码头分黄河与小清河两区。黄河码头洛口镇商船云集，为最发达，此外还有市北的邢家渡、河套圈等码头；小清河码头以黄台桥为商运要区，接着为东坝子、唐王道口、张家林、五柳闸、边庄闸。然而，这两种传统运输方式因运程短、运量小、运送周期长，难以适应近代市场经济发展的要求。

1904年胶济铁路全线通车后，济南的商品流通模式便开始发生巨大的变化，1912年津浦铁路即将全线通车之际，日本在华商业调查机构就于当年11月的英文周刊——*Weekly China Tribune* 上发表报告，指出济南不久将因两条铁路的会接成为全省的商业中心。而德国驻济南领事在仔细研究了这份报告后，也得出了同样的看法。历史的发展不久便证实了这一点。津浦与胶济两条铁路的会接，使济南的商品流通北可与天津相通，南可与江浙及上海相接。在商业贸易活动中，大凡山东西部以及山西、河南等地的

---

① 〔日〕外务省通商局：《清国事情》，该局，1907，第434页。

土特产品输出海外者，都要在济南集中，再运往青岛。这样，济南便成为鲁、豫、晋三省出口货物最初集中的市场，而运往内地省份的外国货物，也是先集中于青岛，然后转运济南，由济南向内地疏散。

不仅如此，通过铁路联运，人员与外界的联系也得以增强。1914年4月1日起，旅居济南的人可以买到京汉、津浦、沪宁、京张、京奉5条铁路的直达客票，直接乘火车去石家庄、郑州、徐州、汉口、南京、无锡、苏州、上海、大同、营口、沈阳等大城市，这无疑方便了济南与外地的人员往来，从而扩大了城市的开放程度。

其次，新商人资本的崛起，给市场流通和工商经营活动增添了活力。

开埠之前，经营传统银钱业和商业的山西帮、章丘帮商人资金最多，实力也最强。1882~1891年，济南共有5家山西商人开设的汇兑庄分号，总号设在北京。而到1901年时，山西帮票号（汇兑庄）减少到3家，即大德通、大德恒与晋逢祥。① 开埠之后，旧的传统商帮因不能适应近代市场流通的变化，经营手段和方式陈旧落后，逐渐趋于衰落。相比之下，以近代银行资本和行栈商人资本为代表的新兴商人资本则获得了空前的发展。

在金融业，1912~1921年10年间，在济南设立总行的银行有山东银行、工商银行、齐鲁银行、企业银行、周村商业银行、泰东银行、通惠银行等。其中山东银行资本金500万元，在省内设有很多分支机构，其他华商银行资本在100万~200万元之间。② 同一时期，山西帮票号资本则因缺乏变化和竞争能力来适应新形势，只能在苟延中勉强维持，最终于20世纪20年代全部歇闭停业。近代新式金融业的兴起，为城市商业贸易和工业的发展提供了可观的资金，使近代工业与大宗贸易的产供销成为可能。

在贸易领域，开埠后来自青岛、烟台等沿海城市的周锐记、复诚、立诚、天诚、协成春等十几家有实力的贸易商，纷纷在商埠置地建房，开设行栈，经营土洋货贸易。此外，省内的桓台帮、寿光帮、周村帮、潍县帮、即墨帮、沙河帮商人，省外的广东帮、上海帮、天津帮商人也陆续在济南商埠开设行号，经营粮食、花生、棉花、草辫、皮货、土洋布、洋广

---

① *Deccenial Reports*，1882 – 1891，p. 72；青岛市档案馆：《帝国主义与胶海关》，档案出版社，1986，第86页。

② 青岛市档案馆：《帝国主义与胶海关》，第203页。

杂货等商品贸易。各地商人在济南的汇聚集中，极大地改变了原先商人资本的分布格局，以新兴商帮为核心，形成了由济南辐射周边地区的商业购销网，同时也促使商业内部的分工不断扩延，产生新的商业行业和门类，广货、百货、西药、五金、钟表、染料等新兴行业和业态，便是在这种背景下产生的。

1908年，行栈商人在济南设立了花行、皮行、绸缎行、梭布行，到民国初年，行栈已发展到300余家，控制着20余个大宗贸易行业的商品流通。行栈资本的贸易和投资活动，代表着近代市场经济发展的一种新趋势。其一，行栈贸易经营范围的扩大，使得大量商品得以进入市场，提升了市场的商品流通水平；其二，由行栈参与的商品双向流通，改变了城市商品物流的面貌，形成一种新的交易模式，从而降低了市场交易成本；其三，行栈资本的经营与积累，不仅为近代工业的发展提供了必需的商业条件，并且也为其提供必要的创业资金，而这一切又恰恰是周村等自开商埠城市所欠缺的。在周村，新兴商人资本的发展较为缓慢，传统的商人资本仍占据相当的优势，经营模式和业态过于保守，无法给予市场以活力，商品流通的规模与范围因而没有发生质的变化。

三 开埠后城市发展的特点

济南开埠后，由于自身特殊的条件和背景，其发展呈现出不同于其他自开埠城市的特点，归纳起来最突出的有以下三点。

1. 现代化与传统的关系比较和谐

开埠后，商埠新区的开发范围完全建立在老城之外的荒郊，老城区没有受到影响破坏，于是在城市形态上便形成了老城区与商埠区东西并列的格局——既保留了一个具有传统文化风格的老城，又发展了一个具有某些现代西方建筑风格的商埠新区。从开埠到20世纪20年代中期，新式建筑集中在商埠，大宗批发贸易集中于商埠新区，洋行和按照新经营模式运营的华商公司、行栈、百货店、玻璃行、五金行也集中于商埠新区，经一路（一大马路）、经二路（二大马路）、纬三路、纬四路和纬五路作为最为繁富的商业新区，成为济南新的商业贸易中心。与此同时，老城区的店铺经营与服务业也获得了发展。银号、金店、绸布店、海产杂货店、纸店、药店、皮货店、估衣铺、蜡烛铺、古玩店、漆店、黄酒烧酒行等传统商家，不仅业户有所增加，而且经营规模也有所扩大，城市居民的消费大部分仍是依靠老城区的商业。1926年商埠区扩大，开辟了北商埠区，到30年代前期该区已成为新式纺织、面粉、化工企业的集中地，而手工业则在老城区获得发展，手工织布业、卷烟业以及其他手工制作行业呈现出兴旺的景象。

在文化方面，老城和商埠也呈现出传统文化与现代文化并存的景象。商埠公园可以看作现代文化的典型，公园内设有西餐茶园、俱乐部、电影院、茶座、广场、运动场、弹子房、音乐厅，每逢周日，都有音乐团在园内演奏各种西洋音乐，处处体现了与传统文化迥异的风貌。商埠所体现的这些现代西方文化景象，对济南近代城市文化具有广泛的影响，但是传统文化的传延却并未因此而终止。老城内的传统文化娱乐设施同样有所发展，城内的传统戏园、书场和饭馆，仍是市民聚集的娱乐休闲场所。由于传统文化与现代文明不是割裂，而是并存与融合，这座古老而年轻的城市在涵纳现代文明的同时仍旧保留着非常厚实的文化底蕴。

2. 城市经济的发展主要是靠民族资本自身的力量

按照《济南商埠租建章程》规定，"凡有约各国正经殷实商民，均可在此界内照章租地，建造屋宇栈房"；"所有洋商在此划定界内，可任便往来，携眷居住贸易"。[①] 开辟商埠为外商经营工商业提供了便利，清末民初各国商人在商埠设立了众多的商行，经营触角伸到了贸易的诸多领域。后来以日本资本为主的外国资本又开始在济南兴设工厂，向工业领域扩张。但是，由于民族工商资本的不断发展，尤其是新兴商业资本力量的成长壮大，外国资本始终未能完全压倒华商势力。直到抗日战争前夕，华商在诸多关系到城市经济命脉的商业和工业领域，基本居于优势地位，城市商品流通额的增长与工业生产规模的扩大，主要来自民族资本的发展。尽管在20世纪30年代，日本资本在若干土洋货贸易领域逐渐占据优势，但并没能对整个城市经济形成控制和垄断。

以工业为例，1920年日商在济南开设了"满洲磨房"，但开工不久，即遭到抵制日货的打击，无法达到产能，1923年被迫改组为三吉磨房后，

---

① 毛乘霖等纂修《续修历城县志》，1916。

仍是勉强维持经营。至 20 年代末期，济南虽然有两家日资开设的火柴厂，但是在与华商企业的竞争中并未能占据上风。1925 年日商在济南设立祥阳磷寸株式会社，1928 年又成立鲁兴火柴公司（资本 3 万元），其生产规模始终难以扩大，产品销售也受到限制。20 世纪 30 年代，华商相继在济南增开了 4 家火柴厂，在竞争中陆续占据优势。

开埠之后，民族资本尽管经历了种种的倾轧和挫折，却始终进行着顽强的竞争与奋斗，借助各种民族运动和自身经营管理上的改进，一些优秀的华商企业在经营上取得了成功，发展成为大企业集团。正是自身力量的不断壮大，民族工商资本成为推动城市经济发展的主导力量。

3. 商会作为商人组织，在城市治理中发挥着重要的作用

作为资产阶级的社会组织，商会在推进城市现代化进程，推动城市工业化转型与市场繁荣等方面发挥着不可替代的作用。济南商会成立于 1905 年，它的前身是济南商务总会。当时该会所属的工商行业共计 24 个。1911 年 3 月，商埠华商又成立了济南商埠商会。济南商会本身随着社会的发展而不断演进和嬗变。民国成立后，商会改变了原先官办或官督商办的性质，成为具有法人性质的商人自己的"合群组织"。

改组后的商会，成为维护工商界利益的代言人，是政府与工商业者及城市居民之间的中间组织，代表商界要求政府减免捐税，在减轻经营负担方面起了一定作用。20 世纪 20 年代初，济南商会和商埠商会相继成立了商事公断处，负责处理商务纠纷，起到了维护市场秩序的作用，同时也使商人经营活动的交易成本有所减少。此外，通常商业纠纷都是先由商会公断处受理评议，无法调解解决时，再由政府部门或审判机构处理。

商会还参与了城市市政和公益事业的管理，如消防、卫生、道路、教育等。随着城市工商业的日益繁兴，各种货物集散规模的扩大，举办消防事业成为各商家的共同的迫切要求；1913 年由商埠商会发起，组织各商号出资成立水会，以负责城市防火。在商会的组织参与下，城市消防有了很大的改善。总之，商会通过各种途径对济南城埠两地工商业者进行了有效的组织整合，商会广泛的社会联系加上经济上的优势，使商会在城市事务中的威望和地位越来越高，参与治理的内容与范围也越来越广。

（作者：庄维民，山东社会科学院）

清代汉江流域交通变革与城镇兴衰

张笃勤

内容摘要：清代康熙以后，随着汉江流域的人口增加，经济开发程度提高，商品交换日趋活跃，汉江流域水陆交通与农村市场、城镇经济出现了空前繁荣的景象。清末新式交通方式的出现与新的交通格局形成，使汉江流域交通优势丧失，商品流通出现阻滞，城镇经济发展失去源头活水，因此除汉口凭借对外开放与轮船、铁路交通迅速崛起外，汉江流域多数城镇则由盛转衰。

关键词：清代　汉江　交通　城镇

三千里汉江，自古就是西北与东南联系的重要水上通道。清代康熙以后，随着汉江流域人口大幅增加，经济开发程度提高，商品交换日趋活跃，汉江流域水陆交通与城镇经济出现了空前繁荣的景象。清末新式交通方式的出现与新的交通格局形成，导致汉江流域传统交通优势丧失，也让汉江流域城镇发展面临新的挑战。历史发展表明，清末除了汉口凭借对外开放与轮船、铁路交通迅速崛起外，汉江流域多数城镇则由盛转衰。

一　清代汉江流域的水陆交通

如果说判断城市存在价值的重要标志是城市中心作用，那么城市中心作用的显现则是以交通为前提的。交通作为城市内部循环的经络及对外联系的纽带，不仅决定城市的分布、规模与结构，并且也直接影响城市中心作用的发挥，在城市发展中具有举足轻重的意义。要分析汉江流域城镇的空间布局、兴衰变化，考察汉江流域的经济开发，不能不先研究汉江流域的水陆交通。

（一）以驿道为主干的陆路交通

中国封建社会的驿运制度和驿运路线，经过近两千年的实施和发展，到清朝业已定型。由于自秦汉大一统封建王朝起，中国政治重心始终在北方徘徊，经济重心则逐渐向江南转移，南北间频繁的政治、经济交流，形成了以南北走向为主干的水陆交通路线。清廷实行闭关锁国政策，仅以广州一处为对外通商口岸，使这一特点更加显著。

汉江流域处中国腹心，是中部地区南来北往、东奔西走的必经之地，其中驿道四通八达，不仅是朝廷官府传送公文、运递粮饷贡物、接送信使官吏的必备交通网络，并且也成为民众出行、商货流通的重要路线。

清代武昌成为湖北省会，驿道运输线由此辐射全省，并联通外省和北京。清代由北京通往各地的道路干线称"官马大道"，由北京通向南方的干线叫"官马南路"。当时云南有几条干线经过湖北省境，如由江夏北经孝感、广水、信阳、许昌、郑州、保定至北京的驿路，其中"桂林官路"的北段，基本上是现今京广铁路武昌至北京的走向。通往邻省的主要路线有由江夏北渡长江，自汉口经安陆、随县、宜城（或由汉口、孝感、京山、钟祥到达宜城），再经保康、房县、竹山、竹溪进入陕西安康而达汉中。这条全长960公里的道路，叫汉中大路，比汉江航程稍近。由汉口经云梦、安陆、随县、枣阳到襄阳，北上经河南淅川接秦楚大道到达西安的这条道路，因要从商州翻越秦岭，故称秦岭大道。省境内以江夏为中心，有通向各府、州、县的驿道。以江夏为起点的驿道，西去从江夏10里铺至汉阳县，60里至蔡甸，60里至汉川县，80里至田儿河驿，80里至天门县，90里至潜江县，90里至江陵县丫角庙，90里至江陵县城，70里至公安县屠陵驿，60里至公安县城，从汉川至应城县120里，又120里至京山县，70里至郧东驿，由此往西北可至襄阳县吕堰驿。此外，各州县辖境内的道路统称铺路，这些铺路大多利用原有的官马大道或驿道相互衔接。由此组成密如蛛网的陆路运输网络。

襄阳府地处鄂西北，号称南船北马。光绪《襄阳府志》卷一《舆地志》称襄阳"为楚北大郡，上通关陇、下连吴会，北控宛洛、南达滇黔，汉晋以来，代为重镇"，"陆则北通河南之新野、唐县、邓州、内乡、淅川，东北通河南桐柏，正西与西北皆通郧阳，南通安陆，东南通随州，其间道河南，自枣阳径通安陆，又邓州入光化径通南漳，由当阳可入蜀"。另据清宣统《湖北通志》记载，交汇于襄阳的古驿道除北京经襄阳、荆州至云南，襄阳至西安，襄阳至九江四条干线外，尚有襄阳经钟祥至武昌，经南漳至宜昌，经谷城至均州，经光化至邓川，至保康等驿道。襄阳商路南通沙市、宜昌，西北通房县、郧县，东通枣阳、随州、安陆；省外的通川东、关中、豫西、淮北、山东和北京。襄阳府与西安府之间的通道即秦楚大道，具体路线是：由襄阳城溯汉江西北行，经过谷城、光化到均州小江口（今丹江口市），路程280里，由小江口北上过河南内乡至淅川，路程160里，再行105里到达淅川荆子关（民国以后多作荆紫关），再前行115里进入陕西商南县徐家店，前行110里是竹林关，再110里为龙驹寨。此段水路长780里。由龙驹寨弃舟登陆前往西北，路程与站点依次为：100里到商州，90里到秦岭铺，翻越秦岭70里到蓝桥镇，又40里过七盘坡下，在这里分为两路前往西安城，一路经狄寨原路程70里，另一路由蓝田县而行则为90里。以上由龙驹寨到西安府，山路共长370里。①

　　南阳府位于河南省西南部，自古为宛襄平原南北交通要冲。明清时期，由南阳通往湖北江陵的宛郢道是"云南官路"中的一段，该段设置的驿站有瓦店驿、新野驿和黄渠驿，是两湖以及云、贵、川等省往来北京的要道。清末，京汉铁路通车后，南阳交通地位回落，沦为偏僻闭塞的地区。位于南阳府淅川县西北的荆紫关，北负群山，西临丹江，位于豫、鄂、陕三省交界处，素以"一脚踏三省"闻名遐迩。

　　郧阳府地处鄂西北，至省城武昌陆路1200里。其东150里抵河南南阳府淅川县界，南610里抵宜昌府兴山县界，西610里抵陕西兴安府平利县界，北170里抵陕西商州商南县界，东南60里抵襄阳府均州界，西南900里抵四川大宁县界，西北200里抵陕西白河县、旬阳县界，东北180里抵淅川县、商南县界。郧阳府与周边各州县之间驿道走向如下：向东经蓼池、黄洋至均州，由均州东南行过浪河、金家店到达谷城；由均州东南行到老河口，可东去南阳与襄阳。自郧西西南行经观音堂、羊尾山店进入陕西省白河县，往南越过界岭，经得胜铺到竹溪县，向南经花果、羊峪到房

---

　　①　见严如熤《三省边防备览》卷五《水道》。

县，再折向西经军马店、窑淮抵竹山县，折向东过青峰到达保康县；向北经杨溪、梅铺等地前往河南淅川。

商州城地处陕西东南，位于秦岭南坡，丹江上游，历史上曾经是秦楚两国争夺的险要之地，也是鄂北、豫西，尤其是襄阳前往关中及西北的必由之路。汉口茶市与俄国恰克图之间巨额的茶叶贸易，往来皆取道于此。清代几次解运两湖漕粮或购买两湖谷米赈济陕西荒歉，都是经过这条路线水陆联运到达西安的。商州所辖四县，"镇安居南山之中，四通八达，山阳、商南与楚之郧西、上津接连，雒南密迩豫州，各邑均山大林深，楚豫流民入山开垦者，多取道于此"。①

兴安府在秦岭和汉江之南，明代已经"驿邮四通"，向南有安康路，"由平利可达蜀楚"。② 兴安府与汉中府通西安的山路有好多条："一由安康琉璃沟，经旬阳北境、镇安县、孝义厅而至大峪口，兴安达西安之路也；一由石泉之迎风坝、西乡之子午镇（即午谷）经宁陕厅东江口营夹岭汛而至子午峪（即子峪），石泉、西乡达西安之路也；一由洋县之铁冶河（灙水），经华阳厚畛子而至盩屋之西骆峪，洋县之达西安之路也；一由城固小河口经留坝之西江口，凤县之进口关而至眉县之斜峪关，城固达凤翔转至西安之路也；一由褒城连云栈经留坝、凤县（古池荷）黄牛堡而至宝鸡（古陈仓），汉中达凤翔转至西安之路也；一由略阳（古兴州）经甘肃徽县、两当县出凤县而至宝鸡，利州、兴州达凤翔之路也。"③ 上述兴安府直接北上西安的山路，路程700里，要翻越秦岭，山高岭峻，鸟道羊肠，稍有不慎即有坠崖落涧的危险，因此凡官府押解人犯，仍走汉中大路。这是一条更为古老的道路，由兴安府先西上汉中府，再由汉中北转栈道东去西安，路途曲折遥远，长达1800余里。此外，兴安府与西安还有一条通路，其具体路线，据严如熤《三省边防备览》卷十二《策略》："郧西之甲河，在陕西白河县之上三十里，水注汉江，可通舟楫，溯流过上津至蛮川关，起陆二百四十里至商州，进西安省城，通计由甲河起至咸宁峪口，水陆八百余里，行旅避孝义秦岭之险，多取

---

① 严如熤：《三省边防备览》卷十二《策略》。
② （明）鲁得之：《按康桥碑记》，见李启良等《安康碑版钩沉》，陕西人民出版社，1998，第271页。
③ 严如熤：《三省边防备览》卷十二《策略》。

道于此，兴安之东道也。"

汉中府地处陕西省西南，汉中盆地中部，"东有饶风，南横大巴，北扼大散，西拒仇池，汉江横贯其中，最为形胜，其中南郑、城固、洋县、西乡、褒城、沔县，周围五六百里，一望平原，地美人殷，汉高因之成帝业，而武侯北定中原，亦屯军于此。晋宋以后为梁州，唐更名兴元"①。汉中府治所在南郑县，此地历代均为郡、州、道、路、府等政区治所，同时也是所在区域交通枢纽。从西周、春秋战国直至清朝，南郑县历代为连接关中和四川必经之地。于秦岭、巴山间开凿的褒斜道、子午道、金牛道、陈仓道、傥骆道、文川道、米仓道等古道，皆通汉中，且大多被历代王朝辟为官驿大道，构成以汉中为中心，辐射四方的道路网络。

由汉中府进入四川，西南可由宁羌州进入四川广元县，通过剑门关进入成都平原。正南方向尽管有大巴山隔阻，"俗称大巴之险过于连云栈"，然而，但凡有人的地方总有道路相通。据严如熤《三省边防备览》卷十二《策略》，汉中青石关与四川保宁府两河口哨风楼相通，南郑县的巫山垭经铁炉坝与四川保宁府的城墙岩、七眼洞相通。

清代汉江上游地区的道路，多是汉唐乃至周秦以来的古老驿道。在陕南驿道上，到处有汉高祖刘邦成就帝业、蜀汉丞相诸葛亮率军北伐、唐明皇李隆基巡幸驻跸，以及"一骑红尘妃子笑，无人知是荔枝来"的遗址遗迹与轶闻。在长安通襄阳的秦楚大道上，不仅处处留下了唐朝诗人李白、杜甫、白居易、孟浩然、刘禹锡等人的田园诗歌，还有一代文宗韩愈"云横秦岭家何在，雪拥蓝关马不前"的悲怆感怀和晚清湖南籍维新变法志士谭嗣同前往西北晓行夜宿的身影。

（二）以汉江为主干的水上运输

古老的汉江及支流不仅滋润着流域广袤的土地，并且也是历代漕运及信使往返的通道。元、明、清建都北京，江南漕粮经大运河或海运北上，汉水漕运较前代衰退，但每遇关中歉收缺食，朝廷官府便调荆襄仓储或采买市粮，溯汉水入丹江运抵关中赈济灾荒。同时，汉江更是中国南北商旅往来的天然通衢。自楚鄂君启率领的经商船队开辟长江、汉水，

---

① 严如熤：《三省边防备览》卷十二《策略》。

连通航线南北贸易运输以后，此航线历经两千年一直延续未断。直至清末京汉铁路开通之前，汉江水系一直是其流域及其毗邻地区盐粮百货运销的黄金水道。

明末清初 80 年间，受战乱和人口锐减的影响，汉江航运一度比较冷清，这种情况随着康熙中期之后社会秩序的恢复，汉江上游人口的大幅度增长，农业商品化的提高，以及秦巴山区手工工场的兴办，到乾隆年间有了明显变化，至嘉庆道光两朝则形成汉江航运繁荣时期。与此相应，沿汉江干支流而建的一批城镇逐渐兴盛起来。

（1）汉中港

清代汉中既是陕南、川北、陇东、鄂西毗邻地区的交通要道，也是该区域物资交易中心。汉中府城附近码头、渡口甚多，较大的有十八里铺、过街楼、下水渡、桃园子四个固定码头。过街楼码头在府城东南五里的过街楼南端，由于过街楼经常有船只装卸物资，商贩运夫不断，旅店、饭铺、茶馆、酒肆林立，因而取名兴隆街。十八里铺，即今铺镇，为清代汉中城东第一大码头。汉中港输入的物资有食盐、药材、漆油、日用杂货等，输出的有大米、姜黄、橘柑、药材、姜片、木耳及丝织品，转口商品主要有茶叶、棉花、桐油、食糖、纸张、铜铁等。湖北、河南及江南货物，如布匹、绸缎、成衣、鞋袜、染料、瓷器等，由船载溯汉江而来，在十八里铺装卸转销。陇南货物以秦州为总汇，用骆驼、马、驴、骡等驮运，分三路东趋汉中。其一路由秦州东南行，经徽县、两当县至双石铺，沿连云栈道经留坝、出鸡头关至褒城。其二路由秦州东至宝鸡，继而南折至褒城。其三路自秦州经成县、略阳、沔县从长寨进入汉中。前二路到褒城后开始分销，然后再分三路继续向前行。一路经范家坪、马王庙、武乡达城固文川镇与原公镇，货物销售后换上姜黄取原路返回陇南。一路经宗营达汉中东关交易，换回日杂百货返程。还有一路经宗营、拐拐店、留马山、皮家坟达十八里铺。陕南特产如药材、木耳，城固的姜黄、姜片、橘子，紫阳和镇巴的茶叶，以及四川的钢铁、白糖，除在汉中销售外，大部驮运转销西北各地。烟叶则一部分供汉中民众消费，大多数东运襄阳、武汉。"汉中郡城，商贾所集，烟铺十居三四。城固湑水以北，沃土腴田尽植烟苗。盛夏晴霁，弥望野绿，皆此物也。当其收时，连云充栋，大商贾一年之计，夏丝秋烟……南郑、城固大商重载此物，历金州以抵襄樊、鄂渚者，舳舻相接，岁靡数千万金。"①此外，每年夏秋后，汉江上游的沔县、褒河、濂水均有大量木排至汉中城南关和十八里铺销售特产。

（2）兴安港

今日安康市，在明清时期称为兴安，清乾隆四十八年由兴安州升为兴安府。设府前后，由于人口增加，手工工场兴起，农业商品经济的发展，外地商人来此地进行贸易活动日渐增多，汉江的民间航运业随之兴盛起来。据说乾隆时每年进出兴安港的船舶有 1300 艘左右。

兴安四面山区，以药材和大宗的山货土产闻名遐迩，素有"药材摇篮""漆麻耳楷之乡"的誉称。兴安输出之货，主要有生漆、木耳、桐油、蚕丝、苎麻、檀香、皮纸、木橡、药材、槲皮等，而以花生输出量和交易价值尤为大宗。兴安集散货物，除本地各厅县所产外，还有湖北竹溪、四川城口及汉中地区各县运来的药材、山货，甚至甘肃所产的药材也远道而来。由汉口、老河口运来的京广杂货及舶来品，也经由兴安散销于陕南及川北、陇东南各地。大宗、远途货物的出进，带来了兴安城市的繁荣兴旺。②各省商人纷纷来兴安经营贸易，在河街建造住宿房屋，至光绪年间河街面貌已大为改观。西从陈公台，东至魏家台，沿着城堤脚盖起平房和楼房，形成一条单面的正式街道。水西门以西称上河街，小北门以西称为中河街，小北门以东称为下河街。在河街开设商号的有永义成、瑞升恒、陈义和、魁星德、富兴荣等十几家，经营湖南、江西瓷器和陶土窑货；有廖家码头的张金品、蓝金巷的竹木行，李、周、刘三家的纤担铺；有马必乃、来吉善、胡长江等十多家炭厂，经营大道河、小道河运来的石炭；有张家火纸行，经销旬阳运来的火纸。还有几家编售油篓的油篓铺，以及几家酒铺和茶馆，供人们来此解乏解渴，洽谈生意。③兴安城市成为汉江上游最大的物资集散中心。

（3）白河港

白河县城位于汉江与金钱河交汇处，明代成化年间设县时，港口初具规模。乾隆以后大量客民前来秦巴山区垦殖，地方手工工场及农副业产品得到发展，汉江航运也恢复了生机。据仇徕之（仇继恒）编《陕西境内汉

---

① 严如熤：《三省边防备览》卷十八《艺文续》。
② 王开主编《陕西航运志》，陕西人民出版社，1996，第 250～251 页。
③ 安康市政协文史资料委员会编印《安康汉江航运史》，1991，第 28 页。

江流域贸易稽核比较表》① 载，在光绪二十九年十月至三十二年八月
（1903 年 11 月～1906 年 9 月）近 3 年中，由汉江经白河厘金局查验入境的
大宗货物就有大布、中布、棉花、洋线、白糖、红糖、青红磁、南磁、南
铁、苏木、蓝靛、洋颜料、洋油、洋火、烟草、草帽、明矾、石膏、盐食
盐、药材等 20 类之多。其中仅大布、中布两项，每年进口 7 万余卷，价值
白银 100 多万两。白河厘金局"为入陕第一门户，上游汉中、石泉、任
河、兴安、蜀河各局所经收，至此一切验放而后出境，则考白河一局而陕
省南境各地之商务皆在焉"②。1908 年，白河征收厘金 60696 两，占当年陕
西全省厘金 458224 两的 13.2%，为陕西第二大厘卡。③

（4）老河口港

老河口居汉水中游，属于湖北光化县，溯江而上可达陕西兴安、汉中
等地，顺流而下可抵襄樊、汉口。老河口清初形成码头农贸市场，四方商
贾云集，有鄂、豫、川、陕四省通衢小汉口之称。老河口建镇之初，沿汉
水由望江楼到新街码头兴修的一条长街，乾隆年间垒有土堤，由于汉水泛
滥，埠岸常遭冲刷。为固定港岸起见，道光元年至咸丰十一年（1821～
1861）历 40 年老河口建成上大街至水西门的石砌堤岸，沿岸修建 20 个斜
式梯级码头。汉水流域物产丰富，汉江上游下来的棉、漆、桔子、桐油、
药材、龙须草，豫鄂边区之淅川、邓县、内乡、南阳所产杂粮、棉麻等土
特产，四川经九道梁运出的药材、盐、灯草，都聚集老河口，与长江流域
所产物资相交换。雍正三年后，来老河口经商的外籍商人，从行商逐渐变
为坐贾，设店成街，相继形成下仁义街、南街、谭家街。伴随商店铺户增
多和竞争激烈，老河口因此结成一批同乡同业商帮，如陕西帮、武昌帮、
汉阳帮、江浙帮、黄州帮、山西帮、湖南帮、怀庆帮、福建帮、河南帮、
杭州帮、四川帮、江西帮，各帮商号在业务上形成自然分工。如山西帮以
经营钱庄、当铺、银楼为主；陕西帮以经营布匹、杂货为主；江西帮以经
营瓷器、铸铁器为主；湖南帮以经营木材、竹子、陶器为主；江浙帮则经

① 此文最早连载于陕甘留学生 1908 年 2 月在东京创刊的《关陇》杂志第 1～4 号，仅为进
　口货物部分，编者署名仇徕之。全文署名仇继恒，收入宋联奎等编《关中丛书》，陕西通
　志馆，1936。
② 仇徕之编《陕西境内汉江流域贸易稽核比较表》，《关陇》杂志第 1 号，第 91 页。
③ 杨绳信：《清末陕甘概况》，三秦出版社，1997，第 203～205 页。

营绸缎、生丝、刺绣；河南帮经营皮革、粮食。在著名店铺中，布匹商号12家，药房4家，银楼6家，酱制品厂4家，各种行栈374家。① 以陕西帮在新码头建立会馆为开端，各帮先后在老河口建立13个同乡会馆，作为联络乡谊、沟通商情、协商维护本帮利益的场所。20世纪初为老河口商业鼎盛时期，河道桅如林立，夜若星河。号称有72街82巷，常住人口2万余人，商户520多家，行业包括猪、木、油、山货、糟坊、匹头、棉花及日用百货等20多种，繁华直追府城襄阳。

（5）襄樊港

湖北襄阳，处于汉江南岸，汉唐以来，因扼汉水漕运咽喉，又处四方陆路要冲，舟联三湘吴会，车驰宛洛关陇，一直是全国性战略要地。清代襄阳号称七省通衢，也是鄂陕豫毗邻地区的政治、经济和文化中心。与襄阳隔江遥望的樊城，是清代汉江中游著名的水陆码头，也是襄阳的外港，被商界习称襄樊。襄樊港埠众多，货物集散范围包括四川达县以北，大任河以东，汉中以南，南阳西南，腹地十分广阔。上行可达汉中，贩运大米、盐、纸张、棉布、纸烟、火柴、京广杂货；下行直达汉口，装载芝麻、黄豆、小麦、杂粮、木耳、桐油、榁子、药材、牲猪、牛皮、猪鬃、草绳等。乾隆年间，陕西鼓铸钱币，每年到湖北采备白铅、黑铅、点铅30千克，自汉口运至襄阳，换鳅子船运至龙驹寨，再雇骡驮运至西安。樊城街市依汉水而建，长约0.25公里，宽约0.5公里，闹市则集中于前街和后街，有21条小街巷可直通河岸码头，大小船行20多家。码头岸坡有茶馆、饭庄、戏班、杂耍及各类摊点，仿若街市。近代长江对外开放后，汉水商路融入长江轮船运输网络，成为汉口、上海等城市推销洋货、交换农副产品的重要渠道，运输较前更为繁忙。在19世纪60~70年代，平均每年经汉水运往西北及俄国等地的茶叶，即达十几万担。清末京汉铁路通车后，襄樊水运优势削弱，但因临近武汉，又有洋行入驻，仍为鄂西北商货集散中心。当时襄樊设有粮行70多家，棉花行60多家，杂货、药材行30多家。河南、江西、湖南、江苏、浙江、四川、山西、陕西、福建及省内黄州、武昌、汉阳等地在樊城建立同乡会馆19所。②

---

① 王继一主编《襄樊交通志》，中国城市经济社会出版社，1990，第24~25页。

② 王继一主编《襄樊交通志》，第16~18页。

（6）汉口港

汉口处于江汉交汇之地，自古水运十分畅达，号称九省通衢。顺长江东下，可达皖赣江浙，溯长江西上，可通湖南、四川、贵州、云南，浮汉江西北行，可前往襄阳、南阳、郧阳、兴安、汉中，转丹江可连通关中乃至西北各省。得天独厚的交通优势，使汉口尽管经历明末清初的战乱，仍然"兵燹过后转繁华"。康熙前期，学者刘献廷游历武汉后赞赏道："汉口不特为楚省咽喉，而云、贵、四川、湖南、广西、陕西、河南、江西之货，皆于此焉转输，虽欲不雄于天下，而不可得也。天下有四聚，北则京师，南则佛山，东则苏州，西则汉口。然东海之滨，苏州而外，更有芜湖、扬州、江宁、杭州以分其势，西则唯汉口耳。"① 他不仅介绍了汉口市场商品的来源地，并且也指出了得天独厚的地理位置对汉口崛起的作用。到了乾隆时代，著名历史学者章学诚赞叹当时汉口的繁华情形：

> 上自硚口，下自接官厅，计一十五里，五方之人杂居，灶突重沓，嘈杂喧呶之声，夜分未靖。其外滨江，舳舻相引数十里，帆樯林立，舟中为市。盖十府一州商贾所需于外部之物，无不取给于汉镇，而外部所需于湖北者，如山陕需武昌之茶，苏湖仰荆襄之米，桐油、墨烟下资江浙，杉木、烟叶远行北直，亦皆于此取给焉。

进而，章学诚评论道："国家休养生息，百五十年来，群生休和，品物畅茂。居奇贸化之贾，比廛而居，转输搬运，肩相摩，踵相望者，五都之市，震心眩目，四海九州之物，不踵而走，殊形异物来自远方者，旁溢露积，至于汉镇而繁盛极矣。"② 这是对清代前期汉口的传神描绘。近代长江沿岸港口城市被迫对外国列强开放，汉口于1861年开埠，先后有英、俄、法、德、日五国在汉口开辟租界，15个国家设立领事馆。外国列强的阑入和西洋经济文化的引进，使汉口迈入现代化转型时期。到清朝末年，汉口的国际轮船航线，可直达英国伦敦，德国汉堡、不来梅，荷兰鹿特丹，埃及塞得港，法国马赛，比利时安特卫普，意大利热诺瓦，俄国黑海敖德萨港，以及日本的神户、大阪、横滨等地。汉口与日本及遥远的欧美

① 刘献廷：《广阳杂记》，中华书局，1957，第193页。
② 章学诚：《湖北通志检存稿》卷一《食货考》，湖北教育出版社，2002，第37、34页。

市场连通起来，从国内名镇转而成为国际知名港城。清末贸易货值最高时达白银 1.3 亿两，所谓"夙超津门，近凌广东，近将摩上海之垒"，被外国人士称作"东方芝加哥"。同时，随着城市功能、性质发生重大改变，晚清汉口成为汉江沿岸城市中唯一一座现代化多功能城市。

汉江南北支流众多，如上游有襄河、牧马河、子午河、任河、岚河、黄洋河、乾祐河、洵河、金钱河、堵河、丹江，中游有唐白河、南河、蛮河、滚河等，下游则有涢水，这些河流在清代都能行船载货，只不过航道有长有短、运量有多有少而已。其中一些支流区域也孕育了一批著名港镇。

（6）龙驹寨港

丹江古名丹水，发源于陕西省商州西北秦岭南麓，南流约 1000 里到达湖北均州小江口（今丹江口市）汇入汉江。丹江早在汉唐时期就是东南地区漕运关中的水道，清代也是陕西采买滇铜、洋铜、铅等铸钱原料以及湖广米粮接济陕西民食的捷径。位于丹江中游的龙驹寨，从清代开始繁荣起来，发展成为著名的水陆码头，内有十大商帮的会馆及与之密切联系的 18 座庙宇。① 由于物流量大，码头聚集了很多商业人口，使龙驹寨成为日夜喧闹的不夜港。《直隶商州志》卷六《田赋·税银》记载："以承平日久，虎盗潜藏，店廛络绎，而龙驹一镇，康衢数里，巨室千家，鸡鸣多未寝之人，午夜有可求之市。是以百艇联樯，千蹄接踵，熙熙攘攘。商税所由渐增，税额所由日益也。"20 世纪 40 年代的抄本《续修商县志稿》记述了清末及民国初期龙驹寨水陆交通：

> 龙驹寨为水旱码头，商贾水陆转运各货，均在此换载，其堆栈日过载行。东南各省入陕、甘货物，概自汉口装载帆船运至老河口，换载小鳅子船入小江口（今丹江口市），至荆子关换载寨河用篙小船运至龙驹寨卸货，再用骡马驮运至西安。其由本港出口各货，概用驴骡驮运而来。自西安来者经蓝田七盘坡、蓝桥至牧护关入本县境，逾秦岭至黑龙口站。由渭南来者，经渭南塬许家庙入流峪（又称刘峪），

① 十大帮的会馆为：商于帮会馆、湖北帮会馆、关中帮会馆、河南帮会馆、山西帮会馆、青瓷帮会馆、盐帮会馆、北马帮会馆、西马帮会馆、船帮会馆。其中船帮会馆位于丹江左岸，占地面积 5460 平方米，建筑上部全以彩瓷镶嵌，耀眼夺目，在龙驹寨十大会馆中，其独占鳌头。

逾秦岭入县境至黑龙口站。由黑龙口八十里至县城西关站；县城东六十里至夜村站；又六十里至龙驹寨。本县及洛南各山货，则由人力肩挑至龙驹寨打包装船，运往老河口，递运汉口。[①]

据《陕西境内汉江流域贸易稽核比较表》，清末龙驹寨每年征收百货厘金 9 万多两，数额居陕西全省厘卡第一。

（7）南阳港

南阳长期是豫西南地区的军事要隘和政治文化中心。清顺治十八年（1761），北京通往四川、云贵的官马驿道从南阳通过，加上白河自北而南绕城东而过，利于行舟，使南阳再次成为水路交通要津，吸引四方货物前来交易。清朝中期，南阳市场曾被赊旗店所夺，晚清再度复兴。当时，南阳城关的装卸码头，大寨门是以食盐、竹木及笨重货物为主的码头；小寨门是以糖和煤油为主的码头；永庆门是以小件百货为主的码头；琉璃桥是以粮、煤、柴为主的码头。这些码头逆水北来，载运南方杂货、布匹、竹木、茶叶和煤油，下水货运为粮、棉、烟、牲猪等大宗货物。南阳南面的瓦店，清代也是白河沿岸的较大港口，当地的兴合德、兴合仁、兴合义三大商号承包的木帆船达 200 多只。因生意兴隆，市面繁华，瓦店被誉为"小长安"。在清末民国之际，新野县城港区在今城南张营村上下，当时被称为水府庙码头或南河码头，上起南寨门外、下至穆庙村一段约一里长的停泊区，经常停船数百只。新野县城南的临河大镇新甸铺，有良好的自然码头，既是往来船只的避风港，也是新野、邓县南部的农贸市场和货物运输的集散点，常有汉口、襄樊等地商贩到此坐庄采购，生意兴隆。[②]

（8）赊旗店港

赊旗店属于河南方城县，位于赵河与潘河交汇处，南下入唐河可达湖北襄阳、汉口。赊旗店于清朝康熙年间成为集市，雍正、乾隆年间形成长 3 里、宽 4 里的繁华街市，有较大商铺 400 余家，曾与豫东的朱仙镇齐名。嘉庆至同治年间，为赊旗店鼎盛阶段，人口最多时达 14 万，形成山货街、木厂街、铜器街、瓷器街、豆腐街、骡店街等，号称"72 道街"。行业分

① 转自王开主编《陕西省志·航运志》，第 264～265 页。
② 张圣城主编《河南航运史》，人民交通出版社，1989，第 190～191 页。

为大十行和小十行。大十行包括棉业、粮业、油业、盐业、药业、酒业、杂货业、京货业、木业、纸业；小十行包括银业、铜业、烟业、丝绸业、鞋业、帽业、染纺业、铁业、食品业，以及竹业、皮货业、粉业、山货业、鞭炮业、理发业等，市场网络涉及河南、湖北、陕西、山西、四川、安徽、湖南、广东、广西等十余省。赊旗店沿河有双庙、毛庄、大王庙、河口、相庄、三棵树6个码头，河中停船数百只。赊旗店中心的山陕会馆，从乾隆二十年（1755）开建，到光绪十八（1892）年落成，历时137年。它坐北面南，分照壁、悬鉴楼、大拜殿、春秋楼四个主体建筑，共有殿堂楼阁及各种附属建筑132间，占地面积5467平方米，是清代山陕商帮实力的表现，也是赊旗店繁荣的历史见证。

二　清代汉江流域的农村集镇

在漫长的中国封建社会里，尽管农业与手工业相结合的自然经济占据主导地位，但以互通有无、满足生活需要，贱买贵卖、牟利赚钱为目的的商品经济，一直是自给自足自然经济的补充，或者说是其中不可缺少的组成部分。"盖年岁歉收，民有艰食之虞，谓之谷荒，年岁丰登，粟谷太贱，民间缺于使用，谓之钱荒。谷荒赖有公私积贮，钱荒则赖山原自出之财用，所以济其穷也。"① 这指的是山民出售山货以维持日常开支的情景，至于那些城镇集市上的行商坐贾和手工产品专业户，更是以贱买贵卖或出卖自己的产品为生。那位伤心"昨日入城市，归来泪满巾。遍身罗绮者，不是养蚕人"的蚕妇，那位不满"陶尽门前土，屋上无片瓦。十指不沾泥，鳞鳞居大厦"社会现象的陶者，还有那个"可怜身上衣正单，心忧炭贱愿天寒"的南山卖炭翁，以及弃官经商、三掷千金，与美女西施泛舟五湖的陶朱公范蠡，都是描述封建社会的商品生产者与商品经济景象的文学典型。明清两代是中国封建商品经济发展的鼎盛时期，随着人口的增加，农业商品化程度的提高，手工业的发达，货币经济的活跃以及交通运输的便利，使得城乡之间和各区域之间的交换需求增加，进入流通领域里的商品种类、数量及贩运距离也都有明显增加。章学诚说："国家生齿浩繁，田畴日辟，农

---

① 严如熤：《三省边防备览》卷九《民食》。

桑本业，人余于地，其不能耕种者，不得不逐末谋生，所谓农末相资，古今一也。"① 这是从人多地少角度解释清代商品经济活跃的现象。

清代汉江流域伴随着社会秩序的稳定，人口的迅速增长，秦巴山区的大面积开发，水利工程设施的兴办，耕地及亩产的增加，经济作物的扩种，农业的商品化程度有明显提高。商业资本的聚集扩大和商帮的形成，加上畅达的水上交通，促成了大批量、远距离的商货流通。这不但为沿河城镇的繁荣提供了经济支撑，并且还为农村集镇的活跃增添了助力。而城市繁荣与集镇活跃相互烘托，又反过来为商品流通开浚了源头活水。

陕西安康县"恒口距郡七十里，为县境北山及汉、石往来之冲，其地恒水、月河两川交汇，田畴沃衍，饶粳稻桑柘之利，人烟辐凑，商民杂沓，书院旅馆咸在其中，实为安康首镇"。② 陕西紫阳县瓦房店，清末成为"任、渚（楮）两河之通衢，商贾云集之要处，各色山货靡不历其境"。③ 旬阳县蜀河口，清中期已经成为当地有名商货码头，"上溯兴汉，下达襄樊，北通商洛，骡马驮运，估客云集，为汉江中小都会"④。即使在僻处秦岭巴山之中，商品交换活动依然不可或缺。商州城"东为豫省荆子关，扼秦豫之冲，东南至龙驹寨，小河一道，可通舟楫，直达襄阳之老河口。估客上下觅舟雇骡，人烟稠密，亦小都会也"⑤。宁陕厅的集市有老关口、贾家营、太山庙、汤坪河、太白庙、闻凰坪、皇冠峪、柴家关、梁家庄（四亩地城）、旬阳坝、新场、八斗坪、东江口等20余处。砖坪厅的集市则有化鲤墟、洋溪河、瓦溪沟、构坪、漆朳街、头道桥、明珠坝、铁炉坝、大道河、铁佛寺、斑鸠关、回水湾、佐龙沟等10多处。

如果说地处汉江上游的陕南，市镇数量尚有如此之多，那么地处汉江中下游的湖北更是市镇密集地带。章学诚经过考察言道，"湖北地连十部，襟带江汉，号称泽国，民居多濒水，资舟楫之利，通商贾之财，东西上下，绵亘千八百里，随山川形势而成都会，随都会聚落而大小镇市启焉。"他列举

---

① 章学诚：《湖北通志检存稿》卷 《食货考》，第39页。
② 童兆蓉：《请添设汉阴安康各厅县分司以资弹压禀》，载于李厚之、张会鉴编《安康金石佚文点校》，远方出版社，2006，第289页。
③ 《严禁奸商漆油掺假碑》（光绪三十四年），见李启良等《安康碑版钩沉》，第154页。
④ 严如熤：《三省边防备览》卷九《民食》。
⑤ 严如熤：《三省边防备览》卷九《民食》。

若干市镇："汉水之西，郧县有黄龙镇，郧西有上津堡，房县有九道梁，上接关陕。光化有李官桥，有老河口，下瞰襄阳。襄阳巨镇，有樊城，又有东青湾，宜城有茅草洲。东下钟祥有石牌，荆门有沙阳，京山有宋河、多宝湾，天门有岳家口、黑牛渡，沔阳有仙桃镇，汉阳有蔡店，皆濒汉。由汉水溯山溪而上，有干镇驿（隶天门）、田儿河、小里潭（隶汉川）。又由汉水溯涢口而上，有刘家隔（隶汉川）、皂市（隶天门），随州有厉山、安居、高城、梅丘等镇，孝感有阳店、小河司、三里城，其最大者莫如汉镇。"① 章氏在这里只是毛举大概，与当时湖北省实际市镇情况相差甚远。据宣统年间《湖北通志·建置志》卷九《乡镇》所录市镇，属于汉江流域者数目如下：

> 汉阳县十七，夏口厅七，汉川县三十一，孝感县三十五，黄陂县二十三，沔阳州二十四，安陆县四十二，云梦县十六，应城三十七，随州七十五，应山县五十二，钟祥县六十三，京山县七十三，潜江县五十七，天门县六十七，襄阳县五十四，宜城县二十五，南漳县三十一，枣阳县五十七，谷城县三十二，光化县三十二，均州二十一，郧县二十九，房县三十，竹山县二十二，竹溪县二十四，郧西县十二，保康县四十八，荆门直隶州一百一十六，当阳县五十六，远安县四十九，江陵县二十五。

这一数目即便比章学诚罗列增加数十倍，仍然不能当作湖北市镇的准确统计。②

---

① 章学诚：《湖北通志检存稿》卷一《食货考》，第 34 页。

② 湖北镇市数目在地方志中记载悬殊，宣统《湖北通志》早已察觉，其在《建置志》卷九《乡镇》一门，特加按语称："清一统志不列乡镇一门，嘉庆志、府州县各志所载或详或略，迄无标准，而市镇尤甚。有大县镇市数不及十，中小县镇市有四五十至八九十者。如应城镇市四十四，襄阳七十三，宜城六十九，枣阳五十三，谷城八十七，江夏、汉阳皆止镇市三，何多寡悬殊，为例不一如此？又郧施二府属县往往不言镇市。山陬僻壤无镇可也，岂得无市？亦太缺略矣。欲求繁简适当、可以依用之书，猝不能得。光绪中会典馆征求舆图，湖北设局从事，以新化人邹代钧董之，分遣测绘学生前往各州县，测量绘图。邹氏自纂《光绪湖北舆地记》一书，于乡镇仍本州岛岛县各志汇辑之，较嘉庆志加增，亦未划一其例，特言道里远近颇为详晰，今姑据以斟录焉。"如（同治）《重修郧阳府志》记载所属各县市镇，郧西县 24 处，郧县 44 处，房县 110 处，竹山县 33 处，竹溪县 52 处，保康县 51 处。另据道光《安陆县志》卷三《疆里》"乡会"，根据省府县志记载的清代不同时期以店会命名的市镇有 108 处。

在汉江流域城镇和集市的流通货物品种，除了汉口江汉关占有一定份额的工业产品外，其他基本上都是日常用品。依据清末仇徕之所编的《陕西境内汉江流域贸易稽核比较表》看，当时进出陕南的货物有以下特征。输入货物以手工业乃至近代工业品为多，如棉布、棉花、洋线、颜料、瓷器、药材、盐、铁、洋油、洋火、石膏、烟叶等，其中大多数产自湖北、河南、江西、湖南、广东，也有部分货物如洋线、洋油、洋颜料产自外国。输出货物中则以土特产为大宗，如牛羊皮、桐油、桐油饼、漆油、生漆、生丝、麻、茶叶、鸦片、木耳、姜黄、纸张、草绳、构皮构瓤、竹簟木簟、煤、药材，以及核桃、柿饼、梨、柑橘等干鲜果品。此外，养猪贩猪也是一宗大生意："山民饘粥之外，盐布零星杂用，不能不借资商贾。负粮贸易，道路辽远，故喂畜猪只，多者至数十头，或生驱出山，或腌肉作脯，转卖以资日用。"① 由于苞谷不能作隔年陈粮保存，价钱又十分低廉，背负肩挑去市镇出粜，价格不足抵偿路费，山民就"取苞谷煮酒，其糟喂猪。一户中喂猪十余口，卖之客贩，或赶赴市集，所得青蚨以为山家盐布庆吊终岁之用，猪至市集，盈千累万，船运至襄阳、汉口售之，亦山中大贸易，与平坝之烟草、姜黄、药材等同济日用"②。可能是因为牲猪买卖与其他出口货物相比，仍然难称大宗，所以在仇徕之《陕内境西汉江流域贸易稽核比较表》里，虽然提到牲猪和猪鬃、猪毛的出口，但未将之列入 23 种主要出境货物统计表之中。

这些农村集镇按交易货物品种分类，大体有两种：一种是专业性的集镇，其中药市、茶市比较普遍。如陕西兴安的八仙街、洞河口、百家湾、砖坪厅等是药材和漆的集散之地。紫阳县瓦房店，则以出口茶叶为大宗。旬阳县构元铺，更是因出口造纸原料构穰而得名。这些专业集镇的形成往往依托某种山货特产地而成。另一种是遍及乡村的综合性集市，它们的名称各异，有的称集称场，有的称店称铺，还有称市称会的，交易日期一般以农历每月逢一四七、二五八、三六九日为期。这些定期集市，多数位于水陆交通便畅、人烟稠密之地，也有设在区位适中却无人居住的地方，谓之荒场，估计其市场覆盖而之半径当不会很大。除了以上集市活动外，还

---

① 严如熤：《三省边防备览》卷十二《策略》。
② 严如熤：《三省边防备览》卷九《民食》。

有一种农村常见的交易活动，即是庙会。庙会在汉江流域老少皆知。如安康县就有龙冈庙会、简池紫云宫庙会、恒口麻衣庙会及五里的龙头庙会。①由于庙会都是以神庙及其所在集镇为依托，有的商帮或同业会所为了活跃市场，促进贸易，就自行筹款建庙。例如兴安府汉阴县蒲溪铺商人，于道光年间建财神庙，兴场开集，议定每月逢一、四、七日为集日，提供中介服务，收取佣钱。②

清代汉江流域的集镇，按规模与功能而言，可以分成两个级层。第一级层是初级市场，即乡村集市，基本上是满足农户消费及再生产的需要，其交易主要是农民之间、农民与手工业者之间的互通有无，只有一部分是商贩的逐利行为。因此，不能仅仅以集市数量的多少衡量当地的经济发展、商品流通的程度。第二级层是较大集镇，虽然也有乡民买卖农副产品的身影，但主要功能是集散商货，为估客商帮买贱卖贵提供平台，从而形成长距离、大批量的商品流通，为更高一级的流通市场提供货源。它在行政上虽然属于县治管辖，但作为市场，镇与县城没有从属关系，镇的商业渠道往往与许多城镇相联结。如前面介绍的汉口镇，近代以前就是当时中国四大名镇之首，近代以后更成为国际知名港城，其市场网络与知名度远远超过府治汉阳和省会武昌。

三 交通方式变革与汉江流域城镇兴衰

考察清代汉江流域交通与城镇的兴衰变化，我们不可忽视轮船、火车等近代交通工具带来的深刻影响。

以汉口茶输出俄国的路线为例，19世纪60年代以前，山西商人贩运湖北羊楼洞茶前往俄国，主要走汉江一路。他们先将茶叶运到汉口，再由汉口溯汉水至樊城，然后舍舟登陆，改用畜驮车运，前往西伯利亚或恰克图。汉口开埠后，在汉口俄国茶商使用轮船运输，更多的是走江海水路，即先由汉口东出上海，然后或直接以海运至海参崴，再转输俄国内地，或北上天津，溯白河而至通州，再改用骆驼运输，横穿800里戈壁沙漠，经

---

① 张会鉴、李厚之编《安康经济钩沉》，远方出版社，2006，第34~35页。
② 《蒲溪铺场集记碑》（同治元年），载于李厚之、张会鉴编《安康金石佚文点校》，第119页。

张家口前往恰克图。此间，在羊楼洞设庄的山西茶商，在继续利用汉水运输的同时，也走长江一路，他们的帆船东下镇江，北转京杭运河，至通州后起旱，用畜力驮运张家口、恰克图等地。此外，1861 年俄国废除华茶不得经海路历西欧诸港入俄的禁令，紧接着，1869 年苏伊士运河通航，为华茶输入欧俄提供了极大便利。19 世纪 90 年代，俄商更开设汉口与敖德萨之间的定期航班，每年茶季，俄国运茶汽船轮船前后接踵，相望于途。1896 年，由汉口直接运往敖德萨的茶达 124566 担，到 1902 年，增加到126889 担，价值白银 1942588 两。随着海运的扩大，经由汉水一线输俄茶路逐渐萎缩。1906 年前后，京汉、京绥铁路通车，羊楼洞及汉口所产砖茶，有一部分以火车北输于俄。往昔十分繁忙的汉水输俄茶路，从此成为历史陈迹。与此同时，汉江流域的城镇也伴随汉江商路萎缩而衰落。如隔汉江相望的襄阳与樊城，"昔为南北通衢，商务繁盛，洎京汉铁路成，而一落千丈矣"①。位于汉江支流涢水之畔的湖北安陆县，其出产的府布向来经山陕来安陆的庄客之手，经汉江行销西北陕甘新三省，每年销售价值达一二百万两。京汉铁路通车后，山陕庄客迁驻花园、孝感、汉口车站，收取布匹从铁路装运，安陆府布立现萧条。再如清末民初的丹江名镇龙驹寨，"在昔龙驹寨码头盛时，驮骡船只络绎不绝，今则驮骡绝迹，船只偶或一至豫鄂"②。与上述城镇衰落恰成对照，作为汉江龙口城市的武汉，非但没有衰落下去，反而因长江轮船航线与京汉铁路的开通而迅速崛起，清末以后渐次成为中国内地的交通枢纽、工业基地和商贸中心。

交通方式的变革和交通路线的改变，之所以能引起汉江流域城镇发展的两极分化，这是由交通在城镇经济发展中的多重作用决定的。其一，经济地理位置与城镇发展有着普遍的因果联系，而交通地理位置则是经济地理位置最重要的组成部分。城镇无论作为区域的政治中心或经济中心，都必须与外部进行频繁地、不间断地联系，都必须是人与物的交往集散地，因此也都离不开方便的运输条件。如果说判断城市存在价值的重要标志是城市中心作用，那么城市中心作用的显现则是以交通为前提的。一个城镇占据了优越的交通位置，实际上就等于拥有了较大的人流、物流的支撑，

---

① 陈石琴：《襄游记事诗草》，第 20 ~ 21 页。
② 民国《续修商县志》，转引自张圣城主编《河南航运史》，第 192 页。

纵然遭战争、洪水、地震等天灾人祸的打击，仍会仆而复起，继续发展。相反，如果一个城镇因交通变化丧失了原来的地理优势，实际上就意味着人流、物流的减少，即使没有任何天灾人祸的牵累，也会衰落，乃至被湮没。清代汉江流域城镇兴衰的一个直接的重要原因，就是新的交通线路改变了中国传统交通格局，使汉江流域沦为偏僻之区，城市经济地理相对恶化。其二，城镇与所在区域是相互依存、相互促进的，城镇是区域的核心，区域是城镇的基础。腹地由于不仅为城市提供农副产品原料、矿产品及劳动力，并且又是城市服务的对象，所以腹地的范围大小，人口多寡，经济发展水平高低，对城镇有多大的政治、经济需求，是决定城镇发展的首要因素。交通则是城镇与腹地联系的纽带和桥梁，直接影响腹地的范围和经济发展程度，从而最终会加速或阻碍城镇的发展步伐。其三，交通方式的变革与交通路线的改变，对城镇人口、产业聚集至关重要，进而对城镇的繁盛衰落产生重大影响。其四，交通方式不仅决定城镇本身的规模与地域结构，并且也关系到城镇的地理分布及中心作用的发挥。清末铁路对旧式运输的挤压，导致传统商路改变与沿线城镇兴衰变化，这就证明了交通方式的先进与落后，对沿线区域内城镇经济的发展至关重要。

（作者：张笃勤，武汉市社会科学院）

中东铁路（滨洲线）的修建
与沿线地区的早期城市化

曲晓范

内容提要： 中东铁路是 19 世纪末 20 世纪初由俄国主导、以中俄两国合作形式在中国东北修建的一条连接西伯利亚大铁路的超长距离铁路线。尽管这是一个中国被动接受的历史产物，但其作为近代东北地区引进和建设的第一个现代化交通工具，它的建成通车，在事实上开启了区域工业化和早期现代化的历史进程。本文从个案研究的视角，集中考察作为中东铁路三大部分之一的滨洲线（从满洲里到哈尔滨）在建成后带来的沿线地区社会经济的深刻变化和区域城市化进程的启动，以为更全面地研究和评价中东铁路史提供参考。

关键词： 中东铁路　滨洲线　沿线城市化

与近代中国的许多铁路一样，中东铁路也是以中外合办的名义，由列强主导修建的一条带有侵略性特征的铁路。半个世纪以来，国内学者对其研究一直偏少，已有的一些研究亦多以负面定性研究为主。本文试从新式交通运输与区域社会变迁的视角，集中从正面考察中东铁路（滨洲线）建成后带来的社会经济深刻变化和区域城市化进程的启动，以为更全面地研究和评价中东铁路史提供参考。

一　中东铁路的策划和建设过程

关于中东铁路的规划和建设史最早可以追溯到 1880 年。是年，已经夺取了中国黑龙江以北和乌苏里江以东地区中国领土的沙皇俄国，为争取其在东北亚地区的战略优势，开始研究兴建一条从车里雅宾斯克到海参崴（符拉迪沃斯托克）的西伯利亚大铁路的计划。主张对外侵略的俄海军少将库皮托夫提出，在铁路线经过伊尔库茨克后，转向南方，从恰克图进入中国外蒙、内蒙古；在穿过北京后，再转向中国东北，纵向延伸至黑龙江齐齐哈尔；再由此横穿东北，通过宁古塔、绥芬河进入俄国乌苏里的双城子。[①] 库皮托夫的计划是想利用这一铁路的修建一举打开中国北部和东北的经济市场，但是俄国担心遭到中国的拒绝和其他列强的反对，所以这个计划当时并没有在俄国内部获得通过。因此1891年5月西伯利亚大铁路开工后，其规划的线路走向是穿越伊尔库茨克后继续向东，在经过赤塔以后，转向东南，沿中俄边境的黑龙江北岸修筑，到达哈巴罗夫斯克后再转南向沿乌苏里江东岸修至海参崴。但当1895年初该铁路修至上乌金斯克（乌兰乌德）时，沙俄政府内对赤塔以东地段的铁路走向问题产生了分歧。[②] 负责铁路拨款的财政大臣维特认为，如按原计划进行，绕道太远，并且沿途气候恶劣，人烟稀少，人力不足，将导致工期延长，筑路费用太高。因此他主张由赤塔转向东南方向，横穿中国北满地区，就近直达海参崴，这既可使铁路缩短700俄里的里程，并因线路南移600俄里也将使铁路避开可能来自黑龙江航运的竞争，节省资金1.34亿卢布。当然更重要的是，通过此铁路线，涉俄政府可以一举把战略地位十分重要的满洲纳入手中。维特的这一主张表达了长久以来沙俄在远东地区扩张的愿望，所以沙俄政府采纳了维特的这一计划。[③] 而中日甲午战争的结局又恰好为沙俄提供了一个难得的实施其计划的机遇。

由于在1894～1895年的甲午战争中，清政府一败涂地，1895年4月清政府被迫同日本签订了丧权辱国的《马关条约》。根据这一条约，清政府不仅要向日本赔偿白银二亿两，而且要割让在整个东北亚地区处于战略中心地位的台湾岛、澎湖列岛和辽东半岛等领土，因此《马关条约》的订立使清政府及中华民族遭遇到了前所未有的存亡危机。一直对中国领土抱

---

① 〔俄〕尼鲁斯：《东省铁路沿革史》，朱舆忱译，中东铁路公司，1923，第5页。另参见陈秋杰《西伯利亚大铁路修建及其影响研究》，东北师范大学，博士论文，2011，第24页。

② Colquhoun Archibld R. "The Trans - Sibrian - Manchurian Railway," *Monthly Review*, 1：2（1900，Nov.）p.40.

③ 参见李华耕《风雨飘萍——俄国侨民在中国（1917－1945）》，中央编译出版社，1997，第251页。

有强烈瓜分欲望的沙皇俄国见有机可乘，先是秘密勾画了一个"借地接路"的计划，随后即在外交上展开行动，对《马关条约》表示公开反对。接着，沙俄又打出帮助清政府维护领土主权的幌子，联合德国、法国一同向日本施加压力，最后迫使日本做出部分妥协，暂时放弃割占辽东半岛。沙俄通过导演"三国干涉还辽"事件取得了清政府的好感之后，遂于1896年6月引诱清政府与之订立在外交上带有军事同盟性质的《中俄密约》。在该约第四款中规定：中国允许俄国华俄道胜银行在中国建造一条穿越吉林、黑龙江地方，连接俄国西伯利亚大铁路的中东铁路，俄国从此正式获得了在东北修筑铁路的特权。《中俄密约》由于只对修造铁路问题做了框架性规定，所以随后双方谈判代表（清朝方面为驻德公使许景澄、俄国方面为华俄道胜银行董事长乌赫托姆斯基）于同年9月8日在柏林又订立了《中俄合办东省铁路公司章程》。《章程》的第一条规定："中国政府以库平银五百万两与华俄道胜银行伙做生意，所有赔赚照股摊认。"但实际上，以后发行的所有股票都由道胜银行一家独揽，完全排除了中国方面对这一铁路的控制。

华俄道胜银行获得了中东铁路（又称东省铁路）的专营修筑权后，于1896年12月27日在海参崴成立了"中东铁路公司"，任命毕业于英国皇家工程学院的俄国人尤格维奇博士为铁路总工程师。翌年8月29日，铁路公司在中国境内小绥芬河附近的三岔口举行试开工典礼。随后，工程队一边勘察，一边进行全面开工准备。1898年4月，铁路工程局在完成了勘测之后，派遣先遣队到达哈尔滨"田家烧锅"大车店（香坊），正式将这里确定为铁路工程局的驻地。由于在此之前的3月27日和随后的5月7日，沙俄与清政府又签订了《旅大租地条约》《旅大租地续约》，沙俄获得了在大连设立租借地，修筑由哈尔滨到大连的中东铁路南线的特权，[①] 所以在

---

① 关于中东铁路南满段（从哈尔滨到旅顺段）的定名问题，历史记载是不同的。确定修建南满段初期，俄国规划者的确是将该段定名为支线，将哈尔滨到绥芬河段与哈尔滨至满洲里段定为土线，但在俄国人于1899年进入大连以后，实地考察证明，大连确为一不冻深水良港，港口条件明显优于海参崴，遂决定将南满线改为正线，以集中培育大连港的空间发展环境。而在1905年日俄战争结束后，战败的俄国被迫将长春以南的中东铁路利益全部交给了日本，失去了包括大连海港在内的东北南部铁路的俄国人从此在中国活动的空间迅速被压缩到长春以北地区。在这一背景下，俄国人先前制订的大连港水运与东北铁路的连线计划被迫放弃了，重新将滨绥线定为主线。

1898 年 6 月 9 日，当俄国中东铁路局由海参崴迁到哈尔滨后，中东铁路就以哈尔滨为中心，分成东、西、南三条线六处相向施工（东线哈尔滨对乌苏里斯克，西线哈尔滨对后贝加尔，南线哈尔滨对旅顺）。1898 年 5 月 28 日这一天，就被定为"成立哈尔滨基础并东省铁路开工建筑之纪念日"①。

作为西线的滨洲线总里程为 945 公里（从满洲里车站到中俄铁路分界点间的 10 公里路轨为非营运里程，所以滨洲线的营运里程为 934.8 公里），本段开工后，因所需木材、沙砾、砖石均由铁路施工部门组建的森林采伐队、砂石运输队就地提供，所以进展较快，至 1899 年春完成哈尔滨江北船坞往西 20 公里的铺轨工程。1900 年 4 月，工程队铺轨到距哈尔滨 269 公里的昂昂溪站。1901 年 4 月铺轨到距哈尔滨 415.4 公里的扎兰屯，同年 4 月 15 日，由哈尔滨开出的第一趟列车到达扎兰屯站。1901 年 5 月末，工程队铺轨到距哈尔滨 538.7 公里的博克图站，9 月利用临时越岭线翻越大兴安岭山脊通至距哈尔滨 602.7 公里的乌尔奴站。该线的另一端由满洲里向东铺轨，至 1901 年 11 月 3 日在乌尔奴举行接轨仪式，② 1902 年 1 月 14 日开始临时营业。③ 在中东路西线正式通车之前的 1901 年 3 月 3 日，哈尔滨至绥芬河的滨绥线（全长 544.5 公里）部分已首先完成铺轨，并于是年 11 月 14 日开始试行营业；在西线通车的同一个月，哈尔滨至旅顺的中东铁路南部线也完成铺轨，1903 年 3 月 8 日，南部线开始试运营。1903 年 7 月 14 日，中东铁路全线竣工并正式通车营业。该路全长 2489.2 公里④（不包括随后俄国加修的大石桥至营口牛家屯支线 21.4 公里、灯塔至煤矿支线 15.6 公里、抚顺至苏家屯 52.9 公里等三条支线铁路）。

---

① 参见东省铁路历史委员会编《东省铁路二十五年成绩报告书》，载〔俄〕尼罗斯撰《东省铁路沿革史》，朱舆忱译，第 1 页。另哈尔滨市曾在 1938 年 5 月 28 日举行过"建城 40 周年"庆典。笔者据此认为，近年部分学者认定的"1898 年 5 月 28 日为俄历，公历 6 月 9 日为哈市建城日"是错误的。

② 此时大兴安岭隧道尚未开通，为保证全线尽快通车，继续使用此前在大兴安岭上修筑的一条 Z 字形临时越岭线过车。

③ 玛世明主编《黑龙江省志·铁路志》，黑龙江人民出版社，1992，第 80 页。

④ 1905 年日俄战争结束后，俄国被迫将长春至旅顺之间的 762 公里铁路无条件转让给了日本，被日本改称为南满铁路。所以自 1906 年起，中东路作为一个特定概念只包含原来的长春以北部分，总里程缩短为 1727 公里，因此本文对 1905 年后的中东铁路表述只限定在长春以北部分。

二 滨洲线的开通与沿线地区经济和社会结构的突变

由于中东铁路是以资本主义列强侵略产物的形式出现的，它的建成使俄国从此有了一条攫取东北物产资源的运输通道，这无疑进一步加深了近代东北地区的半殖民地程度。事实上俄国也正是利用这一铁路在一段时间里将东北，特别是北满地区的经济命脉牢牢地控制在自己手中。俄国还曾依托它运送军队和战略物资，组织日俄战争，据统计，在 1904 年 2 月至 1905 年 9 月的日俄战争期间，俄方 85% 以上的军需物资都是通过该路运送的。[①] 此外在修建铁路期间，由于占地和采集枕木，东北的大面积森林资源遭到毁灭性的破坏。

然而，铁路作为一种近代化的交通工具和运输机制必然有推动区域社会进步的自然属性，这是不依修建者的主观意志为转移的。中东铁路一经试营运，立刻就显示出其先进性，东北传统的以自然力为主的旧式运输模式根本无法与之相比。首先，铁路运输有较好的对外接续能力。中东铁路南北纵贯、东西横穿东北三省，它有大连、满洲里、绥芬河三个方向的外接口岸，一次转运即可完成与大连的陆海联运或与俄罗斯的国际联运。东北封闭的腹地与沿海口岸（大连、营口、海参崴）第一次连接到一起，成为有机的整体，正式结束了东北内陆城市，乡村与外部世界以及各地区之间相互隔绝的历史。

其次，铁路运输速度快，预定时间准确。无论是客运还是货运，都有一个运输速度问题，自然是越快越好，火车不易受气候和季节影响，可提供全天候的长年服务。

再者，铁路运输一次性运量大，成本低。东北传统的辽河和松花江航运，载重船只分为两大类，一类是载重 20～60 石的中型牛船，另一类是载重 80～120 石的大型槽船。而火车运输，载重量是木船的 60～70 倍。由于运量大，运输成本也相应降低。

正是中东铁路自身拥有这种特殊的交通运输优势，所以在其全面通车

① 〔日〕参见《明治 43 年日本驻哈尔滨总领事馆调查报告》，载日本外务省通商局编《满洲事情》第 4 辑，第 3 卷，1925，第 5 章。

之后，其客、货运输量直线上升，迅速超过辽河航运成为东北交通运输的第一大动脉。1903年全面通车，当年，由中东铁路输出输入的货物量已占东北全境外贸货运量的40%以上，其客货运输收入达1599万卢布。[①] 至1908年，这条铁路的货物输出输入额接近同年东北货物总量的60%，以北满货物运输为例，是年该区域农产品总输出额为2250万卢布（5282000担），其中中东铁路承担了1400万卢布的货物运输量，占总数的62%。[②] 与此同时，该路仅在1903～1905年的两年时间里，就往东北运送了大约150万人的关内移民，[③] 这一数字相当于此间进入东北中北部地区移民总量的70%。仅滨洲线沿线地带就增加了约70万人。[④] 进入民国初年以后，中东铁路运送关内移民来东北定居的数量更大，以靠近呼伦贝尔盟的黑龙江省甘南县为例，1922年时，该县总共有21个自然屯，有农户823户，7782人，平均每平方公里定居人口为2.26人。但到了1929年，该县接纳了河南难民1984户，20683人，人口总量一下子升到44856人，每平方公里人口量达12.87人。[⑤] 以火车为交通工具的移民的大量涌入，在满洲里－哈尔滨的铁路区间及其临近地段迅速形成了连绵的人口密集带，[⑥] 区域人口的大量增长使昔日荒无人烟的北满草原沼泽地上有了众多村落，这就为以后中东铁

---

① 黑龙江省志办公室主编《黑龙江省志·铁路志》，第28页。

② 《明治43年日本驻哈尔滨总领事馆调查报告》，载日本外务省通商局编《满洲事情》第4辑，第3卷，第5章。

③ 据黑龙江省志办公室主编《黑龙江省志·铁路志》的引述资料，中东铁路在1903～1905年间共运送旅客约280万人次，其中1903年为175.5万、1904年为45.5万、1905年为62万，扣除短途和其他旅客人数，并参考其他材料，此间中东铁路运送的关内移民约150万。

④ 据《东省丛刊之一：黑龙江》（汤尔和译，中东铁路局，1930）一书载，1903年7月，即中东铁路开通时，黑龙江省人口为40.8万人，到1908年该省人口已增加到1455657人，其中增加者大部分为铁路输送并居住在铁路沿线的移民。

⑤ 甘南县史志编委会主编《甘南县志》，黄山书社，1992，第77页。

⑥ 中东铁路开通之际，距离人口稠密的双城、肇州较近的安达总人口只有1000人，其总面积至少5000平方公里，即每平方公里人口大约为0.2人，相邻的杜尔伯特每平方公里人口也是在0.18人左右。沿线人口密度只有肇州和齐齐哈尔一带超过这个水平，但每平方公里亦不会超过20人。但是到了1930年，满洲里至必集良之间沿途380公里，已有23491人，每平方公里人口达61.8人，博克图至庙台子551公里，有78643人，每平方公里达142.7人，如果加上哈尔滨附近的16万人，人口密度就更高了。以上基本数据引自《杜尔伯蒙古族县志》《安达县志》和《最近中东铁路沿线一带之人口》，载《东省经济月刊》（1930年6卷8期）。

路沿线近代城市群的出现创造了条件。

滨洲线沿线地带之所以能迅速成为大规模外来移民集结的地区，除了具有现代化的铁路作为新式运载工具外，当然也与本区特殊的区位环境以及东北地方当局从挽救边疆危机出发积极倡导和协助关内移民前来定居的政策直接相关。

根据当时的隶属管辖关系，中东铁路滨洲线经过地带在清末时期应划为两大部分，基本以今天大庆市所辖区为界，东、西两面分属于内蒙古哲理木盟杜尔伯特旗固山贝子游牧地和黑龙江将军辖区。在这两大绵长的地理空间内，除了肇州、齐齐哈尔、海拉尔等几个地方具备城市形态，肇州、齐齐哈尔周围临近地带有一定的农业垦殖规模外，其他地区普遍是自然蛮荒地带，其中博克图以西为大兴安岭山地和丘陵草地，以东至扎兰屯为大兴安岭山地向嫩江冲积平原过渡带，这一地区植被以森林和坡地草原为主；以东以嫩江流域的湿地和平原沙地和草地为主，植被基本上是羊草、芦苇和灌木群落。[①] 生活在这里的人大都为汉、蒙、回族，以及锡伯、达斡尔、鄂伦春、鄂温克等土著民族，生产方式以游牧和特产采集为主。由于气候寒冷，外来移民少，人口增长缓慢。例如，1904 年时，位于嫩江流域的杜尔伯特旗（今杜尔伯特蒙古族自治县）境人口密度仅有每平方千米 18 人；1906 年时，与之相邻的拥有 15000 平方公里的土地大县（厅）——安达全厅人口只有区区可数的 916 人，翌年人口升至 1837 人。[②]黑龙江青冈县 1831 年始有关内移民，1899 年县境大面积对外垦殖，到1911 年开垦面积达 37 万公顷土地，其中可耕地 29 万公顷，潜在开发地 7万公顷，当年可耕地只有 152000 公顷，但人均土地面积已达 2.6 公顷，人均占有粮食 1991 千克。黑龙江省拜泉县自 1904 年起对汉民开放（当年即开垦 351 公顷土地），到 1906 年，共开放 90 万公顷土地，其中可耕地 41万公顷，然至 1914 年，仅开垦了 22 万公顷土地，尚有 47% 的可耕地没有开发，但其人均土地面积竟高达 2.2 公顷（是年全县人口为 14869 户，98849 人），几乎是山东省缺少土地地区的 10 倍。在这一背景下，关内移民自然期待前往关外定居。

---

① 参阅呼伦贝尔盟史志编委会编《呼伦贝尔盟志》，内蒙古文化出版社，1991，第 117 页。
② 杜尔伯特蒙古族自治县史志编委会编《杜尔伯特蒙古族自治县志》，黑龙江人民出版社，1996，第 133 页。

与此同时，在边疆危机的特定背景下，清朝中央和地方政府实行的鼓励移民东北边疆的政策，亦强有力地推动了关内民众向嫩江流域和大兴安岭山地移居。为实现永久占领东北，自1898年中东铁路修筑以来，俄国方面制定和实施了移民60万至中东铁路沿线的计划，到1902年，俄国"移民数十万布满沿边"。面对沙俄的移民侵略活动，一直试图与之在东北亚抗衡的日本自然不甘示弱，此时一面暗中对东北进行分散、渗透式移民，一面提出十年内"向满洲移入50万国民"计划，所以进入20世纪后东北的外侨日渐增多。到1906年，东北日侨为5025人，1907年更达16163人，东北边疆的形势已到十分险恶的地步。而处于日俄两大侵略势力之间的清政府既没有相应对策与之抗争，也无军事实力进行反击，唯"赖有此多数移民，移植关东"，通过"移民实边"，"以固边圉"。所以从1905年开始，清政府一改过去传统的局部放荒弛禁政策，宣布开放东北全部土地，允许关内各民族人口进入包括中东铁路西线穿越的哲里木盟杜尔伯特旗地领荒垦殖。清政府除采取招民开垦的奖励措施外，还采取了催垦、抢垦、自由垦殖等实质性的促进措施，同时在具体措施上给予移民种种优待。如黑龙江省在汉口、上海、天津、烟台、长春、营口等移民中转地设立边垦招待处，对垦户妥为照料，减免车船费，贷予牛具、种子、化肥，遇有青黄不接时官立银行酌予贷助、妥为安置等。进入民国时期，北京政府及东北地方政府仍采取鼓励和支持移民的政策，积极推动移民事业的进行。北京政府时期负责东北移民的机构主要为两大部分，一是设于河北、河南、山东等移民来源地的移民局和垦民旅行社，二是设在东北各地的垦殖局、招垦局、难民救济所、收容所等。移民机构的活动主要有赈济受灾严重的移民，指导移民有计划、有目的地徙居，召集和安排交通工具输送移民，在东北妥善安置移民的生活等诸多内容。在设置各种移民机构的同时，各级军阀政府还制定了许多移民章程、法令及具体施行办法。东北边疆各级政府为移民提供的上述优惠政策，解决了移民迁移中的困难，保证了移民活动的顺利进行，为移民大批进入东北提供了便利。在安置方面，政府规定"对于大（型）工程要雇用移民，以资援助"；"造林开垦，完全雇用移民"；"设立民生工厂，以安置移民"；"给予土地，令其开垦"；"满五年后，再升科"；"凡灾民在垦荒县分，应与土著居民同等待遇"。黑龙江省还规定了安置移民的具体办法。"每难民五人，盖窝棚一间；集五百口掘井一眼，均官料民工。另安碾磨各一，以备公用，数愈千口，得别立一村。"许多村屯聚落由此而形成。凡此种种措施，扩大了移民的就业途径，减轻了移民的负担，不仅吸引了大批移民来到东北，而且使他们迅速安居下来，促进了移民事业的顺利开展。总之，在清末边疆危机的特定历史背景下，中央和地方政府都把移民事业放在首位，积极推动、鼓励和支持移民事业的进行，为移民大批进入东北边疆地区创造了有利的客观条件，推动了移垦事业的大规模展开。[①]

实际上，此间中原和华北异常艰难的生存环境是迫使大批农民驱逐性离开故土的主要原因。近代以降，中原的河南和华北的河北与山东两省人口飞速增长，人口增殖量超过土地供养力，人地矛盾日益突出。到1910年，山东、河北、河南三省人口约占全国总人口的20%以上，其中山东省人口密度每平方千米高达528人，河北的则达281人。同年全国的人口密度为每平方千米174人，而东北三省人口密度平均值为每平方米41人（其中奉天80人，吉林33人、黑龙江8人）。按照罗尔纲对新中国成立前南北生产力所做的估计，近代北方农村人均耕地至少要有3亩，才可勉强维生，可见华北人民已处在生存线的边缘。此间华北地区还出现异乎寻常的自然灾害，受灾面大、灾次频繁，其中尤以黄河沿岸各州县受灾情况最为突出。1927年山东发生蝗灾，灾区面积广达56个县，24万平方千米，灾民2000万人。翌年的水旱和蝗灾又蹂躏了82个县，灾民达700万人。1928年的水、旱、蝗、雹等灾害使河南30多个县农作物收成不及一成，河北的600余万人生活受到严重威胁。多灾并发，灾害连年，农民简直无以为生。所以此间中原和华北人口移民东北实质是挣扎在死亡线上的贫苦农民自发的不可遏止的求生存运动。

在新式的铁路交通和上述其他主客观环境引导下，中东铁路西线各站从1906年起，几乎成了外来移民和难民的天下。根据1929年的一项统计，是年1～10月末，到昂昂溪和齐齐哈尔两站的移民人数高达45000人，其中难民为24360人。这些难民在两站下车后，陆续被接待部门分送到龙江（4671人）、拜泉（3000人）、讷河（600人）、甘南（400人）、肇州（1990人）、

---

① 曲晓范：《近代东北城市的历史变迁》，东北师范大学出版社，2001，第228～230页。

绥化（862 人）、肇东（2655 人）、泰来（2200 人）、布西（350 人）、呼兰（504 人）、明水（1924 人）、安达（600 人）等地安置定居。[①] 当然，清末民初前往滨洲线一带定居的外来移民也并非都是从关内迁入的，他们中的许多人是由邻省吉林和奉天移入的，属于区域内的二次、三次迁徙流动。在近代早期，东北的开放地区由于相对集中于辽河流域和松花江流域的中部，并且这两个地区当时人口也比较少，所以关内移民在进入东北后，普遍是一次性扎根于移民区，不再进行二次迁徙。但是进入 20 世纪以后，随着东北西部内蒙古草原和北部的嫩江流域、松花江下游及牡丹江流域的开放，移民可以选择的地区更加广阔；同时，由于移民的不断流入，辽河流域和松花江中游地区的人口密度已经很高。在这种情况下，为了进一步改善自己的生存状况，一些移民在东北南部和中部居住了一段时间之后，初步适应了东北的气候及环境，接着就进行东北大区域内的二次或三次迁移。如 1914 年，农业经济相对繁荣的吉林省农安县有移民 1421 户、19685 人移居到邻近的黑龙江省肇东县。当然也有一定量的滨洲线地区内的二次迁徙活动。据中东铁路局调查员鲍罗班统计，1912 年绥化人口为 224749 人，到了 1914 年该县人口已降为 27490 户、176278 人，减少的人口流向了人口更少的拜泉、通北和龙江。从表面上看，移民在东北的二次、三次移居并不增加移民的总体数量，但是通过这种有理性的迁徙活动，它使东北地区的人口分布不均衡状态得以优化和调整，有助于边疆地区人口质量和经济环境的改善。此外，二次移居使东北中部地区人口密度下降，这就必然在一定程度上进一步刺激关内移民向东北移居。

在区域内铁路运输稳步发展、人口总量持续扩大的情况下，滨洲线一带的社会经济开始发生突变。

第一，农业经济得到迅速壮大，多层次的农产品市场得以发育和成熟。前已述及，中东铁路修建前，各地区人口少，运输条件差，农牧业经济产品无法走向市场，所以农牧业经济整体上规模弱小，属于完全的自然经济形态。由于铁路开通，从事商业活动的人口可以进行长距离的流动，直接带动了农牧产品市场的快速发展。如在昂昂溪站，仅粮商就有 15 家至

---

① 仲铭译《民国十八年东北移民运动状况》（续），《东省经济月刊》6 卷 12 号，1931。

20 家，交易额金达四五万元，甚至已有欧洲粮商在此常驻购粮，[①] 火车站成了粮食外运码头。粮食贸易的扩大，引发了铁路沿线一带的垦荒高潮。至 20 世纪 20 年代末，齐齐哈尔车站附近地区的荒地"已开垦净尽"。[②] 在距该市 53 公里的土尔池哈站，到 1929 年当地人已用"火犁开出之荒地达四千晌"。[③] 农业经济逐渐跃居于区域经济的首位。

第二，林业经济、牧业经济商品化。历史上，本区的林业经济主要是以自用为主、以狩猎为重心的特产品采集。铁路开通后，从事林业经济活动的人开始从事木材采伐，他们将规格统一的成品木材运到铁路沿线卖给铁路公司，供其建筑房屋和桥梁；将木桦卖给俄国侨民，供其生火取暖；将猎取的旱獭皮卖给从事远程贸易的皮货商人，运往欧洲。如博克图站，1929 年外运货物为 34370 吨，其中原木 27076 吨，桦子 6408 吨，炭 296 吨等；巴林站外运货物 2690 吨，其中木桦 2059 吨、木材 334 吨。满洲里站，每年有 300 人从事猎取旱獭皮的行当。再如扎兰屯，原来牧民饲养奶牛基本用于自家食用，随着火车旅行之风尚的兴起，扎兰屯成为避暑地，为了适应旅游业的需要，该镇俄侨养奶牛业亦随之产业化，1929 年该镇有奶牛300 头，牛奶大都卖给避暑疗养所。站内还有砖窑和酒厂各一处，所产的酒除当地饮用，还贩卖沿途各站。

第三，促进了东北地区煤炭生产的工业化。早在 19 世纪晚期，东北北部和西部煤炭的开掘就有了一定的规模。中东铁路的开通，而铁路机车牵引动力主要依靠煤炭，大量的煤炭消耗和出口煤炭使小煤窑不断倒闭，这就为大型企业的创建、兼并、重组创造了条件。

第四，铁路为沿线地区多元性的异质化人口的形成发挥了重要作用。传统的东北北部，社会环境非常落后，就业岗位少，导致青年人的职业选择非常艰难。铁路开通后，围绕铁路运行和运营，铁路局亟须招聘专门人才。在这一背景下，大批有专长的俄侨和国内铁路学校毕业生来此寻找工作机会，很快就在各车站出现了为数众多的异质化人口，如扎兰屯，1929

---

① 可行：《中东铁路西线村站之今昔观》（续），《东省经济月刊》6 卷 12 号，1931，第 38页。

② 可行：《中东铁路西线村站之今昔观》（续），《东省经济月刊》6 卷 12 号，1931。

③ 可行：《中东铁路西线村站之今昔观》（续），《东省经济月刊》6 卷 12 号，1931，第 37页。

年时，该镇人口1800多人，其中华人只有400多人，而有籍和无籍的苏联人就达1200多人，这些苏联人大都在铁路局工作。异质化人口的积聚，对于沿线城市化的启动和发展至关重要。

三 滨洲线铁路附属地的建立与沿线早期城市化的启动

中东铁路开通后产生的最大影响还是区域的城市化。铁路开通前，沿线只有满沟、安达、齐齐哈尔、海拉尔等4个具备城市形态的地方。中东铁路滨州线开始营运时，共设置了95个车站。其中办理客运、货运营业的车站33个，旅客上、下站31个。至1931年，滨州线办理客货车站数量达到40个。在不到30年的时间里，滨州线沿线就涌现出20多个新城镇，已有近10个市镇出现了近代意义的新城区，使沿线城市密度大大提高，滨州路沿线地带由此进入城市化的初期阶段。中东铁路沿线迅速出现城市化的具体原因，除了铁路自身的巨大推进作用之外，还与俄国在沿线设立并推广铁路附属地制度有一定关系。

所谓的铁路附属地是沙俄在修筑中东铁路的过程中，为迎合其殖民统治的需要，利用《中俄合办东省铁路公司章程》中第六款中有关允许中东铁路公司为"建造、经理、防护铁路之必需"，可在沿线设立"自行经理"用于兴建房屋工程、设立电线等铁路附属设施的铁路附属地的条款规定，蓄意曲解其含义，在铁路沿线采取无偿获得、低价收购等逐步蚕食方式建立起排斥中国统治权，由俄国人独占、供俄国人定居的类似于租界的一种特殊地区。按照俄方的私自扩大性解释，他们在附属地拥有包括司法、警察、课税等各种国家主权。从这里就可以看出，这种附属地实际上是俄国依托中东铁路在东北设置的一个面积广大的、带状形的殖民统治区。它与同期建立的大连租借地一起构成了俄国对中国东北殖民统治的全部内容。[①]

中东铁路附属地主要包括两大部分，一是路基和车站占地，二是在重要站点和城市中规划的城区用地。根据1930年的《中东半月刊》1卷6期的一项统计，滨州线铁路和附属地总占地面积为113213垧，其中铁路占17652垧，其余均为铁路附属地面积。各站间具体占地面积可参见表1所示。

---

① 曲晓范：《近代东北城市的历史变迁》，第47页。

表 1   滨洲线铁路各站附属地面积

单位：垧

地 区	面积	地 区	面积
海 拉 尔	4363	免 渡 河	2592
哈 克	876.884	博 克 图	3285
扎 兰 屯	3537.027	碾 子 山	1598
兴 安	525	土尔哈池	1545
富拉尔基	1749	昂 昂 溪	6137
喇 嘛 甸	1594	烟 筒 屯	2057
萨 尔 图	1592	满 沟	1529
安 达	6000	对 青 山	1813
松 北	8334	满 洲 里	6000

依具体的宏观规划，滨州线沿线附属地市街可分为三个等级，一级市街面积在 5 平方公里左右，以哈尔滨附属地为典型；二级市街面积为 2~3 平方公里，以满洲里、昂昂溪为典型；三级市街为 1~2 平方公里，以海拉尔为典型。

为了保证由俄国人独占中东铁路附属地，早在 1897 年，在附属地市街地点和面积尚未完全确定之时，俄国人既已开始组织该国民众来华移民，随即大批的俄国侨民（亦包括一些波兰侨民）陆续来到中东路附属地定居。这其中有筑路工程技术人员、铁路管理人员及其家属，也有商人、手工业者、医生和文化娱乐人员等自由职业者，到 1899 年末，仅在满洲里至哈尔滨沿线就至少有 5000 名以上的俄国侨民了。[①] 1901 年中东铁路干线试通车后，俄国的移民速度逐步加快，至 1903 年，在滨州线俄国移民已突破 1.5 万人（不包括哈尔滨的俄侨）。

大量俄侨的到来使各站和铁路附属地迅速成为人口聚居区，这是中东铁路附属地走向城市化和殖民地化的第一步。附属地向城市化演变的第二步是中东铁路重点火车站及其相关配套设施和水运码头的建设。修建高标准的火车站和水运码头是争取最大限度的发挥中东铁路的效能，

---

① 见李华耕等著《风雨浮萍——俄国侨民在中国（1917 - 1945）》，第 9~10 页。另见黑龙江省志办公室编《黑龙江省志·人口志》，第 122 页。

保证沿线城市与外部世界紧密衔接的关键所在，所以附属地当局将两者放在优先发展的位置。对城市化产生直接影响的是其重点车站和普通车站的建设。这些车站的基本设施包括站台、货场、售票厅、行政办公楼、卜水塔、站前广场以及为旅客提供食宿服务的饭店、旅馆。哈尔滨的车站包括香坊火车站中心区和配套的松花江航运码头两部分，其面积更大。滨州线铁路附属地走向城市化的第三步是中东铁路局主导的近代化市政建设。随着来华侨民的不断增加，从1899年起，中东铁路总局在哈尔滨、满洲里等部分附属地和租借地的俄侨聚集区展开大规模的城区市政规划和建设。与传统的以自然形成为主、布局单一的东北城市形象迥然不同，中东铁路局按照城市的分区职能原则对附属地的街区进行了严格的规划。① 建设项目主要包括以下几个方面：（1）修筑道路；（2）公用、民用房地产开发。其中公用建筑主要是以中东铁路局和1902年后俄国在哈尔滨、满洲里、海拉尔等地非法成立的"市政局"为中心的官署房舍的修筑，民用建筑包括住宅、商店、工厂、教堂和墓地。墓地和教堂建筑最典型的是哈尔滨东正教尼古拉大教堂（俗称喇嘛台）和大直街最东端的外侨公墓建设。此外，附属地还建有满足外侨生活需要的啤酒厂、面粉工厂等。

上述近代城区马路、建筑及工商企业的出现，使中东铁路附属地的市街规划地区在1905～1930年陆续完成或接近于完成由乡村向城市化的过渡，形成了包括区域首位城市、地区中心城市、铁路枢纽和站点城镇等多种性质并存的带状城镇群或城市走廊。其中的区域首位城市是哈尔滨（到1903年2月，哈尔滨市内人口已达到4.4万人，同年底增至6万人②），其他铁路枢纽和铁路站点城市或城镇介绍如下。

（1）满洲里，位于北纬49°35′、东经117°26′，是滨州线终点站（一等站）、西线护路军司令部所在地。市街兴起于1900年，到1905年人口达6000人。该城分为两部分，北部商业区，南部为铁路

---

① 中东铁路哈尔滨附属地的首席规划设计者为中东铁路建筑工程局首任总工程师俄国人A. K. 列夫捷耶夫。中东铁路大连新城的首席规划者为俄国人沙哈罗夫（也是海参崴城市的最初设计者）和德国人盖尔贝茨。参见哈尔滨市南省区地方志编纂委员会编《（哈尔滨）南岗区志》和刘连岗等《大连港口纪事》，大连海运学院出版社，1988。

② 《俄国经营哈尔滨之现状》，载《大公报》1904年9月7日。

居民区和车站。1910年，该城常住人口超过8000人，其中俄国移民为7000人。[①] 1929年中东铁路事件前统计，该城居民为12954人，中国居民856户、5053人，苏联人681户、2937人，无籍俄人1201户、4708人，日本人33户、154人，朝鲜人3户、23人，欧洲其他国家的26户、79人。该城的主要功能是国际货物转运和边境贸易，因此经济增长很快，从而带动城市的空间规模迅速扩容，至清朝末年，仅满洲里商业区就有纵横5条大街，成为中东铁路西线上最大的城市。[②] 满洲里居民主要从事商业经营，每年冬季成群结队前往呼伦贝尔各地，采购牛羊和旱獭毛皮，购买呼伦贝尔当地湖渔产，转至车站，外运贩卖。巨大的商业利益，使该城经济发展迅速。少量的人从事割草业，每年该地产草1600万公斤。[③]

（2）扎来诺尔，距满洲里29公里，距哈尔滨906公里。中东铁路开工后，为解决火车燃料问题，铁路局于1897年在铁路预计经过地带勘察煤田，在此发现煤矿。随着煤矿规模扩大，人口迅速增长，至1929年，该城人口达3691人，其中华人1321人，苏联人127人，无籍俄人2190人，日本人28人，欧洲其他国家的25人。居民主要职业是在矿上工作，矿区中有1000人，1928年产煤45926斤，还有一些人从事旱獭狩猎和毛皮收购业。也有贩鱼者和种菜人，当地每年产鱼3000公斤，奶油5000公斤。客运规模达到1929年在此登车的15000人，下车的2万人。[④]

（3）磴岗，距哈尔滨874公里，距满洲里61公里。1929年居民有236人。因其靠近甘珠尔庙，来往游客较多，在此上下车人数为3600人（据1928年统计）。

（4）海拉尔，位于北纬49°、东经119°44′，该城是本线沿途呼伦贝尔境内唯一的历史古城，创立于1734年。原蒙语名为"阿穆班霍托"，当时筑有土城，分南北两门，城内店铺林立，旧式手工工场很多。与外部联系的是一条通往草原深处的大路。1900年前该地区为呼伦贝尔蒙古王公驻地，中东铁路通车后在此设立二等车站，积聚施工人员较多。筑路人员最初使用帐篷，后改为简易木房。1902年后中东铁路局地亩处划拨地段，在

---

① 《北满洲报》1911年2月21日，原件存于大连图书馆。
② 〔日〕内藤虎次郎编《满蒙丛书》，1920年日文本，第7卷，第310页。
③ 可人：《中东路西线村站之今昔观（续）》，《东省经济月刊》6卷8期，1930。
④ 可人：《中东路西线村站之今昔观（续）》，《东省经济月刊》6卷9期，1930。

此地建设固定式住房，到1906年建成固定房屋300余处，居民达5000人。市街逐步兴起繁荣，是整个中东铁路沿线最大的羊毛皮货交易市场和外销口岸。民初，该地被设立为呼伦县城。1929年人口为1万多人，其中中国居民5804人，苏联人1385人，无籍俄国人2700人，日本人57人，朝鲜人44人，蒙古国人200人，其他欧洲国家人57人。① 民国时期其规划面积为31平方公里。

（5）牙克石，距哈尔滨665公里，中东铁路在此设站后，人口逐年增多，至1919年始出现村屯。临近的乌尔吉赤汗斯林场经营扩大后，该站人口在1913年达534人，1926年681人，初具市镇形貌。②

（6）免渡河，距哈尔滨633公里，1917年俄国十月革命后，一大批流亡者到此定居。到1923年，人口达979人。

（7）博克图，距满洲里396公里，距哈尔滨539公里。滨州线修建前，这里只是一个蒙古族牧民的游牧点，1902年中东铁路在此设立二等车站，规划占地23.72平方公里，③ 以后人口逐渐增多，到1905年已有常住人口3000人，形成市镇规模。至民初，沿站村屯林立，人烟稠密。周围主要村屯有6个，其中最大者为切列毕洛夫卡。30年代，博克图有华人1330人，苏联人1219人，无籍俄人494人，日本人11人，朝鲜人9人，欧洲人17人，共计3080人。民初为黑龙江省雅鲁县辖境，车站附近设东省特别区市政分局，镇内有高中、初中学校。居民主要从事林业，当地有林场2800平方公里，有伐木、砍木樑、烧木炭等职业，木炭外运至宽城子（今长春）、满沟（肇东）等地，木樑运至哈尔滨。农业种植以春麦、大麦为主，每公顷可收1300~1600公斤。民初，民众开地500公顷。镇内大商铺为兴义茂、永昌德、永发升、德顺成等，大商号年营业额在25000元哈大洋。1929年外运货物为34370吨，其中原木27076吨，樑子6408吨，木炭296吨，粮食370吨。工厂有徐鹏志酒精厂，俄商齐德曼电灯厂。④ 1929年到站旅客13475人，出站13758人。

（8）雅鲁，距博克图30公里，距哈尔滨509公里。1929年有居民169

---

① 可人：《中东路西线村站之今昔观（续）》，《东省经济月刊》6卷9期，1930。
② 秋山：《中东铁路沿线一带之人口》，《东省经济月刊》6卷9期，1930。
③ 《东省特别区市政月刊》6卷1号（1931年第1期）。
④ 可人：《中东路西线村站之今昔观（续）》，《东省经济月刊》6卷9期，1930。

人，其中中国居民 101 人。居民职业是木材砍伐和采金。1929 年起运物资 11974 吨，其中木枋 8978 吨，木材 1145 吨，木炭 1774 吨，到站货物主要是粮食，1929 年有 835 吨。上、下旅客分别为 2481 人和 2710 人。

（9）巴林，距博克图 61 公里，距哈尔滨 478 公里。1929 年居民为 362 人，其中中国居民 74 人，苏联人 236 人，无籍俄人 52 人。主要从事林业。1928 年外运货 2376 吨，其中木枋 1848 吨。1929 年外运货物为 2690 吨，其中木枋 2059 吨，木材 334 吨。运到该地的粮食有 206 吨，干草 125 吨。离境旅客 1927 年有 896 人，1928 年 1179 人，1929 年 1682 人。到达旅客分别为 1927 年 935 人，1928 年 1278 人，1909 年 1756 人。

（10）扎兰屯，距哈尔滨 416 公里，为中东铁路二等站。该地位于大兴安岭支脉之麓，雅鲁河从这里流过，河水淤积平原，土质肥沃，适于农耕，境内草木茂盛，山鸡、野鸭、山羊等动物资源丰富。居民有 1843 名，其中中国居民 478 人，苏联人 947 人，无籍俄人 374 人，朝鲜人 28 人，欧洲其他国家的 16 人，主要职业是务农种菜。中国人种植的农作物中，玉米占 55%，黍及糜子占 30%，大豆占 10%。苏联人的农作物中小麦占 40%，黍占 30%。1 公顷麦田收获 1600 公斤小麦。蔬菜主要有白菜、西红柿、马铃薯，蔬菜价格便宜，马铃薯每百斤哈大洋 1 角至 2 角，白菜每普特 2 角，西红柿每枚 5 分，输往博克图、海拉尔。所产木枋输往齐齐哈尔、安达、哈尔滨。民初，俄侨养奶牛业兴起，该镇有奶牛 300 头，牛奶卖给避暑疗养所。站内有砖窑和酒厂各一处，所产的酒除当地饮用，还贩卖沿途各站。外运货物量 1927 年为 3335 吨，其中木枋 1434 吨，木炭 875 吨，菜 294 吨；1928 年有 3047 吨，其中木枋 1715 吨，炭 540 吨，菜 403 吨；1929 年为 3275 吨，其中木枋 1179 吨，炭 400 吨。到站货物量 1927 年为 1986 吨，其中粮食 851 吨，干草 776 吨；1928 年为 2685 吨，其中粮食 1363 吨，干草 629 吨；1929 年为 2787 吨，其中粮食 1200 吨，干草 671 吨。客运 1927 年离境旅客为 7167 人，1928 年有 9433 人，1929 年增至 13811 人。到达旅客 1927 年为 9229 人，1928 年有 12382 人，1929 年有 16337 人。[①]

（11）成吉思汗，距哈尔滨 384 公里。1929 年居民有 118 人，其中中

---

① 可行：《中东路西线村站之今昔观（续）》，《东省经济月刊》6 卷 12 期，1930，第 26 页。

国居民 88 人，苏联人 30 人。主要职业是砍伐木桦，烧木炭，外运物资量 1927 年为 4123 吨，其中木桦 3629 吨，炭 336 吨；1928 年为 3238 吨，其中木桦 2902 吨，炭 262 吨；1929 年有 3296 吨，其中木桦 2667 吨，木炭 194 吨。每年运入的粮食有 70 吨。1928 年到达旅客为 4960 人。[①]

（12）碾子山，距哈尔滨 354 公里。当地气候温和，适宜农耕，中东铁路设站后大量移民携带家眷来此垦荒，仅 1928 年来此移民就不下万人。20 世纪 20 年代中期周围森林已砍伐殆尽，半径 50 公里内已无大森林，该地变为农业区，"耕种产粮颇为发达"。其中梨山甸最先成为一个商业市场，1929 年全镇居民超过千人，有大商号 17 家，中小商铺 18 家。车站附近居民有 608 人，其中中国居民 576 人。该镇出产建筑用石和小粒花岗岩，生产石磙、石碾和马路条石，300 人从事炸石工作。年外运最高额为 1928 年的 9859 吨，其中粮食 5384 吨，石 3853 吨，木桦 347 吨。乘车外出旅客 1927 年为 6016 人，1928 年 7932 人，1929 年 9844 人。到达旅客 1927 年为 7648 人，1928 年为 10541 人，1929 年为 13031 人。当地土地适于农作物生长。1927 年，输出粮食 5716 吨，石头 4738 吨；1928 年输出粮食 5384 吨，石头 3856 吨；1929 年输出粮食 6541 吨，石头 4178 吨。[②]

（13）富拉尔基，嫩江上游的讷河、布西、干井等地出产物集散地，各地货物先由水路运于此，然后经该站运往他处。20 世纪 20 年代该地区已开熟地有万垧，待开荒地 20 万垧。1924 年，经本站输出粮食 15649 吨，到 1929 年达 68404 吨。粮食品种包括谷子、高粱、苞米。该站站内有广记油坊，德昌信火魔及电灯厂等实业。据 1929 年统计，居民有 4031 人，其中中国人 3639 人，苏联人 329 人，无籍俄人 55 人。1927 年上车旅客 21832 人，下车旅客 25136 人；1929 年，上车旅客 36108 人，下车旅客 40608 人。[③]

（14）昂昂溪，距哈尔滨 270 公里，初名为齐齐哈尔站，后改名。原来是一个普通村落，此地是沿线各站点中距离当时不通火车的黑龙江省省

① 可行：《中东路西线村站之今昔观（续）》，《东省经济月刊》6 卷 12 期，1930，第 35 页。
② 安瑞：《中东路西线农作区及其产量》，《东省经济月刊》7 卷 2 期，1931。可行：《中东路西线村站之今昔观（续）》，《东省经济月刊》6 卷 12 期，1930。
③ 安瑞：《中东路西线农作区及其产量》，《东省经济月刊》7 卷 2 期，1931。

城齐齐哈尔最近的一个地方，被确定为重点车站。它是早期滨州线的中部中枢，距富拉尔基14公里。昂昂溪站附近土壤沙地居多，不宜大量开垦。但临近的克山等地荒地已开垦70%，拜泉县荒地均已变为熟地，两地的大量农产品经嫩江帆船运往此地加工或外销。到1908年前后，初具市镇面貌，人口超过2000人。站内各种商号百余家，粮商有20余家。粮食加工业发达，以豆饼为例，每年出产2万吨。增昌火磨一家每昼夜出产面粉25吨，全年生产1700吨，全部输往满洲里。广信公司的广吉油坊，每昼夜制饼600块，折合为称重重量12吨。另有较大规模烟厂伊里斯烟厂，每昼夜制烟丝18箱。该地于1929年成立期货交易所，收买大豆610车，收买小麦305车。① 原来在该地建立的新泰兴商号设总号于长春，分号在昂昂溪、营口、沈阳、哈尔滨等地。1926年该站转运货物为烟叶8190普特，布匹32760普特，烧酒、豆油476671普特。外运物资有较多种类。粮食类，1927年129410吨，1928年132527吨，1929年184530吨；蔬菜类，1927年656吨，1928年142吨，1929年235吨；鱼品类，1927年155吨，1928年48吨，1929年136吨。运出总量，1927年为134274吨，1928年138275吨，1929年188367吨。上车乘客1927年为95483人，1928年126082人，1929年170336人。城市规划面积为44.21平方公里。

（15）烟筒屯，距昂昂滨站32公里，为滨州线之羊草产区。1927年运出羊草497吨，1928年598吨，1929年1544吨。② 20世纪20年代中期，与该站相连地区已开熟地达11~12万垧。

（16）小蒿子，现名泰康，在黑龙江省杜尔伯特自治县境内。该地主要接纳来自林甸、依安、明水等地商品，1925年，仅有车店35家，居民300多人。1929年居民增至2236人，其中华人2152人，无国籍者70余人，商号已达百家，其中粮商24家，日商韩商所办粮行11家、7家，转运公司有3家。1927年外运货物68763吨，1928年94943吨，1929年123498吨。其中粮食运量1927年为65001吨，1928年90234吨，1929年118140吨。三年间干草外运量分别为3224吨、3995吨、4144吨。从1927年至1929年，每年运入货物总量分别为13005吨、20628吨、21995吨。

---

① 可行：《中东路西线村站之今昔观（续）》，《东省经济月刊》7卷1期，1931，第19页。
② 可行：《中东路西线村站之今昔观（续）》，《东省经济月刊》7卷2期，1931，第114页。

其中60%货物由大兴安岭方面转来，东面哈尔滨方向的为40%。客运方面，在此上车的旅客1927年有29457人，1928年39615人，1929年40464人；到达旅客1927年有33959人，1928年45306人，1929年45815人。

（17）喇嘛甸，距满洲里754公里，距哈尔滨180公里。1929年人口为309人，其中中国居民264人。该站输出货物以干草为主，1927年输出总量为2613吨，其中干草1865吨，粮食524吨。1928年输出总量为3479吨，其中干草1803吨，粮食1482吨。1929年输出总量为5749吨，其中干草3887吨，粮食1346吨，药材200吨。1929年往来旅客中，上车7370人，下车6585人。

（18）萨尔图，距满洲里785公里，距哈尔滨159公里，今名大庆站。1929年居民有193人，其中中国居民156人。运出货物以干草和碱盐为最多。1927年总量为4294吨，其中干草4219吨，碱盐55吨；1928年总量6833吨，干草6805吨，碱盐14吨；1929年总量为10478吨，干草10007吨，碱盐62吨。[1] 1929年旅客登车的有6626人，下车的有6104人。

（19）安达，地处昂昂溪与哈尔滨间，为滨州线一等车站，规划面积43.22平方公里，又因靠近省城齐齐哈尔，地理位置重要，人口集聚迅速，到1906年居民已超过1万人。1929年人口为35053人，其中中国居民34269人，苏联人391人，无国籍者221人，朝鲜人76人，欧洲人24人。安达到克山为257公里旱路，沿路村屯有50个，著名者有安达中和镇，明水中兴镇等。安达城内有各种商铺300家。安达运出货物1927年为605524吨，1928年524681吨，1929年132794吨；其中运入货物1927年为599110吨，1929年为496000吨。[2] 另外1927年外运豆油8087吨，麻袋1064吨；1928年分别为6751吨，564吨；1929年分别为6687吨，983吨。[3] 运入商品多是燃料、木桦、建筑材料、杂货、布匹，1929年，运入煤26980吨，木桦7414吨，布匹2304吨。出境旅客数1927年为172372人，1928年186783人，1929年178150人，下车旅客1927年203732人，1928年206154人，1929年186737人。1927年全年入境人数超过出境，高

---

① 可行：《中东路西线村站之今昔观（续）》，《东省经济月刊》7卷2期，1931，第117页。
② 可行：《中东路西线村站之今昔观（续）》，《东省经济月刊》7卷2期，1931，第118页。
③ 可行：《中东路西线村站之今昔观（续）》，《东省经济月刊》7卷4~5期合刊，1931，第132页。

达 3 万人。

（20）宋站，距安达 32 公里，距哈尔滨 94 公里。1929 年居民为 2140 人，其中中国居民 2100 人，苏联人 40 人。商号有和顺兴、丰泰顺等 5 家，商业额在哈大洋 2000～15000 不等。输出品以粮食、干草为大宗，粮食 1927 年为 19593 吨，1928 年 20377 吨，1929 年 8912 吨。干草 1927 年为 12583 吨，1928 年 17883 吨，1929 年 12442 吨。运入货物总量 1927 年为 22735 吨，1928 年 21447 吨，1929 年 17200 吨。运出旅客数 1927 年为 20632 人，1928 年 22770 人。运入旅客数 1927 年为 20521 人，1929 年 22101 人。

（21）郭尔罗斯小站，距宋站 21 公里，距哈尔滨 73 公里，今名尚家。1929 年居民有 269 人，以割草为业的占大多数，1927 年运出货物为 5034 吨，其中干草 5032 吨；1928 年 8642 吨，其中干草 8636 吨；1929 年 6966 吨，其中干草 6962 吨。[①]

（22）满沟，距哈尔滨 62 公里，今名肇东。1929 年居民总数为 13132 人，中国居民 12965 人，无国籍俄人 85 人，苏联人 48 人。主要集聚兰西、青冈、绥化、肇州等地的物资。周边农业发达，已有集约化经营倾向。城内商号 75 家，商户主要是粮商和木材商。粮食加工业规模庞大，恒东号油坊有榨机 32 架，每昼夜加工豆饼 900 块合 25 吨，豆油 3 吨。1926 年外运粮食为 288091 吨，1927 年 289712 吨，1928 年 269120 吨，1929 年 250200 吨。[②]

（23）对青山，距哈尔滨 30 公里。1929 年居民有 1651 人，其中中国人 1596 人，白俄人 25 人。该站主要集聚呼兰、望奎、海伦、肇州和肇东等县粮食，其中呼兰的粮食最多，品种以大豆为主，紧接着是高粱、谷子等。外运粮食 1927 年为 108433 吨，1928 年 77127 吨，1929 年 69594 吨。

（24）庙台子，距对青山 21 公里，当时距哈尔滨 9 公里。1927 年货运量为 26524 吨，1928 年 100893 吨，1929 年 73619 吨，1930 年运 83000 吨。

以上这些数据和资料无疑是近代东北区域城市化发展的重要标志，因此笔者以为，不论当时俄国殖民主义者的主观愿望如何，中东铁路及

---

① 可行：《中东路西线村站之今昔观（续）》，《东省经济月刊》7 卷 4～5 期合刊，第 136 页。
② 可行：《中东路西线村站之今昔观（续）》，《东省经济月刊》7 卷 4～5 期合刊，第 138 页。

其附属地的城镇建设的确都起到了促进近代东北地区城市化进程的正面作用。这一事实也再一次证明了交通运输是城市化兴起原动力的论点之正确性。

需要指出的是，虽然俄国殖民者在客观上充当了上述城镇建设的启动者、规划者，但其建城所需的绝大部分经费却并非来自俄国，而是俄国殖民者利用侵略特权掠夺、榨取东北物产资源，将之就地转化所得。具体地说，主要来自以下两个方面：一是非法的土地投机、拍卖所得。中东铁路公司利用《中俄密约》中有关"铁路公司在 80 年经营期内，附属地由公司自行经理，所获利益全归该公司专得"等条款，从 1901 年起，在预定的各附属地街区大规模的拍卖土地使用权。据中东铁路局地亩处档案记载，从 1902 年到 1905 年，中东铁路局在哈尔滨以拍卖形式出租土地 1060 块，面积 258700 方沙绳。依据契约要求，租地者从签订契约之日起，在不迟于两年的期限内进行建房或整理土地，并且必须为 1 平方沙绳支付 6 卢布的年度建设费用。[1] 所以仅在日俄战争前的短短几年时间里，中东铁路局在哈尔滨就获得了大约 650 万卢布的"市政建设费"。与此同时，中东铁路局于 1902 年 11 月 14 日、1903 年 3 月 14 日、1903 年 5 月 14 日在大连先后三次以每俄亩 28 卢布或 34 卢布的价格共拍卖其欧洲区的 50700 俄亩土地，获得拍卖款 150 万卢布。[2] 中东铁路局城建经费的另一个来源是采伐、出卖东北森林资源所得。早在 1903 年，俄国方面通过诱骗方式与清政府哈尔滨铁路交涉局负责人周冕私订《伐木协议》，非法获得了陆路自中东铁路成吉思汗站至雅克山站铁路两旁长 600 里、宽 60 里的森林采伐权；水路则攫取了呼兰、讷敏两河至水源头长 300 里、宽 100 里和枚林、浓浓雨两河至水源长 170 里、宽 70 里两路的森林开采权。尽管 1906 年后黑龙江将军程德全和吉林将军达桂认定这一协议为"私撰""无效"，将其废弃，但随后由滨江道杜学瀛代表吉、黑两省将军与俄方在 1908 年 4 月 5 日补签的《东省铁路伐木合同》，仍然使俄国获得了大面积的森林采伐权。依照《东省铁路伐木合同》，中东铁路公司在吉林省的石头河子、高岭子的森林开采面积是长 85 里、宽 25 里，在一面坡的采集面积是长、宽各 25

---

[1]　哈尔滨市志编委会编《哈尔滨市志·土地志》，黑龙江人民出版社，1998，第 430 页。
[2]　日本南满铁道株式会社调查课编《露（俄）国占领前后的大连及旅顺》，1911，第 12 页。

里；在黑龙江省的森林开采面积是 384 号岔道的火燎沟和皮路两地各长 30 里、宽 10 里，在枚林河流域的开采面积为长 50 里、宽 35 里。① 上述地段当时处于原始自然状态，森林极为茂密，木材总蕴藏量为 75 亿立方米，中东铁路公司每年即使控制开采量也能从中获取至少 1 亿银元的赢利。② 此外，1910 年后，随着中东铁路经营利润的逐步增长，其中的一部分运输收益也被用于附属地的城市建设。

正是由于这些城市的基本建设资金主要来自东北，其主体建设者（劳工）也是中国人（据保守估计，日俄战争前每年在中东铁路沿线参与建设的中国劳工不少于 15 万人，其中仅哈尔滨一地，1902 年就有中国建筑工人 2 万人），所以中东铁路附属地城市的兴起和发展处处渗透着中国人的血汗，它在空间上的每一项发展成就都是东北人民物质财富的直接体现。

（作者：曲晓范，东北师范大学历史文化学院）

---

① 《东省铁路伐木合同》（抄本），原件收藏于辽宁省档案馆，"盛京军督部堂档案全宗"，第 2028 号卷。
② 参见密汝成《帝国主义与中国铁路（1847－1949）》，上海人民出版社，1980，第 407 页。

轮船运输兴起与近代中国城市兴衰[*]

鲍成志

内容提要： 交通变迁是城市兴衰演化的重要动力。近代以来，中国江海交通因轮船运输兴起而发生显著变化，对城市发展产生深刻影响。一是轮船交通的兴起推动了沿海、沿江诸多港口城市迅速发展，江海城市体系逐渐成形；二是轮运航线的拓展与变化对一些港口城市造成巨大影响，部分城市兴衰起伏；三是轮运航线的开辟还改变了原有南北交通的基本格局，许多传统交通重镇因此而陷入衰落。因轮船运输兴起而引发的城市兴衰是中国城市早期现代化转型的重要内容，为近代中国形成新的城市体系奠定了基础。

关键词： 近代中国　轮船运输　城市兴衰

德国人文地理学奠基者 F. 拉采尔曾经说过："交通是城市形成的力。"[①] 交通变迁往往会引发城市的兴衰演化。这样的例子古今中外不胜枚举。本文所要论述的是，近代中国江海交通在列强的入侵中发生巨大变化，轮船运输兴起不仅直接推动了江海城市体系的初步形成与发展演变，并且也间接导致了一些传统交通重镇陷入衰落。因轮船运输兴起而引发的城市兴衰是中国城市早期现代化转型的重要内容，为近代中国形成新的城市体系奠定了基础。

一　轮船运输兴起促进江海城市体系的形成

近代中国交通变迁首起于江海运输。1840 年以后，列强在强迫中国开

---

[*]　本文系作者承担的国家社会科学基金项目"近代中国交通变迁与城市兴衰研究"（11CZS050）的阶段性成果。
①　转引自陆大道《区位论及区域研究方法》，科学出版社，1988，第 28 页。

放一系列通商口岸以对中国实施经济侵略的同时，也在客观上给中国带来了先进的水上运输工具——轮船，并陆续开辟了围绕通商口岸的轮船运输航路。如在五口开埠之后开辟了东南沿海区域的南华轮运航路，在第二次鸦片战争以后又开辟了长江轮运航路和北洋轮运航路，以及一些国际轮运航路等。[①] 这就为轮船运输在中国的兴起提供了可能。随后，列强开始在通商口岸创办轮运公司，中国民族轮运业也开始从无到有逐步发展起来。据学者统计，至清朝覆亡前夕，列强在中国先后创办了 125 家轮运公司，拥有轮船数百艘；中国官商创办资本在 5 万元以上的轮运公司也有 30 家，轮船达 900 余艘。[②] 为数众多的中外轮运企业的开办，最直接的结果是带来了中国轮船运输的兴起。天津开埠后，1865 年进港轮船即达 209 艘，总吨位超过 6 万吨，1902 年进港轮船增加到 966 艘，1911 年达 1896 艘。从 1895 年到 1914 年，20 年间到达天津港的轮船总数为 16539 艘，比前 20 年增加 6295 艘。[③] 汉口开埠后，1863 年，美国旗昌轮船公司的"惊异号"入港，开辟了沪汉航线，经营轮运。1875 年仅英国太古洋行的轮船公司就有 9 艘轮船出入汉口港，1881 年英国怡和轮船公司也有总吨位 13000 吨的 12 艘轮船出入汉口港，到 1910 年进出汉口港的轮船数量达 4000 余艘，载货总重量达 500 多万吨。[④] 与天津、汉口两个港口相比，上海港的轮船运输在 19 世纪末 20 世纪初发展更加迅猛。1890 年出入上海港的轮船总吨位已突破 500 万吨，1910 年增加至 1850 多万吨，1930 年进一步达 3710 多万吨，40 年间年均递增 15% 以上。[⑤] 另据有关统计，1937 年，出入南华、北洋和长江三大航路各口岸的轮船总吨位已经超过 1 亿吨。[⑥]

轮船运输兴起使近代中国的海外贸易迅速扩大成为现实。鸦片战争前，清政府推行"海禁"及"独口通商"政策，海外贸易非常有限。1840

---

① 白寿彝：《中国交通史》，商务印书馆，1937，第 223～224 页。

② 严中平等编《中国近代经济史统计资料选集》，科学出版社，1955，第 239～241、223、224 页。

③ 《天津海关十年报告》（1902～1911），载《天津历史资料》第 13 辑；李华杉主编《天津港史》，人民交通出版社，1986，第 64 页。

④ 参见有关年份汉口贸易统计，实业部国际贸易局编《最近三十四年来中国通商口岸对外贸易统计》，商务印书馆，1935。

⑤ 根据茅家琦等主编《中国旧海关史料（1859～1948）》（京华出版社，2001）相关年度数据计算而得。

⑥ 陈正书：《关于近代东南沿海城市交通投资取向问题之考察》，《史林》1995 年第 4 期。

年前后，外贸进出口额在2500万元左右。① 进入近代，随着轮船运输大规模兴起，中国外贸增长开始直线上升。据学者们统计，1864年中国外贸总值有94865千关两，1894年为290208千关两，1910年达843798千关两，民国初期突破10亿关两，1919年达1277907千关两，到1931年增加到2342965千关两。②

马克思曾言："商品生产和发达的商品流通，即贸易，是资本产生的历史前提。"③ 对外贸易迅速扩大也成为近代中国城市发展的重要推动力，一大批沿海沿江港口城市在轮运条件下因商而兴，发展迅速。上海、香港、汉口、天津、重庆、青岛、大连等港口城市在近代的崛起都是典型例证。这些因商而兴的港口城市，其发展并不是孤立的，它们之间存在紧密的贸易联系。"盖上海一埠，就中国对外贸易言之，其地位之重要，无异心房，其他各埠则与血管相等耳。"④ 由"心房"与"血管"的比喻可见它们之间的联系有多么紧密。据学者们研究，在近代很长一段时期，中国几乎所有的商埠其进出口贸易都是以上海为指向的。19世纪60年代到20世纪初，上海外贸总值占全国外贸总值的50%以上，其中外贸转运占全国外贸总值的比重高达35%左右。从上海进口的洋货，70%以上要运到内地其他口岸；从内地运到上海的土货，80%以上要出口到国外或运到国内其他口岸。1936年上海的埠际贸易值包括转口贸易值为8亿~9亿元，占全国当年各通商口岸埠际贸易总值的75%。⑤

实际上，近代中国通商口岸之间紧密的贸易联系，最终促成了一个新的城市体系在中国的出现，这就是江海城市体系。江海城市体系是以上海为中心，以轮运航线为主要纽带，以商品贸易为重要任务的港口城市群。其构成在上海以南的南华轮运航路上自北向南有宁波、福州、厦门、汕头、广州、香港和澳门等重要的东南沿海港口城市，以北的北洋轮运航路

---

① 萨金特：《英中贸易与外交》，牛津：克拉伦登出版社（Oxford：Clarendon Press），1907，p. 129.

② 郑友揆：《中国的对外贸易与工业发展（1840~1948）》，上海社会科学出版社，1984，第334、335页。

③ 马克思：《资本论》第1卷，人民出版社，1975，第167页。

④ 班思德：《最近百年中国对外贸易史》，载《最近十年各埠海关报告（1922~1931）》上卷，上海海关总税务司署统计科，1932，第106页。

⑤ 熊月之主编《上海通史》，上海人民出版社，1999，第19页。

上自南向北有青岛、烟台、天津、秦皇岛、营口和大连等重要的北方沿海港口城市，以西的长江轮运航路上自东向西有南京、芜湖、九江、汉口、沙市、宜昌和重庆等重要的长江沿岸港口城市。

以上海为中心的江海城市体系的形成极大地改变了中国传统城市发展的基本格局。这些城市兴盛发展，逐步壮大，逐渐成为中国近代城市体系中最为重要的组成部分。据民国时期的学者统计，到20世纪30年代中期，全国50万以上人口的10个最大城市中，除北平和沈阳外，其余8个城市上海、广州、天津、南京、汉口、香港、杭州和青岛，均分布于沿海及沿江地带；18个20万～50万人口的中等城市中，半数以上也主要分布于沿海、沿江地带。[①] 由此可见，近代中国沿海、沿江城市在当时中国城市体系中有重要地位。

与传统主流城市相比，近代中国江海城市大都以开放为契机，具有优越的轮船交通运输条件，对外贸易兴盛，发展迅速。例如，近代上海、天津、汉口及重庆等城市，它们不管是在城市规模上，还是在城市发展速度上都远远超过其所在的省府城市，甚至也远远超过国家首都北平的发展。江海城市发展之所以会有如此形势，是因为近代以后这些城市发展的动力机制发生了很大变化。近代以来，外力强行楔入，封闭的中国被强制性地拉入到世界资本主义体系中，西方政治、经济、文化等因素开始对通商口岸城市产生直接影响，而专制王朝和封建势力对这些口岸城市的控制力则不断减弱，特别是对这些城市中日益繁盛的租界失去约束力，因而这些城市逐渐脱离了原来的运行轨道。近代以上海为中心的江海城市体系与以北京为首都的行政中心城市体系分庭抗礼，是当时中国半殖民地半封建社会的真实写照。上海发展成为中国乃至远东最大的国际性城市，显示了中国传统城市体系的衰微和具有若干现代色彩的新的城市体系的胜利。

二 轮运航线变迁与江海港口城市的非均衡发展

近代中国由于不同区域开放的时间不同，总体来看先有东南沿海，然后是长江流域和北方沿海，这就造成了轮船航路的开辟是陆续的、不

---

① 沈汝生：《中国都市之分布》，《地理学报》第4卷第1期，1937。

断发生变化的，最终导致江海城市体系内各城市的非均衡发展，一些城市发展迅速，另一些城市发展则相对缓慢，个别城市甚至还出现衰落的趋势。

以东南五口及香港等城市为主要商港的南华航路最先开辟。这条航路开辟以后，受近代中国轮运航路变迁的影响较大，在与此后开辟的长江航路和北洋航路的比较中长期处于不利位置。这一点可以从 19 世纪60～70 年代在中国兴盛一时的美国旗昌轮船公司对三大航路的投入中得到佐证。1872 年，该公司长江航路上有轮船 9 艘，总吨位 16819 吨；北洋航路上有轮船 6 艘，总吨位 5780 吨；而东南沿海则仅保留了沪甬航线，有轮船 2 艘，总吨位 2719 吨。南华航路的轮船数仅相当于长江航路的五分之一。另据学者统计，1913 年，外国轮船公司出入这三大航路各口岸轮船中，长江航路上仅行驶于上海和汉口之间的就有 31 艘，总吨位 81035 吨；在北洋航路上有 23 艘，总吨位 27355 吨；而在东南沿海则只有 17 艘，总吨位 20812 吨。至抗战全面爆发时，虽然东南各口航运遭战火影响小于东北和华北地区，但南华航路实力仍然要小于另外两条航路。1937 年，出入这三大航路各口岸轮船的总吨位分别是：长江航路为 4197 万吨，北洋航路约 2967 万吨，而南华航路则只有 2923 万吨。[①] 南华航路发展缓慢深刻影响着东南沿海城市的发展，除了上海因处于三大航路的中心位置而迅速崛起成为中国最大城市外，广州、福州、厦门、宁波以及澳门等城市都因此而进入曲折缓慢的发展阶段。正如马克思所言，五口通商，"并没有造成五个新的商业中心"，而是形成了各自均有一定程度的发展，上海特别繁荣的局面。[②] 广州在近代前夕，"无论就其面积、人口数目或繁华富庶来看，我们均不能说广州是个平常的城市。广州的面积，包括郊区在内，从东到西约有 9.65 千米，从南到北有 4.82 千米，人口至少有 100 万。另外除了定居在这里的人口外，这里还有从帝国的各个省和世界主要基督教国家来的商人和游客。广州是世界上最大的城市之一，也是中国最大的商业市场"。[③] 然而，五口开埠使广州失去了中国对外贸易的垄断地位。1844 年广州外贸进出口总值 3340 万美元，1848 年降为 1510 万美

[①] 陈正书：《关于近代东南沿海城市交通投资取向问题之考察》，《史林》1995 年第 4 期。
[②] 《马克思恩格斯全集》第 12 卷，人民出版社，1962，第 624 页。
[③] 姚贤镐编《中国近代对外贸易史资料》第一册，中华书局，1962，第 545 页。

元，1855 年降至 650 万美元。^① 此后，广州对外贸易总额占全国对外贸易总额的比例持续下降，1860 年下降到 33.3%，1867 年为 14.2%，清末下降到 10% 以下，1925 年仅为 5.1%。^② 这一期间广州对外贸易量不仅被上海超越，而且很快又被天津、汉口、大连、青岛等超越。与广州发展不同，澳门是在澳葡当局的控制下进入近代的。19 世纪 40 年代中后期，继英国在香港实施"自由港"政策，"葡萄牙人在 1846 年将澳门变成一个自由港，极大地推动了贸易发展"，^③ 并日益成为广州对外贸易的"一个强有力的竞争者"。^④ 然而，1876 年和 1877 年，在很大程度上"由于安全、快捷的轮船取代慢速、笨拙的木船，致使西海岸贸易中的可观部分转往香港，澳门在西海岸贸易中的垄断地位受到沉重打击"，"所有利权，约十之五六归于香港大埠"。1899 年法国强行租借广州湾之后，"以往澳门与该国的贸易现已集中到香港"。^⑤ 在港、澳竞争中，四通八达的轮船运输显然帮助香港获取了澳门一度主宰的广东、西南经济圈的进出口贸易，最终迫使澳门只能利用以木船为主的帆船运输成本低廉、吃水较浅的特点，维持与邻近地区较小范围的进出口贸易，不再享有广东、西南经济圈进出口贸易的商业中心地位。与广州、澳门在南华航路变迁中缓慢或曲折发展的情形相对应，五口中的福州、厦门和宁波的发展亦不顺利。福州开埠以前城市规模在东南五口中仅次于广州，市区面积比宁波大一倍，比上海大两倍，比厦门大四倍，总人口约为 50 万人。^⑥ 1844 年开埠之后，福州对外贸易的发展非常缓慢。直到 1855 年后，因太平军占领江南一带，阻断了华南通往上海的陆路运输路线，外商遂赴武夷采购茶叶，取道闽江，从福州出口，从而带动了福州对外贸易的发展。第二次鸦片战争以后，随着长江航路和北洋航路相继开辟，外国商

① 许涤新、吴承明：《中国资本主义发展史》（二），人民出版社，1993，第 66、148 页。
② 乐正：《开放优势的失落与重构——近代广州发展特征初探》，转引自何一民《开埠通商与中国近代城市发展及早期现代化的启动》，《四川大学学报》（哲学社会科学版）2006 年第 5 期。
③ 广州市地方志编纂委员会办公室、广州海关志编纂委员会编译《近代广州口岸经济社会概况：粤海关报告汇集》，暨南大学出版社，1995，第 82 页。
④ 马士：《中华帝国对外关系史》第一卷，三联书店，1957，第 50、51 页。
⑤ 莫世祥、虞和平、陈奕平编译《近代拱北海关报告汇编（1887～1946）》，澳门基金会，1998，第 26、48、72 页。
⑥ 姚贤镐编《中国近代对外贸易史资料》第一册，第 593～594 页。

人既可以通过长江直接深入到中国内陆广大地区，也可以从天津、营口等北方开放城市直接进入华北、东北市场。这就使福州作为中国重要的贸易口岸地位明显下降，城市发展也深受影响，城市人口从开埠时的50万人下降到1935年的42万人。[①]

　　相较于南华航路的变迁，北洋航路的情况则有不同，其形成明显经历了两个阶段。第二次鸦片战争后，营口、烟台和天津开埠，通往中国北方各口岸的轮运航路包括上海—烟台—天津线、上海—营口线、烟台—天津线、天津—上海线等。这些航路在19世纪后半期发展较快。天津在1865年进出口总额分别为1185万海关两和170万海关两，到1895年则分别增加到4107万海关两和916万海关两。[②] 烟台在1863年进出洋船674艘，总吨位21万吨，到1868年增加到1091艘，42万吨位；[③] 进出口总额从1863年的390万芝罘两（约合374万海关两）上升到1879年的1153万海关两。[④] 营口在1861年有33艘外轮驶入，计11346吨位；至1864年上升到302艘，88281吨位。[⑤] 但是，1898年以后，随着青岛、大连及秦皇岛等开埠，北洋航路进入第二个发展阶段，又陆续开辟了上海—海州线、海州—青岛线、上海—青岛线、烟台—大连—天津线、大连—天津—上海线、秦皇岛—津沪—营口线等航路。这些航路的开辟引发了北方海港城市的兴衰转换。天津、青岛、大连以及秦皇岛等港口迅速发展起来，而烟台、营口等则逐渐衰落下去。烟台随着北洋航路的变迁和胶济铁路的开通，对外贸易逐步下滑。"顾烟台之贸易额，当光绪二十七八年间已达四千五六百万两……青岛日盛，烟台日衰，不数年而贸易额退至三千万两以内。"[⑥] 失去了对外贸易的支撑，烟台随即陷入衰落，城市人口从1931年的13万人下降到1936年的10万人。与烟台的遭遇相同，营口在19世纪末20世纪初对外贸易的发展也出现明显波动，

---

① 《申报年鉴》（1933、1934、1935、1936），转引自隗瀛涛主编《中国近代不同类型城市综合研究》，四川大学出版社，1998，第395页。

② 罗澍伟主编《近代天津城市史》，中国社会科学出版社，1993，第168、371页。

③ 交通部烟台港务管理局《近代山东沿海通商口岸贸易统计资料》，对外贸易教育出版社，1986，第87页。

④ 张洪祥：《近代中国通商口岸与租界》，天津人民出版社，1993，第113~117页。

⑤ 程美秀：《论清代山东与辽东之间的海上运输》，《辽宁师范大学学报》1996年第6期。

⑥ 赵琪修、袁荣等纂《胶澳志》卷五《食货志·商业》，1928年铅印本，第54页。

如 1918 年的贸易总额约为 3028 万海关两，比 1899 年的 4844 万海关两减少了 1/3 多。[①] 究其原因，"自铁路敷设，航运之利已为所分益。以大连海港开埠……营口……商务凋落……因河水淤浅……航业凋敝"。[②] 拥有更加优越的轮运条件及开通南满铁路的大连港取代了营口成为东北的贸易中心。

被誉为"黄金水道"的长江航路在近代也经历多个发展阶段。1858 年《天津条约》规定汉口、九江和镇江三个港口城市开放，随后美国琼记洋行最早把商业轮船"火箭号"驶进长江，开辟了上海至汉口间的轮船运输航路。[③] 1876 年，中英《烟台条约》又把宜昌开为通商口岸，长江轮船航路进一步延伸到宜昌。1890 年《新订烟台条约续增专条》签订，"重庆即准作为通商口岸"，允许外国船只自上海通航重庆。[④] 此后，川江轮运航路被开辟，到 1898 年重庆始有轮船到达，从此标志了长江轮运航路全线贯通。长江轮运航路的开辟为沿江口岸城市的发展提供了契机。这一时期，处于长江下、中、上游的上海、汉口和重庆发展尤为迅速。上海近代崛起为全国最大的城市无须赘言。汉口开埠以后，"中外商贾咸集于此，角逐竞争，商业贸易，极称繁盛"，"凌超天津、广东，今直位于中国要港之第二，将进而摩上海之垒，使外人艳称为东洋芝加哥不置"。[⑤] 重庆是长江东西贸易主干道西线的起点，其发展在长江轮运航路全线贯通之后亦十分迅速。1906 年重庆进出口货物总值分别为 1810 万海关两和 1089 万海关两，到 1930 年出口货物总值即增加至 3709 万海关两，1935 年进口货物总值也增加到 4679 万海关两，前后相比，进出口货物总值在不长的时间里都有 2~3 倍的增长。[⑥] 相比于上海、汉口以及重庆的迅速崛起，其他沿江港口城市，如南通、镇江、扬州、南京、芜湖、安庆、九江、黄石、鄂州、沙市、宜昌、万县、涪陵等，也因长江轮运航路的开辟而有不同程度的发

① 有关年份牛庄口华洋贸易统计，参见茅家琦主编《中国旧海关史料》，京华出版社，2002。

② 王树楠、吴廷燮、金毓黻：《奉天通志》，东北文史丛书编委会，1983，第 1572 页。

③ 樊百川：《中国轮船航运业的兴起》，第 125 页。

④ 王铁崖编《中外旧约章程汇编》第一册，三联书店，1957，第 553 页。

⑤ 武汉大学历史系中国近代史研究室编《辛亥革命在湖北史料选辑》，湖北人民出版社，1981，第 284 页。

⑥ 周勇、刘景修：《近代重庆经济与社会的发展（1876~1949）》，四川大学出版社，1987，第 501~506 页。

展。但这些城市的发展具有明显的非均衡性，个别城市甚至因航路的变迁而经历兴衰起伏。例如位于长江中游和上游分界处、素有"川鄂咽喉"之称的宜昌，"原不过一荒寒之村市而已，规模并不甚宏廓，商业亦不甚炽盛"。1877 年宜昌开埠，长江轮运航路开通至此，此地遂成为外国商品入川和四川土货出川的必经之地，贸易发展较快。"若招商局、怡和洋行、太古洋行及日本大阪商船会社，皆陆续于此地设分局，以营转运之业。查各局承运出入货物之额，皆蒸蒸日上，而昔日萧索之迹，不数年即泯然无有矣。"① 据统计，1888 年，国内轮船招商局有四条轮船不定期地往返于汉宜之间。1891 年以后，英、德、日等国有四家公司商船加入此航线，他们共有轮船 6 艘，总吨位达 6801 吨。② 在 1902 年至 1911 年间，宜昌的外国洋行多达 17 家，每年进入宜昌的中外轮船有 300～400 艘，木船 25000只以上，年贸易额平均常在 4200 万海关两以上。然而，好景不长，随着重庆开埠后川江轮运航路的开通，大量原先需经宜昌转口的货物可直达重庆或汉口，宜昌深受此影响，贸易量明显减少。到 1912～1918 年，宜昌每年外贸进口值下降到 500 万～600 万海关两，比 1905 年时的 3000 万海关两，锐减了五倍多。③ 城市发展也深受影响，甚至在这一时期出现了明显的衰落趋势。

在近代中国江海城市体系的形成与发展过程中，江海港口城市因轮运航线变迁而造成了非均衡发展现象，一些港口城市甚至出现衰落趋势。这一方面表明交通因素是这些城市兴衰演变的重要推动力；另一方面，也从一个侧面显示出中国外缘式早期现代化进程的艰难与曲折。

三　海运兴起导致传统交通城市的衰落

前近代时期，中国南北向经济交流十分密切，逐渐在长江中下游区域形成了数条南北向传统交通路线。其中最为重要的有大运河通道、大庾岭通道和湘江通道等。这些传统交通路线的功能在近代由于在很大程度上被

---

① 转引自隗瀛涛主编《中国近代不同类型城市综合研究》，第 719 页。

② 〔日〕东亚同文会编《支那经济全书》第 3 册，东亚同文会，1907，第 346 页。

③ 有关年份宜昌贸易统计，参见实业部国际贸易局编《最近三十四年来中国通商口岸对外贸易统计》，（上海）商务印书馆，1935。

海运所取代，因而几乎都遭遇了相同的衰落命运，最终导致沿线众多交通重镇的衰落。

　　大运河是古代中国南北交通运输的大动脉，通过其运输粮食和物资，被称为"河漕"，明清两代大运河交通相当繁荣。明代八大钞关除九江外都位于运河上，运河七关在八大钞关商税总额中所占百分比，万历时为92.1%，天启时为88%。至清代，运河七关在全国关税总额中的比例仍然十分重要，康熙二十年（1681）为50.5%，雍正三年（1725）40.9%，乾隆十八年（1753）33.1%，嘉庆十七年（1812）29.3%，道光二十一年（1841）33.5%。① 河漕繁盛造就了当时沿河经济型城市带的兴起，主要有通州、直沽（天津）、沧州、德州、临清、东昌（聊城）、济宁、徐州、清江浦（淮阴）、淮安、扬州、镇江、无锡、常州、苏州、嘉兴、杭州等。这些城市在明清时期都非常有名。但近代以来，轮船的传入和海上轮运航路的开辟改善了漕粮海运的条件，于是河漕废止，海漕兴起，大运河交通功能由此渐失，沿岸众多城市也因之相继衰落。例如，临清自光绪年间在河漕运输渐止、海运兴起之后，"粮艘不行"，仅余与东昌间的小舟来往，"商业大受影响"，因漕运而兴起的商行"倒闭无余"，"地面萧疏，西商俱各歇业"，"满目劫灰，元气不复"，② 结束了其在明清两代400余年繁荣的历史。德州在咸丰以后因"漕运停而南舶不来"，其水陆商务大为削弱，"而生齿盛衰亦与有密切关系"，因此城市发展失去了往日的繁荣。③ 淮安、高邮、淮阴、宿迁等也是如此。淮安因"漕运改途，昔之巨商去而他适"，百业凋零，江河日下。高邮在漕粮海运后，往来船只减少，当地商业受到沉重打击，曾经辉煌的服装业"城内彩衣街凡数十家，城外东台巷十数家"也都衰落下去，"阖城不过十余家而已"。④ 淮阴因漕粮海运，河运失效，往日号称"五省贯漕的清江浦遂成下邑"，"商业遂一落千丈"。宿迁县也有同样的经历，因漕运改道，"出此间者除邻近数县外，已可谓绝

---

① 许檀：《明清运河的商品流通》，《历史档案》1992年第1期。
② 张自清等修纂《临清县志》卷六、卷四，1934，铅印本，第5、10页。
③ （光绪）冯翥编纂《德州乡土志》，《户口》，台北成文出版社，1968，第186页。
④ 胡为和等修纂《三续高邮州志》卷一《实业志·营业状况·商业》，1923年刻本。

无其人"，商业交往大为减少，"市况遂日益衰落"。①

　　大庾岭通道因穿越位于江西南部赣粤边界的大庾岭（又称梅岭）而得名。自江西越大庾岭而南，至广东南雄入浈水，沿北江可直抵广州；江西一侧，在大庾岭脚下的大庾县即可入赣江水系，顺流而下抵鄱阳湖经长江转大运河，可达京师。故大庾岭是沟通珠江水系与长江、大运河等主要水道的重要枢纽，自古即为沟通岭南与中原之间的交通要道。明清时期，政府推行"海禁"及"独口通商"政策，限定江浙闽诸省所产丝、茶等货必须由内陆经大庾岭通道运往广州出口，不许绕走海路，从而使大庾岭通道长期成为中国南北交通的重要干线，沿路由此形成了一批繁荣的交通重镇：在赣江段上有九江、樟树、赣州等，在岭南路段上有南雄、韶关、佛山等。近代以降，随着江海轮运的兴起，中国南北向交通发生改变，大庾岭通道为江海通道所取代，沿线城镇因之走向衰落。赣州近代以前号称"四省通衢，两埠为之枢纽"。② 鸦片战争后，因大庾岭商道衰退，赣州过境货物减少，是时"赣关绝无大宗货物经过"，市面日见萧条。③ 清江县的樟树镇和新建县的吴城镇，它们都曾经是大庾岭通道上重要的商业城镇和商货集散中心。樟树镇以药材加工集散享誉全国，有"药码头之号"。吴城镇则以木材转运贸易为最盛。"昔日江轮未兴，凡本省及汴鄂各省购买洋货者，均仰给于广东，其输出输入之道，多取径江西。故内销之货，以樟树为中心点，外销之货，以吴城为极点。"然而，到了长江轮运开通以后，大庾岭商道荒落，"樟树、吴城最盛之埠，商业亦十减八九"。④ 随着大庾岭通道的荒落，广东方面的沿线城镇亦见萧条，如南雄、韶关、佛山等。佛山控扼西江、北江的航运通道，"上溯浈水，可抵神京，通陕洛以及荆吴诸省"；⑤ 向西可达云贵高原，通四川盆地；向南可达雷州半岛、琼州海峡。近代以前，佛山的手工业和商业都十分兴盛，与湖北的汉口镇、江西的景德镇和河南的朱仙镇一起被称为中国"四大名镇"，同时又与北

---

① 殷惟和纂《江苏六十一县志》下卷，《宿迁县·城市》，1936，铅印本。

② 陈晓鸣：《九江开埠与近代江西社会经济的变迁》，《史林》2004年第4期。

③ （清）《刘坤一遗集》（一），中华书局，1959，第99页。

④ 江西省社会科学院历史所选编《江西近代贸易史资料》，江西人民出版社，1988，第328页。

⑤ （清）朱相朋：《建茶亭记》，《佛山忠义乡志》卷十《艺文志》，乾隆十七年（1752）刊本，第332页。

京、苏州、汉口并列为全国"四大聚"。大庾岭通道衰落以后，过往佛山的商品贸易日渐减少，洋货萎缩，城市发展走向衰落。据 1934 年南海县商会统计，佛山镇领有牌照的商户 7000 多家，实际开业的却只有 5519 家，歇业达 1400 多家。到 1946 年，佛山有商店 2305 家，比 1934 年减少了3214 家，减少了 50% 左右。①

湘江为长江七大支流之一，自秦代开凿灵渠，湘江便成为沟通长江水系与珠江水系的连接带，是中原与岭南之间的又一通道。从长江过洞庭湖溯湘江而上，经零陵入广西，通过灵渠再顺漓江而下，可直达南方重镇番禺（广州）。据《广州府志》载，乾隆年间广州"人多务贾，与时逐"，"西北走长沙、汉口，其黠者南走澳门，至东西二洋，倏忽千万里，以中国珍丽之物相贸易，获大赢利"。这样，湘江在广州和内地之间便形成了一条商道。南京等地所产绸缎，"南泛湖湘，越五岭，舟车四达，悉贸迁之所及耳"。繁荣的湘江商路在近代以来，也遭遇了与大庾岭商路同样的命运。轮船运输兴起以后，湘江商路日益走向萧条，沿岸许多城镇亦随之衰落。其中，最为典型的莫过于湘潭城的衰落。湘潭依托湘江，上可通长江至武汉，下可经衡阳达广西、广东，素有"湖广通粤要路""金湘潭"的美誉，成为货物南输北运的转运中心和洋货重要集散地。"湘潭向称贸易大埠，水陆两路，近至汉口，远至广东，百货沸腾，万商云集。"② 但至近代，上海、汉口、九江等相继开埠，北五省商品不再进入湘潭而通过汉口外运，云、贵物产亦改经梧州输至广州出口；而广州的进出口商务大部分北移上海，两广货物改由海道或北趋上海，或南入香港，长江以北货物取道汉口东下上海，湘江商道从此逐渐没落。受此影响，湘潭商业开始衰落，其主要的转口贸易业务被迫移到长沙，交通中心地位遂被长沙所取代，城市趋于衰落，最终萎缩为地方区域市场。在湘潭趋于衰落的同时，湘江商路上的另一个重要口岸城市——郴州在近代也出现了明显的衰落。郴州被称为湘南门户，它位于南岭北麓，往南可翻越骑田岭至宜章，再转武水入北江前往广州；向北由郴水、耒水汇入湘江，过衡阳、湘潭、长沙

① 林文陔：《浅析建国前佛山商业的兴衰》，载佛山市政协文史资料组编《佛山文史资料》第 14 辑，1995。
② （清）俞廉三：《奏岳关期满征收总数折》（光绪二十七年十二月十九日），转引自湖南省政协文史委员会编《湖南历史资料》，湖南人民出版社，1979，第 183 页。

进入洞庭湖，再顺长江东达汉口。因郴州为南北必经之地，汉代以后又一直是州郡府治所。因此，在相当长的历史时期里，它不仅是湖南南面之门户、湘江商路上的一个重要交通转运站，并且也是湘南地区的政治、经济中心。但是，在近代以来，由于全国范围交通的变迁，湘江商路陷入衰落，北方货物遂转道东去上海，郴州逐渐变成了偏僻之区，市场零落，经济凋敝，城市随之没落。

与江海城市兴衰在很大程度上受轮运航线变迁的影响明显不同，传统南北向交通枢纽城市的衰落几乎完全是轮船运输兴起、海运取代漕运的结果。这些城市的衰落对中国传统交通运输体系，乃至城市体系都产生了深刻影响。这不仅标志着具有鲜明内陆性特征的封建交通体系受到了极大地冲击，并且也显示出近代中国城市体系的演化方向。

四　余论

基于轮船运输兴起而促成的近代江海城市大发展以及传统交通城市的衰落，这就对中国传统行政中心城市体系产生巨大冲击，并在客观上打破了王权专制社会城市发展的封闭性。事实上，近代沿海、沿江开埠口岸城市的巨大发展，是中国重新面对海洋、跨向海洋时代的重大标志。西方学者强调："只有海洋才能造就真正的世界强国。跨过海洋这一步在任何民族的历史上都是一个重大事件。"[1] 亚当·斯密也曾经说过，"水运开拓了比陆运所开拓的广大得多的市场，所以从来的各种产业的分工改良，自然而然地开始于沿海沿河一带"。[2] 中国在古代一度有过与内陆大体相称的海洋文明，但遗憾的是，进入封建专制王朝统治后期，由于统治者实行严格的"海禁"政策，曾经相当发达的海洋文明被严重压制，从而导致了入近代以来中国的海洋运输文明严重落伍的局面。从这个意义上讲，近代中国沿海、沿江口岸城市的被迫对外开放，使得他们重新面向海洋，面向世界，事实上被动实现了城市经济的快速发展，这无疑是一个具有重大历史意义的事件。沿海及沿江开埠口岸城市的兴起，推动了中国传统城市经济

---

① 杰弗里·帕克：《二十世纪的西方地理政治思想》，李亦鸣等译，解放军出版社，1992，第63页。

② 亚当·斯密：《国民财富的性质和原因的研究》（上），三联书店，1988，第18页。

结构的变革，对外贸易逐渐成为城市经济的主体，封建体制的自给自足经济开始解体，行会制度和家庭制度也开始瓦解，一些新型商业公司、工业企业以及金融机构等开始出现。社会结构中新式商人、近代企业集团和新型知识分子以及雇佣工人等也随着工商业和交通运输业的发展而逐渐增多，城市居民的思想观念也发生显著变化，新知识、新思想、新习惯等为越来越多的人所接受。所有这些变革不仅深刻地改变了沿海、沿江开埠城市的经济结构和与之相适应的各种社会经济制度，而且也不同程度地影响着内地城市和腹地农村、集镇的发展，由此逐渐推动了中国早期现代化的向前发展。

但是，还需要特别指出的是，由轮船运输带动的江海城市的兴起是在西方列强大举入侵中国的背景下出现的，就此，江海城市的繁荣带有显著的殖民地半殖民地特征。而中国现代城市体系的自主形成与完善，那是在新中国成立以后才得以完成的。

（作者：鲍成志，四川大学历史文化学院）

略论抗战时期贵州城市体系的变迁

王肇磊

内容提要：抗战时期，贵州因成为国家战略重要的大后方而得到了重点开发，城市也因东部工矿企业、人口的迁入和省内新县制改革的开展发展较快，从而促进了贵州城市水平的提升和城市体系由战前分割体系向以贵阳为核心的统一城市体系的发展，并为现代贵州城市体系的最终形成奠定了基础。

关键词：抗战时期　贵州　城市体系

城市体系是在一定区域范围内，以中心城市为核心，各种不同性质、规模和类型的城市相互联系、相互作用的城市群体组织，是一定地域范围内，相互关联、起各种职能作用的不同等级城镇的空间布局总况。它是经济区的基本骨骼系统，是区域社会经济发展到一定阶段的产物，是城市带动区域最有效的组织形式，也是衡量一个国家或地区发达程度的重要标志。在中国城市化进程中，各省区逐渐形成了各具特色的城市体系。对于如何推进城市体系建设，这个问题也为社会各界所关注。因此，城市体系问题的研究也颇受学界重视，特别是以城市规划、区域经济地理等为视角对近代以来中国区域城市体系加以探究的方面，著述颇丰，但从历史学角度进行研究的并不多，尤其是对地处经济落后、地理相对闭塞的贵州研究则更少。笔者检索"中国知网"，相关学术论文很少，[①] 在研究时段上基本没有涉及贵州现代城市体系基本形成的民国时期，这在一定程度上弱化了对

---

① 关于贵州城市体系研究的研究成果数量较少，主要有汤芸、张原、张建《从明代贵州的卫所城镇看贵州城市体系的形成机理》，《西南民族大学学报》（人文社科版）2009 年第 5 期；张富杰《论贵州城市体系与城市化发展》，《岭南学刊》2007 年第 11 期；罗天勇《贵州城市布局及城市群研究》，《贵州社会科学》2012 年第 1 期；王礼刚《贵州城市体系空间结构与分形特征研究》，《六盘水师范学院学报》2012 年第 2 期；朱士鹏、张美竹、张志英《基于分形理论的贵州城市体系结构研究》，《六盘水师范学院学报》2012 年第 6 期等。

贵州城市问题的历史认识。故笔者拟以抗战时期贵州城市体系的变迁为研究主旨进行一些探索，以期深化民国贵州城市史问题的研究。

一 抗战前贵州城市体系

任何城市都是一定时空的地理实体，它所依托的地理环境（包括自然和人文环境）从总体上促进或制约着城市的发展，并进而造就出具有区域性特征的城市。这个地理环境就是城市发展的地理基础。根据地理基础，历代城市建设者都非常注重城市的选址和布局。其选址一般遵循四个原则：一是有适于建城的广阔平原；二是水陆交通便利；三是地形有利，高低适宜，且水源丰富；四是气候温和、物产丰盈。① 贵州城市布局也不例外。

总的来说，抗战以前贵州省的81座城市在其发展演变过程中一直秉承传统，一般都根据其所在地理单元实际情况，沿河流、交通要道进行布局。这主要是受贵州高原山地自然地理环境的影响，适宜城市建设的空间有限，河谷平坝地带相对而言地势较为平坦，海拔较低，生产条件较山地高原优越，更适合人的生存、发展。同时交通较为便利，商业和手工业因此能得到较快的发展，故而在河谷地带聚集几乎贵州所有的城市。如同长江流域各省区城市一样，贵州的城市均分布于河流两岸的台地上。如舞阳河流经施秉、镇远、玉屏等县城。锦江经江口、铜仁二县城，至文昌阁入湖南省境。清水江横贯都匀、麻江、凯里、黄平、台江、剑河、锦屏等城市。同时，贵州城市在整体上同处于云贵高原东部，但在地质运动和亚热带季风气候的共同作用下，高原因山脉、河流分割而极为破碎，形成了众多相对封闭的小地理单元，从而阻隔了各小地理单元之间的联系。加之，为治理贵州的方便，历代主政者尽量控制县级城市的人口规模和管理区域规模，使城市数量在抗日战争前达81座之多，城市密度为4.60座/万km²，高于同期湖北省城市密度（3.87座/万km²）。② 因此，城市密度高并不代表贵州城市化水平高，这仅仅是城市分布格局在历史地理上的客观反映。

---

① 马正林：《中国城市历史地理》，山东教育出版社，1999，第22～27页。
② 根据《民国二十二年湖北民政厅调查》（《中国经济周刊》第24卷第15期）一文的统计数据计算而得。

在长期的地理环境演变过程中，贵州水系因境内山川阻隔而分为沅系水道、川系水道、西系水道，① 从而为贵州城市空间分布格局奠定了地理基础，即形成沿川江、沅江、珠江三大水系分割布局的城市空间体系（见表1），而不像川、鄂、湘、赣等省那样完整统一的城市体系。这主要是由于贵州河流多向四周放射，通航河段分布在省区周围，且境内通航里程短，又距贵州腹地中心城市贵阳较远，加之山川的阻隔，造成航运体系分散，不成一体，致使省内城市间在传统时期就已联系不很紧密。虽然在1912~1936年，贵州省政府试图通过省内外陆路交通建设加强各城市间的联系，但总的来说，贵州城市仍未形成统一的体系。

表1　战前贵州城市沿水道空间分布

水　道	分布城市
沅系水道	松桃、铜仁、江口、省溪、玉屏、岑巩、清溪、镇远、施秉、黄平、平越、麻江、镇山、天柱、台拱、邛水、剑河、锦屏、郎洞、丹江、八寨、都匀、黎平、永从（24）
川系水道	威宁、织金、普定、毕节、平坝、广顺、修文、贵阳、龙里、清镇、贵定、绥阳、瓮安、开阳、息烽、黔西、怀仁、遵义、余庆、石阡、思南、湄潭、凤冈、印江、婺川、德江、沿河、后坪、正安、桐梓、赤水、习水（32）
西系水道	下江、榕江、都江、三合、荔波、独山、平舟、大塘、罗甸、番定、长寨、册亨、安龙、贞丰、紫云、镇宁、安顺、兴仁、关岭、安南、郎岱、普安、水城、盘县、兴义（25）

资料来源：《中华民国地图册》，第25图，1936。

二　抗战时期贵州城市体系发展

抗战全面爆发后，贵州大后方的战略地位得以提升，成为中东部西迁事业主要集中地之一，极大地促进了贵州现代交通事业的发展，提高了贵阳城市发展水平和对腹地的辐射能力，并推动了遵义、安顺、独山等区域城市现代性发展。同时贵州省政府按照国民政府的要求积极进行新县制改革，促进了城市经济、社会的发展，战前的城市体系便因贵阳的发展和城际交通联系的加强，迅速地改变了过去城市体系的结构，使贵州城市体系结构发生了巨

---

① 夏鹤鸣：《贵州航运史》，人民交通出版社，1993，第4~8页。

大变化，这主要体现于城市规模等级和政治行政结构体系的优化与完善。

（一）城市规模体系的优化

城市规模等级结构，是指城市体系由不同规模的城市组成，并按规模的大小分成不同的等级。[1] 受各种条件的制约，贵州城市发展一直很落后，城市规模等级结构不明显，直至抗战时期随着大批西迁事业移驻贵州城市，人口不断聚居，才促进了贵州城市规模的发展与城市规模等级结构体系的优化。

1. 城市规模发展

抗战时期，在中央和地方的共同努力下，贵州城市的规模不断扩大，并促进了贵州城市规模等级结构的优化。

首先是城市人口规模。由于大批机关、学校、工厂的迁入和社会经济的发展，贵州城市人口增长较快，"因公来黔，或因避难而来黔省者，如过江之鲫"，[2] 其中尤以贵阳、遵义、都匀三座城市最为突出。1934 年，省会贵阳城厢人口为 9.78 万人，到 1945 年增长至 28.45 万人。遵义城市人口由 3 万增加到近 10 万。都匀则从战前的 1 万人迅速增加到战时的 9 万人。[3] 其他县级城市人口也有一定的增加。

其次是城市经济规模。抗战以前，贵州社会经济长期停留在传统的农业经济状态。

> 虽中央努力，于民国二十四年伸入该省后，即着手沟通对外之交通，开发公路，改进农业，并对工商业方面，讲求同业组织，以谋自治之发展。尤自抗战军兴，国都西移，黔省辟为后方交通之中心。以致向不受人注意之处，今已一跃而为朝野经营对象。"建设贵州"声浪日高，而由战区撤退之公私机构与生产设备，黔省亦为主要站留地之一……加以人口即亦倍增，物质消费之需要倍殷，工商业于是随之俱兴。在此经济落后之省区，竟亦入于战时景气之状态。惟就大体而论，该省之工商业目前至多尚在萌芽时代。生产方面，大部分尚赖之

---

[1] 张秀山、张可云：《区域经济理论》，商务印书馆，2003，第 100~102 页。

[2] 张肖梅编著《贵州经济》，中国国民经济所，1939，第 11 章，第 k1 页。

[3] 潘治富：《中国人口》（贵州分册），中国财政经济出版社，1988，第 74 页。

于血汗手工、贩卖方面，几全部赖于行卖走贩之贯通。装有机器之工厂、规模宏大之商店，迄今尚绝无仅有。且因交通设备虽已较前进步，但仍尚不足适应商业上之需要。况在战时状态之下，军运孔亟，货运更难于充分发展。职是之故，百物腾贵。幸民风朴俭，克苦勤劳，加以商品消费市场，该省内徙未有如今日之如是巨大者。因而使生产各业，莫不大为兴奋，欣欣向荣。地方当局，既激于国难严重，咸有奋发图存之志；又因人才集中，凡百设施，亦得充分运用现代科学之利，是以对于民间产业之督促与指导，直接所营之种种经济建设工作，至少已向合理化方面迈进。①

经过努力，贵州符合"工厂法"的现代工厂，从 1937 年 55 家，资本总额 21.38 万元，增加到 1942 年 89 家，资本额 3813 万元，至 1943 年末 154 家，资本额 14048.7 万元，其中 97 家民营资本的资本合计为 4790 多万元。② 除贵阳、遵义、安顺、独山等城市外，贵筑、都匀、清镇、平越、龙里、贵定、瓮安等县级城市也建立了一些现代工业，③ 经济规模不断扩大，从而在整体上促进了城市现代经济规模和传统经济的扩大。

经过抗战时期城市规模的快速发展，贵阳确立了贵州省中心城市的地位，并强化了遵义、安顺等区域中心城市的地位，这些城市通过政治、经济、交通、文化等手段不断推动其他城市的发展，从而促进了贵州城市规模等级结构的形成与优化。

2. 城市规模等级结构的优化

基于贵州城市经济规模、人口规模大小的不同与城市发展不平衡的特点，贵州省政府"自民国二十九年十月起，以各县面积、人口、经济、文化、交通之平均分数为根据"，进行了县制改革，将之前"三等县制"改为"三等六级"县制。其标准是"平均分数在五十分者，为一等甲级。四十分以上者，为一等乙级。三十分以上者，为二等甲级。二十分以上者，为二等乙级。十二分以上者，为三等甲级。十二分以下者，为三等乙级。照此标准，当时计有一等甲级县九，一等乙级县八，二等甲级县二十一，

---

① 张肖梅《贵州经济》，第 11 章，第 k1 页。
② 王培志等著《贵州经济社会发展概要》，中国计划出版社，1989，第 12~13 页。
③ 潘治富：《中国人口》（贵州分册），第 77 页。

二等乙级县廿四，三等甲级县十六，三等乙级县四，共八十一县"。此后，政府不断根据城市规模变化做适时调整，使贵州城市规模等级结构不断优化。如因贵州城市随现代交通、经济的变迁而在空间格局上发生了改变，4 个一等县城在 1941 年整理区域后，"因设治条件不足，均被裁并"[1]。抗战时期贵州城市等级结构调整变化详见表 2。

表 2 抗战时期贵州城市等级结构变化

等　级	1937 年	1941 年	1943 年
市		贵阳	贵阳
一等县城	贵阳、定番、安顺、镇远、独山、黎平、榕江、平越、兴仁、兴义、盘县、安龙、毕节、大定、威宁、黔西、遵义、桐梓、正安、赤水、铜仁、松桃、思南（23）	贵筑、惠水、安顺、镇远、独山、黎平、兴义、盘县、毕节、大定、威宁、黔西、遵义、织金、桐梓、正安、湄潭、仁怀、铜仁、思南（20）	贵筑、惠水、安顺、镇远、独山、兴义、盘县、毕节、大定、威宁、黔西、遵义、桐梓、正安、仁怀、赤水、铜仁、松桃、思南（19）
二等县城	龙里、开阳、修文、息烽、贵定、清镇、平坝、黄平、岑巩、台拱、天柱、锦屏、施秉、都匀、荔波、平舟、罗甸、贞丰、关岭、镇宁、郎岱、紫云、水城、织金、绥阳、湄潭、凤岗、瓮安、婺川、仁怀、江口、玉屏、石阡、沿河、德江、后坪（36）	龙里、开阳、修文、息烽、贵定、清镇、平坝、黄平、岑巩、台江、天柱、锦屏、施秉、都匀、荔波、平塘、榕江、罗甸、平越、安龙、贞丰、关岭、镇宁、郎岱、紫云、纳雍、赫章、水城、金沙、道真、绥阳、凤岗、瓮安、婺川、赤水、江口、松桃、玉屏、石阡、沿河、德江（41）	龙里、开阳、修文、息烽、贵定、清镇、平坝、黄平、台江、天柱、余庆、锦屏、炉山、都匀、荔波、平塘、黎平、榕江、罗甸、平越、兴仁、普安、安龙、贞丰、晴隆、关岭、镇宁、郎岱、紫云、纳雍、赫章、水城、金沙、织金、道真、绥阳、湄潭、凤岗、瓮安、婺川、习水、玉屏、石阡、沿河、印江、德江（46）
三等县城	长寨、广顺、三穗、青溪、余庆、剑河、炉山、八寨、丹江、三合、都江、大塘、永从、下江、麻江、普安、册亨、安南、普定、习水、省溪、印江（22）	长顺、三穗、余庆、剑河、炉山、丹寨、三都、从江、麻江、兴仁、普安、望谟、册亨、晴隆、习水、印江（17）	长寨、广顺、三穗、岑巩、剑河、施秉、丹寨、三都、从江、麻江、望谟、册亨、江口（13）

资料来源：贵州省地方志编纂委员会编《贵州省志·地理志》（上），贵州人民出版社，1985，第99~101页。

---

[1] 贵州省政府编《黔政五年》，1943，第19页。

经过抗战时期发展，贵州城市规模等级结构发生了历史性的变化，由战前23∶36∶22的一层三级城市等级结构演变成为市县两层四级城市规模等级结构。其中，城市规模等级结构得到进一步优化，1941年为1∶20∶41∶17，至1942年演变为1∶19∶46∶13。抗战时期贵州城市规模等级结构的优化发展，使贵州城市间的联系更为紧密，城市现代性通过大、中、小城市纽带开始不断向乡村辐射，不断促使城乡发展向现代性演变，从而促进了贵州城市与农村的发展。尽管这种现代性的辐射力还很小，但毕竟已经得到了确立，深刻地影响了20世纪后期的贵州城市发展。同时，贵州城市规模等级结构的优化也进一步确立了以贵阳为核心的城市规模等级体系结构，这都说明了抗战时期贵州城市发展水平得到了提升。

（二）现代城市行政体系结构的完善

在中国城市发展过程中，在政治行政力量的作用下，城市地位往往按照行政级别不同而有异，从而形成严整的城市行政结构体系。贵州作为民族聚居区，因历史原因其行政结构体系不如中原省区那么有序，虽屡经行政改革，至抗战前仍有许多县治设立不合理，为此，在抗战期间，贵州省进行了行政区划的调整，使贵州城市行政体系结构逐渐完善。

1. 行政区划的调整

在抗战以前，贵州县级城市行政区划沿袭传统，存在很多插花地带。同时，受铁路、公路等现代交通事业发展的影响，一些县城不可避免地因此衰落，而不能有效地承担起县域社会经济的发展任务。同时，一些交通城镇因区域门户效应得到了较快发展，其地位不断提升，并超过了原来县治城市。贵州省针对这一变化从1938年开始着手整理县级行政区域，经过省参议会审查通过实施，1939年完成行政区域调整计划。"裁废省溪等四县，合并永从等八县为四县，析置望谟等五县及贵阳一市，成为七十八县市"①，具体情况如下。

裁废者为省溪、青溪、丹江、后坪。1941年2月省溪县裁废，并入铜仁、玉屏两县。青溪县裁废，并入镇远、天柱两县。6月丹江县裁废，并

---

① 贵州省政府编《黔政五年》，1943，第1、15~16页。

入八寨、台拱两县，八寨改名丹寨，台拱改名台江。8 月后坪县裁废，并入沿河、婺川两县。

合并者为永从、下江、三合、都江、平舟、大塘、长寨、广顺八县。1941 年 6 月永从、下江两县合并，改名从江县，设治于丙妹。三合、都江两县合并，改名三都县，设治于原三合县城。平舟、大塘两县合并，改名平塘县，设治于原平舟县城。8 月长寨、广顺两县合并，改名长顺县，设治于原长寨县城。

析置者为贵阳、望谟、金沙、纳雍、道真、赫章六市县。1941 年 7 月贵阳市成立，原贵阳县改名贵筑县，移治于县属之花溪镇。1941 年 3 月金沙县成立，设治于原黔西县属之新场。同月纳雍县成立，设治于原大定县属之大兔场。并同月道真县成立，设治于原正安县属之土溪场。望谟县则先于 1940 年 3 月成立，设治于原贞丰县属之王母。赫章县则于 1941 年 10 月成立，设治于原威宁县属之赫章。

调整完毕者如下：惠水、平越、开阳、贵定、平坝、清镇、瓮安、铲山、麻江、铜仁、松桃、江口、岑巩、玉屏、三穗、锦屏、剑河、台江、余庆、天柱、思南、印江、石阡、镇远、黄平、施秉、沿河、黎平、榕江、都匀、安顺、兴义、安龙、盘县、郎岱、关岭、望谟、镇宁、紫云、普安、普定、水城、织金、湄潭、凤岗、德江、婺川、遵义等 48 个计划县。

城市行政区划的调整，为抗战时期贵州城市体系的形成打下了政治行政基础。

2. 现代城市行政结构体系的完善

随着 1938～1939 年县级行政区域整理的完成，贵州城市布局得到了一定的完善，由战前的 81 县，调整归并为 78 县个市，贵州省政府根据政治军事控制的原则，仿照江西"并区先例"，将之分为五区，在遵义、镇远、独山、毕节以及安顺等地位重要的城市设置了专员公署。[①] 这就形成了以贵阳为核心的新的城市政治行政体系（见表 3）。由此，通过对县级行政区划的调整，贵州改变了在战前因山川阻隔形成的条块状分割发展的总体格局，使贵州城市行政体系趋于完善。

---

① 潘治富：《中国人口》（贵州分册），第 77 页。

表3 抗战时期贵州城市行政体系

中心城市	次中心城市	县级中心城市
贵阳	镇远	施秉、黄平、岑巩、天柱、台江、铜仁、松桃、江口、印江、石阡、思南、沿河、三穗、剑河、余庆、锦屏、玉屏
	独山	榕江、黎平、都匀、平塘、荔波、从江、丹寨、三都、罗甸
	安顺	兴仁、兴义、安龙、盘县、贞丰、安南、普安、册亨、郎岱、关岭、普定、镇宁、紫云、望谟
	毕节	大定、黔西、威宁、水城、织金、金沙、纳雍、赫章
	遵义	桐梓、正安、赤水、仁怀、绥阳、湄潭、习水、凤岗、务川、德江、道真
	直辖省府	龙里、贵定、炉山、麻江、瓮安、平越、开阳、息烽、修文、清镇、平坝、长顺、惠水

资料来源：贵州省政府编《黔政五年》，1943，第18页。

三 战时贵州城市体系变化的特点

贵州城市体系经过抗战时期的发展、演变，较之战前发生了深刻的变化，并表现出贵州城市发展的地域、时代特征。

（一）城市首位度过大

1939年，马克·杰斐逊（M. Jefferson）提出了城市首位律（Law of the Primate City）概念，作为对国家城市规模分布规律的概括，其衡量指标一般为城市人口规模的比值，即是指一国或地区最大城市的人口数与第二大城市的人口数之比值，通常用它来反映该国或地区的城市规模结构和人口集中程度，这就是城市首位度。一般认为，城市首位度小于2表明结构正常、集中适当；大于2则有结构失衡、过度集中的趋势。虽然经过抗战时期的发展，贵州城市人口增长较快，但差别很大，城市人口主要集中在贵阳、遵义等少数大中城市。贵阳作为省会城市，人口集中度远高于其他城市。据统计，贵阳人口在战时最高时为28.45万人，[1] 而居于第二位的遵义则只近10万人，第三位的都匀为9万人。[2] 据此数据，贵阳城市的首位

---

① 潘治富：《中国人口》（贵州分册），第74页。
② 蓝东兴：《我们都是贵州人》，贵州民族出版社，2000，第51页。

度达 2.845 以上。这充分说明贵州城市结构已严重失衡。同时，贵阳、遵义、都匀的城市人口规模约占当时贵州城市人口总数的 58.5%。① 而数量众多的民族地区城市人口规模一般为数千人，如罗甸县老城城区面积为 0.5 平方公里，居民 350 余户，1500 多人。龙坪新城城区面积为 1 平方公里，居民 300 余户，1500 多人。② 桐梓县城更是"荒城寥廓，城中居民不过百户"，③ 均为贵州边陲小镇。因此，贵阳、遵义、都匀三座城市人口规模也远大于贵州其他城市人口规模。这样就形成了贵州城市省域内和次级区域内的首位度过大的特点。这在西南诸省城市体系中是很少见的。城市首位度过大，就意味着首位城市在发展过程中过多地挤占原本发展中小城市所急需的物力、财力、人力等各类资源，从而加剧了贵州城市体系发展的不平衡，使抗战时期贵州城市发展的非均衡性愈发突出，并影响了贵州城市的整体发展。

（二）县级城市规模小

与贵阳城市规模过大形成鲜明对比的是，作为贵州城市体系中最基层的县级城市普遍规模很小（见表 4），其规模有些甚至还比不上中国中东部省份的市镇规模，也远赶不上邻省四川的。1942 年，记者曾对綦江与松坎进行了对比："那却与松坎有些不同了，一个是古朴的，一个是比较现代化的，一个是贵州的，一个是四川的"。④

表 4　贵州部分县级城市规模

县城名	规模情形
威远	"镇上有四百多家"
长寨	"全城不过百余家，全县人口也不过三万多，街道是短短的"；一说长寨城"住着两百多户人家"

① 据侯杨方研究（《中国人口史》，第 6 卷，复旦大学出版社，2001，第 468 页），贵州城市人口比例在 20 世纪 40 年代末为 7.49%。而贵州在抗战时期人口最高的 1944 年为 1082.72 万人，据此可大致推断出在抗战时期贵州城市人口规模在 81.1 万人左右（见《中国人口》贵州分册，第 70 页）。

② 贵州省罗甸县县志编纂委员会编《罗甸县志》，贵州人民出版社，1994，第 70 页。

③ 朱偰：《黔游日记》，《东方杂志》第 40 卷，第 12 期，1944。

④ 刘磊：《抗战期间黔境印象》，贵州人民出版社，2008，第 188 页。

续表

县城名	规模情形
龙里	"全城的户口有四百左右"
麻江	"城内不过三百余家，一条短短的街道"
炉山	"城内只有一条弯成六十度的街道，居民不过二百余家"
湄潭	"县城不大，全城约千户人家"
德江	"城区共有六百多户"
后坪	"县城所在地毛天口只有二十多户"
务川	"县城内有千多户人家，共五千余人口"
道真	"县府所在地是一二十家人户的污旧小街，县府办公地点是一破庙，不逢场期，油盐柴米均不能买的地方"
渠县	"县府所在地——土溪，无城，经长约一百户人家"
松坎	"街道是一字形的，说简单点，那就是紧紧地一条街道"
赫章	"无城，有小街一道，住户亦不过二百余"
郎岱	"城里只有一条大街，由东到西，不及半里，短且狭"
平坝	"异常巧小，西北两城门相距不过六百公尺"
水城	"城内居民不及千户"
册亨	"顺着山腰二百户矮屋，凑成一个小小的城市"
望谟	县城住民三百余户；一说"县城总共二百多家，人口仅三千人"；一说"共居四百余家"
紫云	"县城居千户"

资料来源：刘磊著《抗战期间黔境印象》，贵州人民出版社，2008，第3～397页。

县级城市规模小，意味着贵州的城市体系虽经过抗战时期的发展，但城市化水平仍很低，并且贵州城市体系因其规模（包括人口规模、经济规模）太小而基础薄弱。这不仅制约了县级城市的发展，而且还不能为贵阳等大中城市发展提供市场、资源、人力等支持，从而使贵州城市体系发展缺乏强有力的动力来源，最终制约了贵州城市体系的健康发展。

（三）暂时性

经过抗战八年的建设发展，贵州城市体系比战前有了很大的变化，城市体系一改过去分割发展的局面，而向以贵阳为核心的完整的初具现代性的城市体系演进。但贵州城市体系的发展是与抗战时局变化密切相关的。

在抗战时期，由于中东部地区的沦陷，国民政府不得不将各项事业西迁至包括贵州在内的大后方地区，不得不在大后方进行大规模建设以图持久抗战。抗战胜利后，相较于贵州城市的地理位置封闭、经济落后，中东部城市以其政治、经济的优势再次成为国家重点发展区域，原来西迁事业因各种原因纷纷东还故地，而使贵州城市陷入萧条境地，其城市体系的现代性发展便因此停顿下来，直至 20 世纪中叶。由此，这一时期贵州城市体系的发展就具有暂时性特征。

（四）政府和"西迁运动"是贵州城市体系变化的主要推动力

抗日战争全面爆发前夕，贵州由于政治、经济、文化的落后，建立在封闭地理单元与传统经济基础上的城市体系呈现出区域分立发展的格局。抗战爆发后，部分政府机关与中东地区各项事业西迁至贵州，极大地促进了当地城市工矿业、商业、文教、市政基础设施等各项事业的发展，提升了贵州城市发展水平，初步改变了城市发展落后的状况。这都是以国民政府和"西迁运动"为主要推动力的。如南京国民政府资源委员会不仅在抗战时期对贵州矿产资源进行了普查，得到了翔实而科学的考察资料，而且还利用这些资料进行矿产开发和工业建设。从 1938 年开始，资源委员会先后在贵州以合办、独办、投资等形式建立了近 20 个现代工矿企业，著名的有贵州电厂、发电工程，贵州矿务局所属 5 大砂厂和 8 个直属厂矿、遵义酒精厂、贵阳汽车修理厂等。[①] 资源委员会所创办的现代事业与西迁至贵州的现代工矿企业一道共同促进了贵州城市工业、交通、市政发展和以贵阳为核心的城市体系的形成。

与外部力量推动贵州城市发展相比，贵州本省因条件制约和社会经济的落后而内生动力严重不足。如联系贵州城市之间的现代交通，因投资额巨大，建设几乎是完全依靠国家建设。贵州本省因经济基础薄弱，其所创办的工矿企业数量不多，资本额也不充裕。据研究，1943 年贵州本省资本创建的现代企业数仅为 97 家，资本额 4790 多万元，仅占贵州全省现代企业资本总额的 34.1%。[②] 即便由贵州省主席吴鼎昌发起组建的贵州企业公

---

① 孔玲：《资源委员会在贵州的活动》，《贵州社会科学》1997 年第 5 期。
② 王培志等著《贵州经济社会发展概要》，第 12～13 页。

司也因本省资本不足，筹集不到 600 万元的成立资本，最后不得不采取合资的办法，其中经济部资源委员会占 20.8%，中国银行、交通银行和农业银行占 58.33%，而贵州省政府占 20.5%，贵州地方商股仅占 0.37%，因此，贵州本省资本所占比例不足 21%。1943 年贵州企业公司资本增加到 3000 万元，三大银行和资源委员会占资本总额的 84.15%，而贵州本省所占比例则下降为 15.85%。① 作为推动现代城市发展与城市体系完善标志的现代工业，因内生力的不足，贵州发展现代工业的力量几乎都来自于外部。这也印证了时人的一个观点，"贵州的进化不得不靠着外面的军事和政治的侵略，求与界外有接触的机会为唯一途径"。② 抗战时期，贵州因外部环境的变化，成为战时国家重点建设的区域，城市发展也因中东地区工矿企业的迁入、大量人口的移居和以资源委员会为代表的国家资本在黔大力举办的各项现代事业，而有了贵州城市的快速发展，使之成为贵州城市发展的一个黄金时期。但这种内生力缺失条件下的城市发展是不健康的，也不可能长久，一旦外部推力因政治、经济因素变化而撤离或减小后，城市发展便会停顿下来，并因此衰落下去，历史上诸多的衰落城市莫不如此。因此，贵州城市内生力不足严重地制约了贵州城市及其体系的发展。

综上所述，贵州城市体系经过历史时期的发展，到抗日战争时期，因国家政治和抗战的需要，贵州进行了县政改革，在"西迁运动"的推动下，贵州城市发展取得了历史性的进步，初步形成并巩固了以贵阳为核心的统一的区域城市体系，并为以后贵州城市现代体系的进一步完善奠定了较好的基础。当然，由于贵州省域的落后，特别是城市体系发展的内生动力的缺乏，严重地制约了贵州城市体系的发展，其影响直至今日。因此，只有加强城市内动力的培育，才能进一步推进以贵阳为核心的贵州城市群健康快速地发展。

（作者：王肇磊，江汉大学城市研究所）

---

① 顾朴光：《抗战时期贵州工矿业的发展》，《贵州民族学院学报》（社会科学版）1999 年第 3 期。

② 曹鑑庭：《黔行纪略》（2），《旅行杂志》1933 年第 2 期，第 37 页。

清代前期浒墅关与苏州粮食市场

杨建庭

内容提要：浒墅关设置于苏州府，是清代前期全国最重要的税关之一。粮食是该关最主要的流通商品，通过关口的设置和米禁等制度，使得粮食通过运河向苏州聚集，其流通量在乾隆年间达 1000 万~1500 万担，不仅满足了苏州本地饮食、粮食加工业以及餐饮行业的粮食需求，而且也发挥了闽浙地区的粮食中转作用。

关键词：清代 浒墅关 苏州 粮食市场

苏州地处长江三角洲，通过运河北连长江，东流诸河将苏州与大海相接，西枕太湖，有江、河、湖、海之利，交通极为便利。唐宋以来苏州便为经济发达城市，发展到清代前期，更为江南甚至是全国最繁荣发达的工商业城市之一。一方面虽然关于清代前期苏州及江南商业研究的论著不胜枚举，[①] 但是这些论著没有考虑到浒墅关的作用；另一方面尽管已经有多篇论文探讨了浒墅关的税收变化和商品流通，然而还没有论文将浒墅关与苏州商业发展的关系做专门讨论。[②]

---

① 这里仅列举一部分论著，如范金民、夏维中《苏州地区社会经济史·明清卷》，南京大学出版社，1993；范金民《明清江南商业的发展》，南京大学出版社，1998；王卫平《明清时期江南城市史研究：以苏州为中心》，人民出版社，1999；张海英《明清江南商品流通与市场体系》，华东师范大学出版社，2002；李伯重《江南的早期工业化（1550~1850）》，社会科学文献出版社，2000，《江南农业的发展（1620~1850）》，上海古籍出版社，2007，《工业发展与城市变化：明中叶至清中叶的苏州》，《清史研究》2002 年第 1、2、3 期。

② 〔日〕香坂昌纪：《清代浒墅关の研究》，《东北学院大学论集》历史学第 3、5 号和地理学第 3、14 号，1972、1975、1983、1984；廖声丰：《试述清代前期苏州浒墅关的商品流通》，《上海交通大学学报》（哲学社会科学版）2007 年第 6 期，《试论乾嘉时期苏州浒墅关的粮食流通》，《江苏社会科学》2007 年第 4 期；林子雅：《清代（1723~1850）浒墅关税收变化与苏州经济地位之关系》，载《"社会·经济·观念史视野中的古代中国"国际青年学术会议暨第二届清华青年史学论坛论文集》（下），2010。

本文主要利用浒墅关的档案资料，结合其他历史文献，在前人研究的基础上，以浒墅关为例，从流通角度对苏州的粮食市场进行初步研究，探讨税关在一个城市或者区域内的作用。

浒墅关，设置在江苏省长洲县浒墅镇，距离苏州府治西北方30里处，为长江流域货物至苏州府之要冲，亦是江苏与浙江两省货物交流的必经之地；是清代前期全国最重要的税关之一，其税收量居运河沿线税关之首，到了乾隆后期税收量仅次于粤海关、九江关，居全国第三。

浒墅镇早在元代就有设官抽税之事。"元置抽分竹木场，于长洲县浒墅镇，分办于昆山、太仓。凡客商往来货物，以多寡为则。"明朝宣德四年（1429），在全国设立税关时，浒墅关就设立于这一年，之后时设时罢。清朝建立，浒墅关承明制，在顺治康熙时期浒墅关每年轮差部属督理，雍正元年归并苏州巡抚委地方官监收，雍正三年由苏州织造管理，之后偶由巡抚或者布政使司署理。

一　制度与商品集聚

制度是指一些人为设计的、形塑人们互动关系的约束。[1] 在本文中，制度即指清政府所颁布的约束商人行为的一些规定，本文涉及部分税关制度和禁榷制度。

在税关关口的设置与分布方面，税关除了大关之外，还设置了一系列的分口来辅助大关征税，主要分布在大江、小河沿线以及一些交通要道。这些关口设置的主要目的，一是为了获得税收，这是设置关口最主要的目的，其中税关的大关是征收商税主要税口；二是为了稽查过往商船，防止商人漏税，这些是各个分口的主要职责，也有一部分税口离大关较远，也征收一部分商税。从这个意义上来说，关口分布直接关系到税关税银的征收，这也限定了商品流通的方向。商人和商船按照官方指定的路线行走，使得商品向税关所在城市集聚，一定程度上促进城市商业的发展。

浒墅关"地处水乡，居江、扬、海、浙各关之中，跨摄苏、常二府，绵延一二百里。其间支河汊港无虑数十百处，若非扃固其藩篱，在可以透越"[2]。

---

① 道格拉斯·诺思：《制度、制度变迁与经济绩效》，格致出版社，2008，第3页。
② 署理两江总督杨超曾奏《报查明浒墅关口岸应裁应留缘由折》，乾隆六年五月二十二日，中国第一历史档案馆藏，0312-012。

江南地区水系发达，商人来往的路线较多，为防止漏税，需要在运河沿线、太湖周围和沿海地区，以及连接各州县之间的河道沿线设置众多关口。其关口有：崇福、竹青、龙华，望亭、乌溪、大渲、福山、白茆、吴塔港、徐六泾、南北角、新塘、长荡、石堰桥、南塘河、北塘河、猪总巡、大浦、东氿、太湖东滩、太湖西滩、王庄、杨（羊）尖、毛塘桥、严塘庄、横塘桥、陆墅、九里桥、许买布桥、南河桥、无锡南桥，顾二房廊下、上下桥、查椿、娄齐门、苑山荡等。①

浒墅关关口的分布状态在示意图（参见图1）上清晰地显示：以浒墅关为中心，向北呈扇形分布，在苏州以北的运河、太湖以及连接东海的河流沿岸逐层向北分布。这种分布状态表明了商品的流向，北边来的商品通过这些路线向苏州集中，苏州及以南地区经过浒墅关向北方辐射出去，即主要与长江中上游地区、华北数省、皖北苏北等地区进行贸易。

设置税关的目的是征收商税，商税的征收增加了商人的成本，商人就会有选择地逃税或者避税，如果任由商人选择运输路线或者税关交税，就存在商人逃税漏税和交税避重就轻的问题。在当时的条件下，这些不利于税关的管理。对于如何保证税关的税收，这就需要官员采取一些措施，限制商人的路线。因此清朝户部官员对商人的运输路线和税关交税的选择进行了一些规定。其中多条涉及浒墅关，列举如下文。

---

① 《乾隆钦定户部则例》卷54，"关税""各关口岸"（香港蝠池书院出版有限公司，2004，第507页）。其他的资料中提到的浒墅关税口，有所不同，如道光《浒墅关志》中提到"崇福、竹青、龙华三桥，望亭、乌溪、大渲、福山、吴塔港；以上俱舍入口岸收税，白茆港、徐六泾、王庄、杨（羊）尖、毛塘桥、严塘庄、横塘桥、陆墅、九里桥、许买布桥、南河桥、无锡南桥，以上本地店户所销零星货物五六石不等准便民收税；以及南北角、新塘桥、长荡、顾二房廊下、小河口、南塘河、北塘河、上塘、三江营、荷花池、太湖东滩、太湖西滩、查椿、娄齐门、猪总巡、协总巡等以上巡船不收税"。（道光《浒墅关志》卷七，第149页，载《中国地方志集成·乡镇村志》（五），江苏古籍出版社，1992）《关税成案辑要》中提到"崇福、竹青、龙华、望亭、乌溪、大渲、福山、白茆、吴塔港、徐六泾、七丫港、南北角、新塘、长荡、南塘河、北塘河、猪总巡、大浦、东氿、太湖东滩、太湖西滩、王庄、杨（羊）尖、毛塘桥、严塘庄、横塘桥、陆墅、九里桥、许买布桥、南河桥、无锡南桥，顾二房廊下、上下桥、查椿、娄齐门、苑山荡、荷花池、三江营"。（《关税成案辑要》，清抄本，国家图书馆藏）以上三种说法各有一些不一致，可能是因为编书的时间不一样造成的。本文采用《乾隆钦定户部则例》的说法。

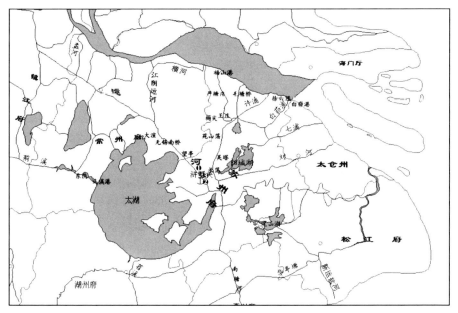

图1　浒墅关税口分布示意

资料来源：中国历史地理信息系统第四期（CHGIS），复旦大学历史地理研究中心，2003年6月（图中1. 竹青塘桥，2. 崇福桥，3. 龙华桥）。

　　江苏省丹阳、常州、无锡等处，路通太湖，南北往来，杂货从此偷越，各该地方关帮同浒墅关督，一体查获究治。

　　豫、东贩赴苏松一带，销卖之豆杂等货，例由浒墅关纳税。其有由甘泉县之六闸盘入通州、泰州内河绕至滕家坝等处，分剥出江，并从通州、泰州、盐河之任家港出口，直达上海及贩进京口之货物，绕至江阴县之黄田港出口，直至上海希图漏税者，均令各该地方官稽查严禁。并于黄田港添设巡船，驻守巡查，毋得隐漏。

　　江北、江广、江宁等处货船赴苏杭者，均进京口，归浒墅关报税。福建、浙江、关东、锦州、山东登莱等处货船及本省通州土物，由海对渡者，均进刘河、上海等口，归江海关报税。倘有将应赴浒关货物，远道由海关纳税者，查出治罪。①

---

① 席裕福辑《皇朝政典类纂》卷90，《征榷八》，收入沈云龙主编《近代中国史料丛刊续编》（881～883），台北文海出版社，1974～1982，第173～174页。

从这些规定中我们可以得出这样的信息：从长江中上游地区以及河南、山东、皖北、苏北等地由长江、运河而来的商品必须到浒墅关去交税。这些地区在清代前期是最主要的粮食输出区，以及布匹等手工业品最主要的输入区。雍正年间浒墅关监督海保在奏折中说："查浒墅一关，为内河南北要津，凡河东、江广、闽浙等省各项船只，应走内河者，必由浒关输税，方为正道。"[①]乾隆二十八年（1763），江海关税额短少，据官员核查后认为：

> 江海关所管19口内，上海之大关，镇洋之刘河，武进之孟河三处为大口，收数约数年额十分之八，余皆零星无几。今除大关刘河较上年盈余银600余两外，惟孟河仅收银1400余两，除将别口盈余抵补外，尚少收银7954两零，细察其故，缘乾隆二十七年春，经管理浒墅关之前任藩司安宁因商船输税有避重就轻之弊，奏准江广、淮扬等处货船俱令尽数收入镇江口，不许偷越走海道，违者治罪。海关混行收税，并亦查参，是以孟河止收该地对渡杂货，无复有江广等处商货，所收不及从前十分之一，以致税数有亏。[②]

可以看出，商品的运输路线受到严格控制，来自江广、淮扬地区的商品被强制规定必须从镇江进入运河，去浒墅关交税，在苏州集散。粮食和布匹是清代前期最重要的长距离贸易商品。清政府制定的规则明确了商品的流通线路，从而在制度上保证了浒墅关获得最大的商品流通量，客观上的商品集聚促进了苏州商业的繁荣。

二 米禁制度与内河贸易

清代海禁制度涉及多种商品，其中重要的一项就是米禁。清政府从清初就禁止粮食出海贸易，康熙七年（1668），"禁沿海兵民贩米粮出海市利"，[③] 康

---

① 《江南江西总督超弘恩和苏州织造兼浒墅关监督海保为敬陈税关事宜仰请睿裁事》，台北故宫博物院编辑委员会编《宫中档雍正朝奏折》第二册，雍正十三年五月二日。

② 台北故宫博物院编辑委员会编《宫中档乾隆朝奏折》第18辑，台北故宫博物院，1982，第118~119页。

③ 《皇朝政典类纂》卷188，第1页。

熙四十七年（1708），规定"除商人所带食米外，如违禁装载五十石以外贩卖者，其米入官"①。之后，商人出洋，按照"出洋船按道里远近，人数多寡，停泊发货日期，每人一日准带食米一升，并带余米一升"②，乾隆十三年（1748），又规定"偷运麦豆杂粮出洋者，照偷运米谷之例科断"。③

清政府的这些规定，在实际实施中，因为关系到社稷安危，也是较为严格地执行，严格禁止商人从海路运输粮米。乾隆九年（1744），福建巡抚奏请从海路贩运粮食接济福建，"闽省环山背海，地窄人稠，民食未能充裕，专借海运流通接济"。他得到乾隆皇帝的允准，"倘遇江省出口商船带运米粮来闽，应由何衙门给照，作何报明闽省，以便飞饬沿海文武验明，令其进口发粜之处，相应移咨"。但两江总督尹继善认为：

> 苏松等郡，地狭人稠，生齿日繁，产米有限，民间食用，原属不敷。数年以来，收成未为歉薄，而米价常在一两五钱内外，民情之艰窘，已可概见。今若海禁一开，许令商贾贩运赴闽，则有限之米谷，何堪无穷之搬运？即云暂时开禁，价平即止，然闽省地界山海，米贵之时居多。若闽省之米价一日不平，即江省之海贩一日不止，源源输挽，将江省米价永无平减之日，贫民谋食愈艰。此就现在之情形，不得不为熟筹审计者也。至于米粮出海，历经严禁，防范最宜周密。缘汪洋大海之中，地面广阔，外洋各国虽有出产米谷，无须内地接济，而其间岛屿纷错，沿海奸民思欲乘间伺隙透漏出口，以图获重利者，势所必有。推因稽查严禁，是以无所售其奸耳。若一旦驰其禁令，江省之商既连樯而往，闽省之商亦接踵而来，奸良混杂，滋弊无穷。地方官但以给发印照，谓可杜影射之端，而不知执有印照为凭，关津隘口即无所施其盘洁。迨出口之后，扬帆迅驶，恣意他往，何从拦阻。设有捏报失风沉溺等弊，地隔重洋，凭何究诘。
>
> 苏松一带素称财赋重地，海防一事，实为东南利害所关，米禁既

---

① 《皇朝文献通考》卷33，张廷玉等撰，纪昀等校订，1787，第10页。
② 《光绪大清会典事例》卷629，第1页。
③ 《光绪大清会典事例》卷239，第6页。

开，则大小口岸处处可通，各省之人往来络绎，纵使多方设法，断难彻底清查。

尹继善不同意从海路由商人贩运粮食到福建，解决办法即通过官府购买需要贩运的粮食，"如遇歉收米贵之年，采访邻近省份，凡系丰收价平之处，不拘江浙江广等省，即委员采买，运闽济用。毋庸招商贩运，则米谷仍可流通"。①

即使到了道光年间，沿海一带也是严查偷运米石出洋。嘉庆二十一年（1816）署两江总督尹继善"查明上海沿关一带米铺额设三十二家，官给戳记，准其与海船交易。逐细查访，并无大袋米石名色，亦无小船偷运出米情事。所有米铺均系开于街市内，内有有三家人后门虽属滨临黄埔，亦皆房踞土岸，实不能引船入屋，从无偷运。至闽浙商贩出海船只，只籴买食米，每人日止准买一升五盒。如出关远行，按照程途人数准其计数买带，历照章程，各给执照，由道关县营逐处查验放行"②。可见政府对于米谷的出海是严格控制的。

通过上面的分析，我们可以得出这样的认识，通过这些制度的颁布和执行，米谷等粮食要从湖广、安徽、华北等地区前往江浙等地区只能通过内河和运河的途径，这些商品基本上通过内河运输到苏州消费和中转，从而繁荣了苏州的粮食市场。

三 浒墅关税额变化与粮食流通量

顺治初年，浒墅关恢复征税，定额征收，其在清代前期定额变化如表1所示，在乾隆之前定额几乎一直在增加，嘉庆之后，有所下调。不仅如此，在雍正时期，浒墅关出现盈余，且盈余额也在逐渐增加，并超过正额，如表2所示。到了乾隆年间，浒墅关实征税银继续保持增长趋势。

---

① 《署两江总督尹继善为请仍严海运之禁以保江省民食事奏折》，载于《乾隆朝米粮买卖史料（下）》，《历史档案》1990年第4期。
② 《奏为遵旨查明上海沿关一带现无奸商偷运米石出洋事》，嘉庆二十一年六月二十七日，中国第一历史档案馆藏，0143-097。

表 1　清代前期浒墅关关税定额数变化

单位：两

年 代	定 额	年 代	定 额	年 代	定 额
顺治 2 年	113947	康熙 33 年	179709	乾隆元年	458733
顺治 13 年	149000	康熙 38 年	159709	嘉庆 4 年	426151
康熙 8 年	140000	康熙 39 年	168709	嘉庆 9 年	441154
康熙 25 年	159709	雍正元年	191151	道光 11 年	421151

资料来源：邓亦兵著《清代前期关税制度研究》，燕山出版社，2008，第 125 页。

表 2　雍正年间浒墅关盈余银

单位：两

时 间	盈余银	时 间	盈余银
雍正 4 年	97600	雍正 11 年	321965
雍正 6 年	102066	雍正 13 年	225206
雍正 10 年	197000	平均盈余银	188767

资料来源：中国第一历史档案馆编《雍正朝汉文朱批奏折汇编》，江苏古籍出版社，1991～2003，第 1 册至第 33 册。

浒墅关有连续的数据序列从乾隆十四年开始。表 3 所列的乾隆初年的税收额，最高是乾隆元年，之后逐渐下降，其平均额为 376747.7 两，远低于乾隆中后期的平均额。除了乾隆元年税额高于 40 万两，其他各年均没有达 40 万两，有各种因素所导致，或自然灾害，或封筑运河等原因。乾隆十年至十三年（1745～1748）的税银因免去的粮食税不再奏报，造成税银只有杂货税，不能代表全部税收，因而未列入统计。

表 3　乾隆初年浒墅关税收

单位：两

时 间	税 银	时 间	税 银
乾隆元年	458733	乾隆 5 年	333115.5
乾隆 2 年	391886.9	乾隆 6 年	384739.4
乾隆 3 年	381701.2	乾隆 7 年	375348
乾隆 4 年	311669.4	乾隆 8 年	376788

图 2 是将浒墅关乾隆年间的税收额以变化趋势示意图来表达。

从图 2 趋势图中可以分析出，浒墅关乾隆年间税银从长期变化来

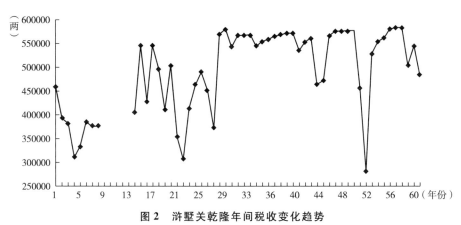

图 2　浒墅关乾隆年间税收变化趋势

资料来源：根据《宫中档乾隆朝奏折》和第一历史档案馆馆藏《朱批奏折财政类·关税》相关档案统计。

看是呈上升趋势的。浒墅关在乾隆十四年至六十年（1749～1795）这46年间税收经历4个阶段，第一个阶段，从乾隆十四至二十八年，为一个起伏期；第二个阶段，从乾隆二十九至五十年，为一个平稳发展期；第三个阶段，从乾隆五十至五十一年，为一个短期起伏期，其中乾隆时期税收的最低谷出现在乾隆五十一年，主要受到大灾荒的影响，税收额只有281620.98两；第四个阶段，在乾隆五十八年之后，为第二个相对平稳期，并在乾隆五十七年达到税收的最高峰，达583050.55两。此后逐渐下降，是为浒墅关税收征收衰落的开始。

四　粮食的来源与运输

浒墅关"每年所收税银，米粮约居大半，杂货等税每年多寡不甚悬殊，故每年盈余之寡控在米粮数内。而米粮客贩唯有江广及安徽等省船只自北而南经过浒墅关，接济苏杭等处，从无苏杭米船自南而北经过浒墅关者"①。又"税额以米豆为重，杂货次之，米石一项来自川湖，上年米船到苏实不及从前之络绎，豆产豫东二省，因上年歉收，豆船来苏亦少，以致

① 《苏州织造安宁奏报浒墅关盈余银两短少情形折》，乾隆二十六年七月十八日，中国第一历史档案馆，0334－014。

税课短绌"①。米谷主要来自长江中上游的四川、湖南、湖北、江西地区，以及安徽等地区，自北而南输入苏州地区，豆主要来自河南、山东等省，而苏州和苏州以南地区是缺粮区，没有粮食自南向北流通。苏州等地对湖广、江西等地的粮食依赖性很强，康熙五十二年六月李煦的《督催灶户煎盐以应捆运折》中说："苏、扬米价，近日因湖广、江西客米来少，所以价值稍增。"② 康熙五十五年九月李煦的苏州米价并进晴雨册折中也说："苏州八月初旬，湖广、江西客米未到，米价一时偶贵，后即陆续运至，价值复平。"③ 类似的情况，在康熙以后的史料中也频繁出现。"浙江及江南苏松等府、地窄人稠，即丰收之年亦皆仰食于湖广、江西等处。今秋成歉收，若商贩不通，必致米价腾贵。"④ "盖浙西一带地方所产之米，不足供本地食米之半。全借江西、湖广客贩米船由苏州一路接济。"⑤ 这样的记载史籍中不胜枚举，这些资料反映了湖广、江西、安徽粮食供给直接影响到了苏州及浙北等地粮食价格。

除了湖广、江西等地粮食之外，江苏本地的常州、镇江也能为苏州提供部分粮食，"常郡之武、阳、锡、金、宜、荆等邑，镇郡之金、溧等处皆产米之乡，地在坝内。因江广米船筑坝阻滞，苏杭需米必殷多，就近乘时运贩"⑥。

粮食从湖广、江西、安徽等地区沿长江东下，到镇江京口卸下，换船，再从运河到达苏州枫桥等米市。"职等籍隶楚省，□□□□□□向或自船自本贩米苏买，或拦写客载运货来苏，是米济民食，货利国用，苏省之流通，全赖楚船之转运。"⑦

国家博物馆藏有一张《丹徒县船户揽运米商货物合同》，其主要内容是：乾隆五十一年，"丹徒县本地船户王国才、杨义山、杨文仪三人，用自己的三只船，在镇江河下承揽到金庭商人致大宝号名下米三载，前往苏

① 《苏州织造伍德奏报接征浒墅关税一年期满并比较盈余银两短少缘由折》，乾隆五十八年四月十二日，中国第一历史档案馆，0356 - 011。
② 《李煦奏折》，中华书局，1976，第140页。
③ 《李煦奏折》，第203页。
④ 《清世宗宪皇帝实录》卷12，中华书局，1986，第228页。
⑤ 《清高宗纯皇帝实录》卷314，中华书局，1986，第149页。
⑥ 《苏州巡抚陈大受奏折》，乾隆十年三月初九，中国第一历史档案馆，0318 - 006。
⑦ 《长元吴三县永禁棍徒乞丐假充河快勒索船户碑》，载江苏省博物馆编《江苏省明清以来碑刻资料集》，三联书店，1959，第242～243页。

州枫镇客便处交卸。其中王国才实装填斛米装陆佰柒拾柒担贰斗伍升，米包肆拾壹个，外又米壹担；杨义山陆佰玖拾伍担捌斗，米包贰拾贰个；杨文仪叁佰零叁担伍斗，米包拾贰个。言定浒墅关钞，客自报纳"。这个官契涉及两个地点，一是镇江府丹徒县河下，位于运河和长江的交汇处，有"京口为舟车络绎之冲，四方商贾群萃而错处"之称。在乾隆《镇江府志》中城中市场有米市的记载，① 表明了粮食贸易的存在。另一个地点是苏州枫桥，这些米运到枫桥销售。虽然目前只发现一张这样的官契，但是我们认为，政府颁布的契约是对这种转运行业规模存在实情的规范管理，因而可推定存在这样一个转运市场，即镇江的船户将商人从其他地区运来的粮食由镇江转运到苏州的枫桥等米市。

五　浒墅关的粮食流通量

通过上面的分析，18 世纪浒墅关处于一个发展的阶段，并且获利于相关制度的规定，大量的粮食在苏州集聚。我们统计乾隆年间含有米豆税及杂货税数目的关税档案，共计 18 年，如表 4 所示。

表 4　乾隆年间浒墅关粮食杂货比例

单位：两,%

时　间	总税额	米豆税	A（%）	杂货税	B（%）
乾隆元年	458732	276784	60.3	181948	39.7
乾隆 5 年	333100	145200	43.6	187900	56.4
乾隆 6 年	384700	195300	50.8	189400	49.2
乾隆 7 年	375200	187900	50.1	187300	49.9
乾隆 8 年	376788	212758	56.5	164030	43.5
乾隆 15 年	545294.3	291579.0	53.5	253715.4	46.5
乾隆 18 年	495227	251440.2	50.8	243786.8	49.2
乾隆 19 年	410181.9	188227.6	45.9	221954.3	54.1
乾隆 25 年	490317	282819	57.7	207498	42.3
乾隆 26 年	451381	240347	53.2	211033	46.8

---

① （乾隆）《镇江府志》卷 1，收入《中国地方志集成·江苏府县志辑》卷 27，江苏古籍出版社，1991，第 49 页。

续表

时　间	总税额	米豆税	A（%）	杂货税	B（%）
乾隆 42 年	560167.1	331595.9	59.2	228571.2	40.8
乾隆 43 年	463983.2	187261.1	40.4	276722.2	59.6
乾隆 49 年	576397.1	311257.9	54.0	265139.2	46.0
乾隆 50 年	456079.2	198408.6	43.5	257670.6	56.5
平　均	477489.6	244291.7	51.2	233197.8	48.8

注：A 是米豆税银在税关总税额的比重，B 是杂货税银在税关总税额的比重。
资料来源：《宫中档乾隆朝奏折》和第一历史档案馆馆藏《朱批奏折财政类·关税》。

浒墅关米豆税所占比重最高的是乾隆元年，达 60.3%，最低为乾隆四十三年，只有 40.4%，这 18 年的平均值为 51.2%。无自然灾害的平常年份，比例高于平均值，但低于奏折中所说的比例，"查浒关税关税额资于谷麦米粮者十之六七，资于布帛杂项货物十之三四"①。可见粮食是浒墅关流通中最重要的商品，对于其税收举足轻重。

浒墅关 51.2% 左右的税收来自大米和豆两种粮食税，而二者的比例又不一样，如表 5 所示浒墅关的粮食税情况。

表 5　浒墅关米豆税比例表

单位：两,%

时　间	米豆税总额	米税	A（%）	豆税	B（%）
乾隆 33 年	299459.1	198391.4	66.2	101067.7	33.8
乾隆 34 年	262450.8	161371.6	61.5	101079.2	38.5
乾隆 39 年	290879.4	200550.2	68.9	90329.2	31.1
乾隆 40 年	243582.3	163164.1	67.0	80418.2	33.0
乾隆 42 年	331595.9	280087.8	84.5	51508.1	15.5
乾隆 43 年	187261.1	165028.7	88.1	22232.4	11.9
乾隆 49 年	311257.9	226616.4	72.8	84641.5	27.2
乾隆 50 年	198408.6	167703.5	84.5	30705.0	15.5
平　均	265611.9	195364.2	73.6	70247.7	26.4

注：A 是米税银在米豆税银总额的比重，B 是豆税银在米豆税银总额的比重。
资料来源：《宫中档乾隆朝奏折》和第一历史档案馆《朱批奏折财政类·关税》。

---

① 《苏州织造海保奏报浒墅关米船免税税课日绌情形折》，乾隆三年十二月初三日，文档号 0310 - 010。

据这 8 年数据所显示，浒墅关所收的粮食税主要来自大米，比例最高时达 88.1%，由于乾隆四十二年的河南收成歉薄，四十三年春夏湖南、湖北旱灾收成歉薄，江西、安徽大部分粮食输往二地，造成了米豆输往江南的减少。[①] 但最低时比例也有 61.5%，平均数也达 73.6%。米豆税在税关税收的比重，以乾隆四十二年为例，仅大米一项就占到整个税关税收的 50%，可见大米的流通对于浒墅关的税收举足轻重；豆税也占到当年全部税额 9.19%，作用不可小视。

对于浒墅关米豆流通量的估算，即对于清代前期有多少粮食输入江南的问题，众多学者已经做了估算，全汉升先生估计雍正时长江三角洲年输入湖广米达 1000 万石；而吴承明先生则估计清代前期江浙年输入湖广、四川米 1000 万石，安徽、江西米 500 万石，共 1500 万石；邓亦兵估计，乾隆时期长江水系粮食运输量年均为 1850 万石，由运河抵达江南的粮食 500 万石，嘉庆时由海运东北华北豆粮 1370 万石；郭松义估计共有 1750 万～2350 万石，李伯重估计大米 1000 万石，大豆 1000 万石；王业键估计 18 世纪后期，输入大米 1500 万～2000 万石，大豆等 1500 万石。[②] 各位学者有着不同的观点，下文笔者根据税关档案的相关资料进行估算。

笔者查浒墅关的税则，浒墅关有食物小贩税则和梁头税则，豆货每担收银四分，我们就假定为米豆税全部征收小贩税则，每担各按税四分计算。根据表 5 的统计，平均米税银达 195364.2 两，则折算大米为 4883155 担，取整为 500 万担，照浒墅关的税则，稻谷以四折计算大米，如果纯以稻谷计算，则有 1250 万担。在实际的运输中，米谷兼运，则取平均值，为

---

① 《宫中档乾隆奏折》第 44 辑，第 813 页。

② 全汉升：《清朝中叶苏州的米粮贸易》，收入全汉升《中国经济史论丛》，新亚研究所，1972，第 567～582 页。吴承明：《论清代前期中国国内市场》，《历史研究》1983 年第 1 期。邓亦兵：《清代前期内陆粮食运输量及变化趋势》，《中国经济史研究》1994 年第 3 期；《清代前期沿海粮食运销及运量变化趋势》，《中国社会经济史研究》1994 年第 2 期。郭松义：《清代粮食市场和商品数量的估测》，《中国史研究》1994 第 4 期。李伯重：《明清江南与外地经济联系的加强及其对江南经济发展的影响》，《中国经济史研究》1986 年第 2 期。王业键：《长江三角洲米价的长期趋势（1638～1935）》（Yeh - chien WangSecular Trends of Rice Prices in the Yangzi Delta 1638 - 1935），收入托马斯·G. 罗斯基、李明珠主编《中国历史的经济视角》（Thomas G. Rawski and Lillian M. Li, *Chinese History in Economic Perspective*），加利福尼亚大学出版社，1992，第 35～68 页。另见王业键《清代经济史论文集》（三），稻乡出版社，2003，第 282～283 页。

900 万担。表 5 中，平均所征豆税是 70247.7 两，折算征收 1756192.5 担大豆，米豆合共大约 1100 万担。

假设上面所计算的米豆在总税额中所占比例为整个乾隆年间的比例，我们以此来推算大米的流通量。据资料，乾隆年间浒墅关税收额最高为 583050.5 两，最低为 281620.98 两，则平均税收额为 512221.94 两，[①] 那么在乾隆时期米税额处在 101946.8 两至 211064.3 两之间，折算大米流通量则为 2548650 担至 5276607.5 担，取整为 300 万～600 万担。如果以稻谷计算，数量达 800 万～1500 万担，折算稻米为 600 万～1100 万担，再加上部分偷税漏税的稻谷，由长江流域运抵苏州的稻米可达 500 万～1500 万担。这还不包括由政府采运的数百万石的稻米，如果计算在内，在乾隆年间最高时可能有近 2000 万担稻米运抵苏州。

而豆类粮食则最低与最高值分别为 42243.15 两和 87457.58 两，平均为 76833.29 两，经过折算后，流通量处在 1056078.75 担至 2186439.5 担之间，平均为 1920832.25 担，取整为 200 万担，估计流通量在 200 万～300 万担。

综合上面的计算，乾隆年间浒墅关流通的米豆最高量可达 2300 万担左右，平均也能达到 1100 万～1500 万担。这些米豆的输入极大繁荣了苏州的粮食市场。

以上是通过粮食税的多少来折算浒墅关流通的粮食量，此外，我们还可以通过计算装载粮食的商船的数量来管窥粮食流通量。笔者查阅乾隆时期浒墅关档案，只查到一则列有粮食商船的档案，包括乾隆二十五年和二十六年的两个关期。

> 共过米麦豆船五万八千九百四十八只，收税银二十八万二千八百一十九两，比较二十五年四月初三日至二十六年四月初二日，共过米麦豆船五万四千七百二十三只，收税银三十四万零三百四十七两，是较上届（乾隆二十四至二十五年关期）少米麦豆船四千二百二十六只，致少收银四万二千四百七十一两，又二十四年期收过杂货船六万五千零九十只，收税二十万零七千四百九十八两，比较二十五年期内

---

① 据《宫中档乾隆朝奏折》和第一历史档案馆藏《朱批奏折财政类·关税》中各年数据统计。

共收过杂货船六万六千七百四十一只，收过税银二十一万一千零三十三两，较上届多船一千六百五十一只，多银三千五百三十四两，以米麦豆船与杂货船并算，计二十五年比较二十四年少船二千五百七十五只，致少银三万八千九百三十六两。①

由此则资料整理成为表6。

表6　乾隆年间浒墅关来往船只数

单位：两，只

征税项目	乾隆 24~25 年关期			乾隆 25~26 年关期		
	征税银数	过关船数	每船征税银	征税银数	过关船数	每船征税银
粮　食	282819	58948	4.8	340347	54723	4.4
杂　货	207498	65090	3.2	211033	66741	3.2
共　计	490317	124038		551380	121464	

资料来源：《江苏巡抚陈宏谋奏报确查浒墅关盈余银两较少缘由折》，乾隆二十六年九月二十六日，0334-023。

从上面的表6中可以看到，浒墅关在乾隆二十四至二十五年和乾隆二十五至二十六年两个关期内，平均有56836只粮船，65916只杂货船来回于浒墅关，共计122752只商船，其中米豆船约占商船总量的46%。根据表4乾隆二十四年至二十五年关期的税收与乾隆年间浒墅关的平均税收量相当，则这一关期过往商船的数量大体代表了浒墅关的平均水平。估算乾隆年间浒墅关经过商船数量在10万~15万只变化，则粮船有46000~69000只。

据浒墅关税则，米豆每担各税四分两，则每船装载米豆110~120担。这里需要指出的一点是，这则材料中也提到"较上届少米麦豆船四千二百二十六只，致少收银四万二千四百七十一两……较上届多（杂货）船一千六百五十一只，多银三千五百三十四两"，粮食税短少的原因是"因上年江浙岁丰，一应米粮价值平减，客贩南来不能获利"②。这里短少的粮船每

---

① 《江苏巡抚陈宏谋奏报确查浒墅关盈余银两较少缘由折》，乾隆二十六年九月二十六日，中国第一历史档案馆，0334-023。

② 《苏州织造安宁奏报浒墅关盈余银两较少缘由折》，乾隆二十六年六月初九日，中国第一历史档案馆，0334-008。

只征收约 10 两，每船载重约 250 担；每只杂货船征收约 2.1 两，少于表格中的平均数。这种现象的产生，很大可能是因粮食需求减少，而且大船在运河中的运行成本高于小船，相应大船的数量逐渐减少。

综上分析，平均浒墅关的粮食商船载重量，粮船的载重量在 200 担左右，则平均每年的粮食流通在 1000 万～1400 万担，与通过粮食税来折算浒墅关流通的粮食量大体相当，这说明了在乾隆年间浒墅关的粮食流通量的水平在 1000 万担至 1500 万担之间。

六　苏州的粮食市场

苏州作为当时一大都会，从商品流通的角度来说，苏州在全国市场网络体系中属于流通枢纽城市，[①] 粮食不仅满足本地城乡市场需求，而且还发挥了集散中转的功能。下文我们将从苏州市场、中转市场两个方面来分析。

就苏州市场来看，清代前期苏州地区有不少大小粮食市场，其中最重要的粮食市场是枫桥。乾隆时期的方志记载说："枫桥，在阊门西七里……为水陆孔道，贩贸所集，有豆市、米市"[②]，"各省商米豆麦屯聚于此"[③]，乾隆年间枫桥的米行曾达 200 多家。[④] 苏州是当时最大的粮食集散地，人称"大多湖广之米辇集于苏郡之枫桥，而枫桥之米间由上海、乍浦以往福建"[⑤]。在清代前期，苏州粮食长途贩运主要控制在洞庭商人手上，前文《丹徒县船户揽运米商货物合同》中所涉及的金庭商人即是洞庭商人，"枫桥米艘日以百数，皆洞庭人也"。早在康熙年间，洞庭西山商人蔡鹤峰、王荣初就倡议在枫桥设立会馆，以与地方米行牙人相抗衡。[⑥]

①　参见许檀《明清时期城乡市场网络体系的形成及意义》，《中国社会科学》2000 年第 3 期。

②　（乾隆）《苏州府志》卷 19，《乡都·市镇》。

③　（乾隆）《江南通志》卷 25，《舆地志·关津》。

④　《署理两江总督苏凌阿等奏报浒墅关亏短税银缘由折》，乾隆六十年五月初三日，中国第一历史档案馆，0358－030。

⑤　《雍正四年七月十八日闽浙总督高其倬奏》，（清）鄂尔泰等编《雍正朱批谕旨》，北京图书馆出版社，2008。

⑥　详见范金民、罗仑《洞庭商帮》，中华书局，2000，第 22 页。

　　除了形成如此之多的大小不一的粮食市场外，乾隆年间苏州阊门外还成立了米豆公所，"米豆行一业，于前清乾隆年间，曾经立案刊碑立石，在胥门外水仙庙设立公所，由来已久"①。到了道光年间，当地至少有 12 家领贴粮食行在胥门外营业，碑刻中记载"朱宏茂、张开大、顾永成、高震丰、张永大、姚干利、张义成、王正道、吴公和、程胜茂、方中和、汤大成等同称：身等在治胥门外，领帖开张粮食豆行。向来店铺籴货，或唤该处驳船装载，或自备舟运回，应听买主自便"②。

　　据范金民统计，③《盛世滋生图》④ 中可以辨认的各类市招有 260 余家，共 35 个分类。其中涉及粮食行业或者需要消费粮食的共有 16 家，其中就有枫齐粮食和照枫粮食，它们应该就与枫桥的粮食行有关。这些包含在画中以及不在画中的粮食行所经营的粮食满足苏州大量的商业手工业者的需求。其中酒店、饭馆、小吃等饮食副食业共有 31 家店铺，虽不直接销售米豆，但是食物主要是以粮食为原料。如"开豆腐店之朱庆丰等，投宏茂行内籴豆"。⑤ 还有酒业的店铺 4 家，酒坊（重复者 2 家）、烧酒、三益号自制名酒，从店名来看，可能既是销售酒的，也是酿酒的，酿酒的主要原材料是粮食。道光年间，在苏州城里至少有 13 家领帖开设酒行，代客销售，此外还有无帖私牙，其数量无从统计。乾隆五年，苏州近郊的一个镇子木渎，"烧锅者已二千余家，每户于二更时起火，至日出而息，可烧米五石有奇，合计日耗米万石，纵非日日举火，然以一岁计之，所烧奚啻百万"⑥。从而可以看出，除了作为口粮，外地输入的粮食也大量用作酿酒的原料，生产出来的酒远销全国各地。

① 《豆米杂粮业声叙公所缘由重整规条碑》，载苏州历史博物馆编《明清苏州工商业碑刻集》，江苏人民出版社，1981，第 156 页。

② 《吴县严禁船户脚失把持阻挠粮食豆行上下货物碑》，载苏州历史博物馆编《明清苏州工商业碑刻集》，第 234 页。

③ 范金民：《清代苏州城市工商繁荣的写照——〈姑苏繁华图〉》，《史林》2003 年第 5 期，下面的一些分析也借鉴了范金民先生的论文。

④ 《盛世滋生图》也称《姑苏繁华图》，反映了清代乾隆时期苏州局部地区的商业繁荣景象，学界李华、范金民等先生对此进行了细致的研究，笔者借鉴前辈学者的研究，来勾画清代前期苏州商业发展的面貌。

⑤ 《吴县严禁船户脚失把持阻挠粮食豆行上下货物碑》，载苏州历史博物馆编《明清苏州工商业碑刻集》，第 234 页。

⑥ 《江苏巡抚张渠为请严米烧之禁以裕民食事奏折》，转引自《乾隆年间江南数省行禁踩曲烧酒史料》，《历史档案》1987 年第 4 期。

除了枫桥及城里米市之外，还有其他的米市，盛泽镇也逐渐成为一个重要的粮食市场，"吾吴为万商麇集之区，六陈负贩，及外省商舶往来，本以枫桥、无锡为最盛。平望、同里等镇次之。至盛泽一隅，刚专重丝绸。务米业者，仅居十之二、三。自干、嘉至道光年间，米市之集，犹不亚于平望诸镇"①。同里镇"里中多以贩米为业。其众枭之所曰米行。其市集于后谿，其各坊贮米之所曰栈。栈之中有砻坊，有碓坊。冬春，吾邑所产米也。有贩湖广、江西等处之籼米……吾里南北通衢，商贾辐辏。故自贩米而外，颇多生业"②。关于苏州所属州县以及江南地区的粮食贸易与市场情况，蒋建平、樊树志、范金民、张海英等学者做了详细的研究。③

在中转市场方面，苏州的粮食市场不仅满足本地需求，并且还满足周边地区，诸如浙江、福建等地粮食需求，"唯闻苏州枫桥地方为米贩云集之区，向用大袋装运者，每袋装米一石五斗，均编字号，盖缘浙江宁绍商贾至彼籴运，自苏抵赴关完料"④。乾隆十六年（1751），浙江省粮食歉收，"令邻省商贩米船，运浙售卖，以资接济。但思此等船只，多由江省苏州等处取道赴浙"。⑤ "浙商贩米数十石、及数百石者在苏州采买……查苏城两月之间卖米二十三万九千零，有照者仅十之一。恐此数十万石米，或借名浙贩透漏营私，于江浙两省民食有妨。今咨明浙省督抚，嗣后各府商贩来苏，均照温、处、台、宁之例，凭印照验放。江苏客商买米赴浙者，亦如之。"⑥ "福建之米，原不足以供福建主食，虽丰年多取资于江浙。亦犹江浙之米，原不足以供江浙之食，虽丰年必仰给于湖广。数十年来，大都湖广之米辏集于苏郡之枫桥，而枫桥之米，间由上海、乍浦以往福建。"⑦ 这样的史料不一而足，可以充分说明苏州在粮食市场上中转作用。前文提

① 《吴江盛泽镇米业公所碑记》，苏州历史博物馆编《明清苏州工商业碑刻集》，第235页。
② 道光《平望志》卷12，《生业》。
③ 蒋建平：《清代前期米谷贸易研究》，北京大学出版社，1992；樊树志：《明清江南市镇探微》，复旦大学出版社，1990；范金民：《明清江南商业的发展》，南京大学出版社，1998；张海英：《明清江南商品流通与市场体系》，华东师范大学出版社，2002。
④ 《奏为遵旨查明上海沿关一带现无奸商偷运米石出洋事》，嘉庆二十一年六月二十七日，中国第一历史档案馆，0143－097。
⑤ 《清实录·高宗纯皇帝实录（六）》卷395，中华书局，1986，第300页。
⑥ 《清实录·高宗纯皇帝实录（六）》卷403，第303页。
⑦ 蔡世远：《与浙江黄抚军论开米禁书》，收入《清经世文编》卷44，中华书局，1992，第1065页。

到苏州两个月往浙江卖米近 24 万石，则全年总数接近 150 万石，占到浒墅关粮食流通量的 10% 左右。虽然这是灾荒年份的情况，但是再加上输入福建地区的粮食，我们有理由相信，由苏州中转的粮食至少占到苏州粮食市场的 10% 。

综上所述，苏州作为清代前期最为繁荣的工商业城市，吸纳了大量的民众从事手工业和商业活动，再加上对于粮食的需求巨大，浒墅关的设置，从制度上保证了湖广、江西、安徽、河南、山东等粮食产区的粮食得以向苏州集聚，在清代前期平均每年有 1000 万 ~ 1500 万担粮食经过浒墅关抵达苏州粮食市场，维持了苏州的粮食市场稳定，也满足了苏州及周边地区的粮食需求。

（作者：杨建庭，河北大学宋史研究中心）

无锡城历史形态研究的资料
整理与空间复原方法

钟　翀　秦钟沛　陈　吉

内容提要：在城市历史形态研究中，资料整理与空间结构的图上复原是最基础的研究步骤。本文选取江南腹地的无锡古城作为研究对象，全面搜集、整理与该地城市形态相关的历史文献与城市地图资料，并通过对各种资料的批判与考察，开展无锡城自南宋以来到近代多个时间断面的中尺度（即万分之一尺度）空间结构复原分析，力图揭示该城形态的长期演化历程，并对江南地区府州级中心城市长期形态演化研究的基础材料与分析方法进行评估，以取得该地区中心城市历史形态学研究的若干基础认识。

关键词：无锡　城市历史形态学研究　空间结构复原　时间断面　江南地区

引　言

在当今中国的城市集聚地带中，江南城市群无疑是规模最大且最为活跃的地带之一。该地的城市起源甚早，并在 16 世纪以后逐渐形成较为系统的城市集群，近年来更是朝着大都市连绵带的方向快速地发展。

可想而知，江南地区的诸多历史名城，一定是经历了长期的、复杂的演化过程，其内部构造与历史形态的研究值得关注。不过，目前该领域的研究却仅限于上海、南京、苏州、杭州等少数几个古都或一级中心城市，[1]还缺乏对历史上的府州级城市，乃至县城、市镇的基础调研和系统考察，因此尚未取得对该地区各类中心城镇的空间结构与演变历程的一般认识与明确结论。

在江南府州级城市之中，有着两千多年历史的无锡古城，其发展过程无疑具有典型意义。该城的历史可以追溯到先秦吴越争霸时期。[2]《汉书·地理志》中已确载无锡是当时会稽郡所属 26 县之一，至迟从那时起直至近代的 2000 多年间，无锡城址并未发生迁移。中古以后，地处大运河航线与"太湖—长江"航线交汇处的无锡城，成为江南地区重要的交通枢纽，日渐繁荣，因此该城虽然长期被列为毗陵郡（后称常州府）属县之一，但在北宋时期其规模就与州城匹敌。[3] 到元代元贞元年（1295）升无锡县为州，直接反映该地规模的壮大，明洪武二年（1369）后虽然复改为县，但清雍正四年（1726）又分无锡县为同城而治的无锡、金匮两县，显示该城已具相当的经济实力。近代以来，无锡更兼沿江交通、粮食生产和商贸流通的优势，成为与长沙、九江、芜湖并称的全国"四大米市"之一。这反映当时其在江南的地位仅次于沪、宁、杭三大一级中心地城市，而与苏、常、镇、嘉、湖、绍、甬等二级中心城市相当，已经成为江南城市网络中一个不可或缺的重要节点。

笔者以为，由于较少受到都城规划建设等因素的干预，[4] 地处江南腹地的无锡，其时空演化的历程，应当与该地区多数源于经济动力的府州级城市更为接近，因此，深入开展无锡的城市历史形态学研究，对于了解江南城市空间结构，揭示城市的演化过程具有典型个案的意义。那么，在这

---

① 如牟振宇《从苇荻渔歌到东方巴黎：近代上海法租界城市化空间过程研究》，上海书店出版社，2012；姚亦锋《南京城市地理变迁及现代景观》，南京大学出版社，2006；陈泳《城市空间：形态、类型和意义——苏州古城结构形态演化研究》，东南大学出版社，2006；瞿慰祖主编《苏州河道志》，吉林人民出版社，2007 等。

② 《越绝书》第二卷《越绝外传记吴地传第三》："无锡城，周二里十九步，高二丈七尺，门一楼四。其郭周十一里百二十八步，墙一丈七尺，门皆有屋。"

③ 〔日〕成寻著，王丽萍校点《新校参天台五台山记》卷三，"延久四年（宋熙宁五年，1072 年）八月一日～十月十日"条："九月六日戊时，过八十里，至常州无锡县宿，广大县也，宛如州作法"，上海古籍出版社，2009。

④ 即《越绝书》及当地方志（如《咸淳毗陵志》《至正无锡志》等宋元方志）中记载的先史时代"泰伯奔吴"传说。

样的考察中，与城市历史形态有关的研究资料有何特点？应如何有效地加以运用？

现代的城市历史形态学研究源于西方，以该学科的研究实践而言，聚落历史地理学的开创者施吕特（O. schlüter）强调城市实测平面图作为原始资料对追溯古城形态的重要性。而正是在运用大比例尺城市古地图与中世纪以来丰富地籍记录的基础上，藤冈谦二郎、足利健亮等日本史地学者利用"时间断面"的手法，成功实现了京都等城市在不同历史时期的细致的空间复原。[①] 而康泽恩（M. R. G. Conzen）则进一步以地块为基本分析单位，通过对该类空间单元的属性与时空累积变化的形态比较，创立了城市形态学派。[②] 此类研究的概念体系与分析手法对于中国城市史地研究极富启发意义，不过，由于东西方城市地图绘制传统与文献史料留存状况的巨大差异，对于中国的城市历史形态学研究，还必须根据史料的书记与留存特点来予以发掘。

根据上述思路，近年来笔者开展了江南地区府州级城市的历史形态学调研，本文将以无锡为研究案例，重点讨论历史文献与古旧地图等主要研究材料的性质与区域特点，以及它们在城市空间复原分析中的运用。

一　历史文献资料

在城市历史形态分析中，传统史籍中的相关文字记载是一种重要的研究资料。不过，无锡虽然号称"文献之邦"，但有关无锡城市历史形态的史料却谈不上很多，这当然与中国史籍"重人事轻实物"的书记传统与"微言大义"的记述风格有关，具体而言，更与中国中古之前的文献缺乏对自然聚落及其城市内部结构的关注与系统记录相关。

因此，事实上南宋以前与无锡城市形态相关的文献，目前留存下来有

---

① 如藤冈谦二郎：《地理学と歴史的景観》，大明堂，1977；足利健亮：《中近世都市の歴史地理》，地人书馆，1984等。

② 如 M. R. G. Conzen, *Alnwick, Northumberland: A Study of Town - Plan Analysis* (London: Institute of British Geographers Publication 27), 1960, 中译本参见〔英〕康泽恩《城镇平面格局分析：诺森伯兰郡安尼克案例研究》，宋峰等译、谷凯等校，中国建筑工业出版社，2011。

价值的资料少之又少，大概只有上述《越绝书》中关于城墙、子城周长这一条。不过，分析散见于《南徐记》《元和郡县志》以及陆羽《惠山寺记》等宋以前文献中的间接记载，我们至少可以确定无锡城自汉代以来没有发生城市迁移这一点。[①]

关于无锡城市形态的系统记录出现在该地自 13 世纪以来的地方志及地理类文献之中。自宋以来无锡县先后修志 13 种，今存 9 种。其中成书于南宋末年的《咸淳毗陵志》是现存无锡最早地志，该书可看作当时常州辖下晋陵、武进、无锡、宜兴四县的县志汇编，因此书中可以看到不少有关无锡城市形态的记录。此后，该县陆续编纂了元《至正无锡志》、明景泰《无锡县志》、明弘治《重修无锡县志》等，[②] 其县志编纂的传统一直延续到清光绪《无锡金匮县志》；加上明永乐《常州府志》等府志中有关无锡的记录，以及明代以来《吴中水利全书》等地理类著作和《锡金志外》等准方志类著作的留存，在时间上提供了 6 个多世纪的关于无锡县的连续记载，这为了解中长时段无锡的变迁积累了珍贵的研究史料（参见表 1）。

表 1　无锡城市形态相关的方志类及地理类文献

书　名	成书年代	主纂人	版本、收藏等
《咸淳毗陵志》	南宋咸淳四年（1268）	史能之	日本静嘉堂藏宋刻本，仅存卷7～19、24；国家图书馆藏明初谢应芳刊本
《至正无锡志》	元至正元年（1341）	王仁辅	今北京大学图书馆存明初刻本，系四库全书底本
永乐《常州府志》	明永乐年间（1403～1424）	佚　名	上海图书馆藏清嘉庆抄本
景泰《锡山新志》	明景泰年间（1450～1456）	冯　善	已佚，相关记载散见于现存县志
成化《重修毗陵志》	明成化的 18 年间（1465～1482）	朱　昱	《天一阁藏明代方志选刊续编》本
弘治《重修无锡县志》	明弘治儿年（1496）	吴　㻏	国家图书馆、南京图书馆藏明弘治原刊本
正德《常州府志续集》	明正德八年（1513）	张　恺	《天一阁藏明代方志选刊续编》本

① （光绪）《无锡金匮县志》卷四《城郭》曾对《越绝书》以来无锡城址稳定未动这一点进行详细考证，载（清）裴大中等修、（清）秦缃业等纂《无锡金匮县志》，清光绪七年（1881）刻本。

② 关于（弘治）《重修无锡县志》的作者与刊刻年代，参见孙迎春《南图馆藏四种稀见明代方志考述》，《图书馆杂志》2004 年第 10 期，第 69～72 页。

续表

书　名	成书年代	主纂人	版本、收藏等
《江南经略》	明嘉靖四十三年（1564）	郑若曾	首都图书馆等处藏明隆庆初刻本
万历《无锡县志》	明万历二年（1574）	秦　梁	国家图书馆、上海图书馆等处藏
万历《常州府志》	明万历四十六年（1618）	唐鹤征	国家图书馆、上海图书馆等处藏
《吴中水利全书》	明崇祯十二年（1639）	张国维	国家图书馆、上海图书馆等处藏
康熙《无锡县志》	清康熙二十九年（1690）	严绳孙	国家图书馆、上海图书馆等处藏
《锡金志补》	清雍正年间（1723～1735）	佚　名	无锡市图书馆藏清稿本
乾隆《金匮县志》	清乾隆七年（1742）	华希闵	国家图书馆、上海图书馆等处藏
乾隆《无锡县志》	清乾隆十六年（1751）	华希闵	复旦大学、无锡市图书馆藏
《锡金识小录》	清乾隆十七年（1752）	黄　印	光绪二十二年王念祖据华湛恩藏抄本木活字排印本，有《旧城考》
嘉庆《无锡金匮县志》	清嘉庆十八年（1813）	秦　瀛	无锡城西草堂刻本
道光《无锡金匮续志》	清道光二十年（1840）	杨熙之	上海图书馆、无锡市图书馆藏
《锡金志外》	清道光二十三年（1843）	华湛恩	上海图书馆、无锡市图书馆藏
《锡金考乘》	清道光年间（1821～1850）	周有壬	同治九年活字本，有《无锡城考》
光绪《无锡金匮县志》	清光绪七年（1881）	秦湘业	光绪七年刻本，有《城郭》考
《无锡县志补遗》	1919	侯祖述	民国8年稿本
《锡金续识小录》	1925	窦　镇	民国14年活字本
《无锡志略》	1942	复　明	《江苏大献》1942年铅印本

关于此类方志类文献记录的特点，下面以现存最早的《咸淳毗陵志》为例来加以说明。如在该志卷三《地理三·城郭》之中提到：

> 无锡城在运河西、梁溪东……今门关有四：东"熙春"，径胶山；南"朝京"，径平江；西"梁溪"，径惠山；北"莲容"，径郡城。

又如该志卷三《地理三·坊巷》详细记载了城内坊巷与集市的名称与位置：

> 平政坊在县桥前、街西。爱民坊，在县桥前、街东。迎溪坊，在县西，向南抵迎溪桥。状元坊，在县东大市桥，以蒋侍郎所居得名。睦亲坊，在县东南水桥新街。思禅坊，在县东南仓桥北禅寺巷。广济坊，在县东南仓桥巷。永兴坊，在县东南市桥东。怀仁坊，在县东大市桥东南镇巷。崇安坊，在县东，以寺故名。新桥坊，在县南南市桥西。景云坊，在县南樊家巷。礼逊坊，在县南唐家巷。三登坊，在县南仓前。遗爱坊，在县南郗家巷。以郗令渐故名。县市，在县东街。

该志卷三《地理三·桥梁》记载了城内桥梁的名称与位置：

> 县桥在县治前，淳祐间平凳如地。大市桥，在县东二百步，跨运河，隋大业八年建，嘉定中令郑之悌易以石梁。仓桥，在县南一里。南市桥，在县南一里余，唐武德中建。将军堰桥，在县南百步。茅子桥，在县南六十步。女真观桥，在茅子桥南。虹桥，在运河西、县仓侧，直县学。迎西桥，在西门内。水桥，在运河西。梁溪桥，在县西五十步，跨梁溪、通大湖，隋大业中建。凤光桥，在运河东、善智寺西，唐武德七年建。斜桥，在善智寺东，唐咸亨二年建，横跨二梁之口，故名，国朝崇宁间重建，亦名崇宁桥。观桥，在运河东，以洞虚观，故名，俗传县中有九河如箭，上河如弦，此河颇湮塞，谓"一箭折其首"云。染径桥，在中街，以通泾水，故名。度僧桥，在南禅寺侧。盛巷桥，在北门内运河东。沈桥，在北门内运河西，与崇安寺相望。嘉熙间令赵与□重建，易名赵公桥，旁有"星星泉"。莲容桥，在北门，唐正观三年建。通江阴，有闸、以湖，故名。以上在县城。

类似的情况还有该书对河道、官署、祠庙的记录，例如整理上述桥梁的记载，并与城内河道记载相配合，就可以很好地推定南宋以来无锡城内水道的变迁。而汇集以上记录，并以近代实测无锡城市地图为底图（下详），通过宋以来各种方志资料中相关历代地名变迁的追溯和比定，我们就可以比较精确地复原南宋末《咸淳毗陵志》时期的无锡城市空间结构

（如图1所示）。

从《至正无锡志》以后的府县志资料来看，此类坊巷记载的形式也被后来的县志所继承，因此，系统整理这一类坊巷记载，笔者就能够较为完整地反映该城自13世纪以来街道格局的演变历程。

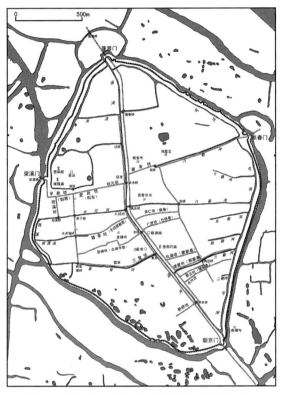

图1　南宋《咸淳无锡城复原图》（1268 年）

在无锡古城历史形态研究中，黄卬《锡金识小录》、周有壬《锡金考乘》及华湛恩《锡金志外》三种清人文献也值得关注（参见表1）。《锡金识小录》卷二专列《旧城考》一文，但作者未能详参前代方志，考证之中谬误丛生；《锡金考乘》对街坊、河道、城墙等都有具体考辨，该书卷十一还专设《无锡城考》篇，但作者没有深入分析黄卬的错误，以致在城郭构型等一些关键问题上还出现了以讹传讹的现象；而华湛恩《无锡志外》则在前人基础上对城郭规模变化等历来学者聚讼纷纷的问题做出了正确判断。以上三者的成果（尤其是华湛恩的观点）后来为光绪《无锡金匮县志》吸收①。该志卷四《城郭》对无锡城的格局及历史变迁做出准确的分析与总结，文中除了批判性吸收以上著作的内容之外，还引用清初邑人顾贞观等人的轶文与当时的见闻，以及邹蓉垞《无锡城考》等资料。全文考证精详，堪称清代江南城市形态考据文章的代表作。本文限于篇幅，不再展开说明与以上文献相关的各种具体议论。

二 古旧地图资料

现存的无锡城市古旧地图主要包括方志类文献中的传统绘图与清末民国时期基于近代测绘技术的城市平面图这两大类。

如前所述，方志类绘图出现在南宋以来的各种方志里，最早的就是《咸淳毗陵志》所收《无锡县地理图》（参见图2），该图仅绘出城墙及四座城门、外濠与穿城而过的大运河、县署、城内三座最主要的桥梁（应为大市桥、中市桥与南市桥）。

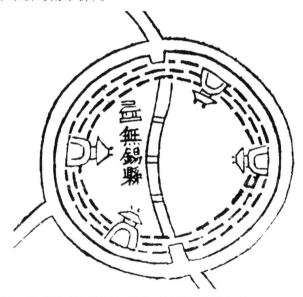

图2 宋咸淳《无锡县地理图》（局部）中的无锡县城（1268 年）

---

① （光绪）《无锡金匮县志》编纂名录未列华湛恩，然该志侯桐所作《序》中确载"华君湛恩亦襄事焉"。又该志《凡例》提到：除方志外，"可资参讨者，则有黄卬《识小录》、华湛恩《锡金志外》、周有壬《锡金考乘》三家之书互有得失，其关系大者考订之"。

　　此图虽然表现简单，但作为现存最早的无锡城图，值得深究。需要指出的是，我们对于中古以来辗转流传至今的图像资料，还需谨慎考察其传存经历，确认其真正的成图年代。今日常见的《咸淳毗陵志》（即《宋元方志丛刊》本），是据清嘉庆赵怀玉刻李兆洛校本影印，然此嘉庆本并非源于宋刻原刊，而是明洪武初年谢应芳在编纂洪武《毗陵续志》之际，据元延祐年间常州路学尊经阁《咸淳毗陵志》刻本重刊的。① 从图上提及无锡县四至时将常州、苏州称为"府"（宋末常州称"州"，元末朱元璋始更常州、苏州等"路"为"府"）来看，此种《无锡县地理图》（《宋元方志丛刊》本）存在明人篡入的可能。不过，《咸淳毗陵志》原书"目录"栏中既已分列《图》这一目，则此书在南宋刊行时就应当有图，同时考虑到北大图书馆今存《至正无锡志》明刊本在明洪武年初曾发生将元刊本挖改作《洪武志》的情况，② 所以今日所见宋咸淳《无锡县地理图》，更有可能是在南宋撰修《咸淳毗陵志》之时即已绘刊入书，而在明初重刊之际挖改元刻，甚至宋刻原图形成的。此外，综合考虑《咸淳毗陵志》作者史能之《序》所称，此书成于南宋淳祐辛丑（1241），且此图与永乐《常州府志》（见本文表1）中的同名图极为相似等事实，③ 可以推断此种《无锡县地理图》可能是宋末、元代至明初一种较为流行的无锡城图式，它应该反映了宋元时期无锡城的基本构型。

　　在宋咸淳《无锡县地理图》之后，明代的多种府县志中也出现了不同时期的无锡城地图，而且自明入清，其绘制内容不断丰富。其中比较有代表性的如弘治县志与康熙县志所收的无锡县城绘图（具体可参见图3、表2）。

---

① 参见（元）谢应芳《龟巢稿》卷十四《续毗陵志序》，四部丛刊三编本；（清）赵怀玉《咸淳毗陵志》之嘉庆重刊《序》文，宋元方志丛刊本。

② 张国淦引大典辑本断言："今存《无锡志》刊本四卷，系明洪武初元刊本挖改作《洪武志》，即四库著录本，其原本是元时书。"此言极是。可参见王立人主编《无锡文库》第一辑之《至正无锡志》书目提要所引，凤凰出版社，2011。

③ （明）佚名撰修永乐《常州府志》，上海图书馆藏清嘉庆年间抄本，《中国地方志联合目录》误作洪武《常州府志》。笔者案：此书实为宋元以来常州一府四县多部地方志的汇编草本，参见叶舟《永乐〈常州府志〉考》，《中国地方志》2007年第8期，第38~42页。

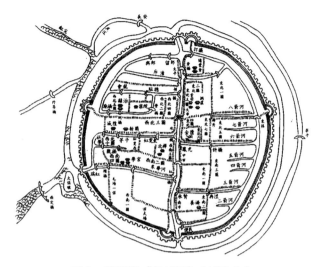

图 3　清康熙《县城图》（1689 年）

表 2　无锡城市古旧地图表

图　名	刊行年代	出典、收藏单位、比例尺等
无锡县境图	南宋咸淳四年（1268）	《咸淳毗陵志》卷首《图》
无锡县境图	明永乐年间（1403～1424）	永乐《常州府志》卷首《图》，此图与咸淳《无锡县境图》极为相似
无锡县境图	明成化 18 年间（1465～1482）	成化《重修毗陵志》卷首《图》
县城图	明弘治七年（1494）	弘治《重修无锡县志》卷首《图》
无锡县备寇水陆路图	明嘉靖四十三年（1564）	《江南经略》卷五上
无锡县境图	明万历二年（1574）	万历《无锡县志》卷首《图》
无锡县城图	明万历四十六年（1618）	万历《重修常州府志》卷之一《图考》
无锡县城内水道图	明崇祯十二年（1639）	《吴中水利全书》卷一
县城图	清康熙二十九年（1690）	康熙《无锡县志》卷一
无锡县城图	清康熙三十四年（1695）	康熙《常州府志》卷之一《图》
县城图	清乾隆七年（1742）	乾隆《金匮县志》卷一《图》
县城图	清乾隆十六年（1751）	乾隆《无锡县志》卷首《图》
县城图	清嘉庆十八年（1813）	嘉庆《无锡金匮县志》附图
无锡县城图	清光绪七年（1881）	光绪《无锡金匮县志》卷首
锡金县城图	清光绪三十三年（1907）	《锡金两县境界全图》分图，无锡市博物馆藏

续表

图 名	刊行年代	出典、收藏单位、比例尺等
无锡实测地图	1912 年	华锦甫等测绘，1:2500，日本京都大学等处有藏
无锡城区图	约 1938 年	无锡自治委员会工务科，1:5000
无锡市街地图	约 1940 年	（日）无锡居留民团编，1:2000
无锡城图	1940 年	（日）《支那城郭ノ概要》图第六四，1:10000
无锡城市区详图	1947 年春	蒋坤贤绘制，无锡工程协会出版，约 1:7750
无锡全图	1948 年 4 月	梁溪宾发行
无锡县市区地价分布图	1948 年 6 月	地籍整理办事处户地测量队制，1:10000
无锡详图	1949 年 6 月	不详
无锡城郊图	1949 年	上海国光舆地社发行，1:15000

表 2 显示笔者目前所掌握的自南宋以来至 1949 年无锡古旧地图的基本情况，全部的 24 种地图之中，可以 1881 年刊清光绪《无锡金匮县志》所载《无锡县城图》（下文图 4）作为古代绘图与近现代实测地图的分水岭。

关于光绪《无锡金匮县志》所载《无锡县城图》的由来，该书秦缃业在《序》中提及："其旧图则讹舛兹甚，杨君昌祁曾在江苏舆图局，足履手量，不同沿讹袭故，受取其法，复周测量，绘为新图，视昔加密矣。"其后《修辑姓氏》表中有"绘图：监生杨昌祁"，凡例中亦云："同治间创办江苏舆图，分县测绘，足履而手量，规方而计里，法最精善。唯期限苦迫，涉历未周，疏脱之病亦皆有之，因取其法，重加审测，阙者补，误者正"。值得一提的是，杨昌祁所参与的江苏舆图局成立于同治初，正是当时代表中国近代测绘水平的制图机构之一。

从目前掌握的资料来看，1881 年《无锡县城图》出版之后，无锡城市地图测绘进入近代测绘阶段。如光绪三十三年刊印的《锡金县城图》为《锡金两县境界全图》的一幅分图（表 2）①，该图与 1881 年光绪县志所载《无锡县城图》极为相似（图 4），按图上说明，此图由无锡"钦使第薛"

---

① 《锡金两县境界全图》中的 1 幅，清光绪三十三年改良第三次石印，无锡钦使第薛藏版，无锡日升山房、经济书林代发行，无锡市博物馆藏。

图 4　清光绪《无锡县城图》(1881 年)

即薛福成家藏版，且现存 1907 年图已是第三版，可见 1881 年所绘之图对
晚清时期无锡城市实测地图的长期影响。

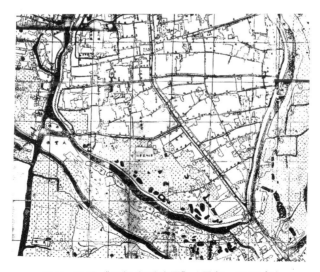

图 5　民国《无锡实测地图》(局部，1912 年)

153

在 1881 年后无锡出现的近代实测城市地图之中，又以民国元年（1912）绘制的《无锡实测地图》的研究价值最高。该图为一幅 1∶2500 的大比例尺实测地形图，由当时在南京陆军舆地测绘局的华锦甫等人主持测绘，图上详细反映了 20 世纪无锡城市全貌，是无锡最早、最精确的大比例尺城市实测地图。

此类实测城市平面图较先前出现在方志等古籍中的传统绘图而言，其所反映的地物内容，无论是丰富程度还是精确度都有了质的飞跃，这就使具体的城市空间结构复原成为可能实现的研究。加之，对像无锡这样的传统城郭都市而言，墙濠的拆除或填埋等空间格局的重大变化在近代前期就已发生，而此类产生于晚清民初的早期实测图则提供了近代化转型之前的传统都市的原貌。因此，关于无锡城的空间复原研究，我们可采用测绘较为精确、产生年代较早的《无锡实测地图》（图5）作为底图来展开（另还可参考本文图1、图6）。①

至于南宋以来留存至今的历代方志绘图，则可作为某一时间断面复原作业的参考用图，不过在利用此类绘图开展复原作业时必须注意以下两点。

首先，方志绘图的表现内容普遍存在由简入繁的倾向，因此，并非可以根据此类绘图的时间序列排列简单得出无锡城市自宋以来不断发展扩张这样的结论，而应着重考虑自宋以来方志绘图的内容表现由古朴稚拙渐趋翔实这一图像史料的变化过程。

其次，此类绘图对于地物的表示与标注也是有选择的，因此还须结合同一时间断面的历史记载以及其他相关材料来做复原。本文中南宋《咸淳无锡城复原图》（图1）、《清光绪无锡城复原图》（图6），正是利用了1912 年的《无锡实测地图》这样的大比例尺近代实测图为底图，结合《咸淳毗陵志》、光绪七年的《无锡县城图》（图4）以及同时期的相关文字资料而做出的不同时间断面的复原方案。

---

① 关于运用 1912 年绘制的《无锡实测地图》开展无锡城市历史形态的具体分析，参见钟翀、陈吉《无锡古城郭的空间构型与长期变迁——基于〈无锡实测地图〉（1912）的历史形态学分析》一文，《九州岛》第 5 辑，商务印书馆，2014。

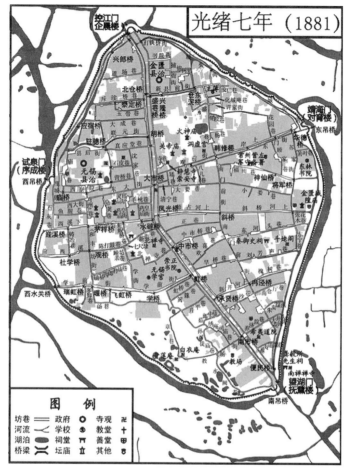

图6 《清光绪无锡城复原图》（1881 年）

三 其他资料与空间复原方案

除上述的文字与图像材料之外，在实际的复原作业中，我们当然还需要尽可能地开展实地勘查，充分利用现代的大比例尺无锡城市地图以及 google earth 等卫片航片资料，留意城墙、水系的变迁，并运用不同历史年代的古旧地图等资料来综合分析。通过对关键地物的形状、大小、方位、曲度等的重点勘查与分析，尤其是早期人工地物残留遗痕的查找与勘验，以及对由来已久的地名及其传承脉络的梳理等一系列实勘作业，我们可获取与城市历史形态相关的现代调查数据，进而开展对街巷格局、建筑物遗存及若干具体细部构造或历史实物遗存的精确定位与比定分析。此外，我们还需利用现代的无锡城市考古成果等，为城市变迁的分析寻找实物资料，例如冯普仁《无锡市环城河古井清理》一文，就为宋元以来无锡城濠变迁的复原提供了可靠线索。①

通过以上的资料整理，笔者开展了自13世纪南宋咸淳以来直至1912年的无锡城空间复原作业，成功取得9个时间断面的复原方案——即平均每世纪至少有1个时间断面的复原方案。此套多时间断面的中尺度（即万分之一尺度）空间结构复原方案，将为深入分析无锡城市形态的中长期演化历程提供图像基础。

四　江南府州级城市历史形态学研究的材料特点与分析方法

根据笔者的初步考察，就江南地区府州级城市而言，由于中古以来该地的方志编纂与地图绘印存在较多共性，因此无锡研究个案中所反映的相关资料的留存与特性，对于开展江南同类城市的历史形态学研究具有相当的参考意义。

如以历史文献而言，江南的同类城市大多都有一种，甚至数种宋元方志存世，如镇江的宋《嘉定镇江志》与元《至顺镇江志》、常州的宋《咸淳毗陵志》、松江的《绍熙云间志》、嘉兴的元《至元嘉禾志》、湖州的宋《嘉泰吴兴志》、绍兴的宋《嘉泰会稽志》与《宝庆会稽续志》、宁波的宋元"四明六志"、杭州的南宋"临安三志"，还有像徽州的宋《淳熙新安志》、台州的宋《嘉定赤城志》、严州（今建德梅城）的宋《淳熙严州续志》与《景定严州续志》等，而这类城市的明清方志也普遍传承有序，其中有关城市形态的记载，如街巷、桥梁、宫署、水系等，无论从体量上还是文本上，都与无锡有着相似的书记习惯与撰写风格。

再以城市古旧地图的绘印与留存来看，宋元及明初的早期方志中，各地的城市图保存情况各不相同，较早的如《宝庆四明志》和《嘉定赤城志》中的明州与台州所属各州、县城图，以及《淳熙严州续志》中的《建

① 该文刊于《文物》1983年第5期，第45～54页。相关分析详见钟翀、陈吉《无锡古城郭的空间构型与长期变迁——基于〈无锡实测地图〉（1912）的历史形态学分析》，《九州岛岛》第5辑。

德府内外城图》，这些都是江南早期方志中绘制质量最高的城市古绘图资料。如《建德府内外城图》，城内及城郊标注的地物就有 129 个，城内的标注颇为详细，除墙濠、城门、宫署、街坊祠庙外，还描绘出了军营、粮仓与井泉等。如果结合近代实测地图，就可以得到较为理想复原平面。而明清方志中的城市地图，大体存在如无锡那样的流变趋势，这可能与该区域的绘制传统和刻工群体相关。近代以来，江苏省的实测事业开展较早，像光绪七年《无锡金匮县志》中的无锡城地图，明显受到西洋实测技术的影响，考虑到光绪元年（1875）上海已经出现本地人士运用西法实测的大比例尺城市地图，[①] 则晚清光绪年间在江浙地区的舆图机构开展城市实测也是很自然的事情。事实上，从目前留存的此类城市的近代早期城市地图来看，如《绍兴府城衢路图》（1892 年制，中国国家图书馆藏）、《湖州郡城坊巷全图》（1900 年制，日本东北大学图书馆藏）、《苏城厢图》（1888～1903年制，苏州博物馆藏）等，都形成于晚清光绪年间，形成时间十分接近，应该可以看作同一个时间层面的地图来进行分析、讨论。

结　语

以上，作为无锡城市历史形态研究的基础，笔者初步说明了无锡城市历史形态研究中的资料情况与复原方法，并指出相关的资料在江南城市形态研究中具有一定的相似性。因此，本文立足无锡的个案考察，在充分发掘相关资料的基础上，绘制多个时间层面的较为精确的城市复原地图，不仅有助于我们在江南城市历史形态长期演化历程分析中准确把握这些城市形态在时空变化上的量与度，了解城市形态各要素的稳定性以及发生变化的时间尺度，而且也可以通过个案研究的积累，对若干中国城市史研究中的重要课题，如濠郭配置及筑城史，坊、厢的中长期演变历程及城市管理历史等展开更为深入的研究。

（作者：钟翀，上海师范大学人文与传播学院；秦钟沛，上海师范大学人文与传播学院；陈吉，上海师范大学人文与传播学院）

---

① 详见钟翀《近代上海早期城市地图谱系研究》，《史林》2013 年第 1 期，第 8～18 页。

人类生态学视野下的福州城市空间结构

林　星

内容提要：本文论述长时段的福州城市空间结构的变迁，特别是分析近代福州城市的分区特点，人口、职业构成与社区功能，最后对人类生态学理论与中国城市研究进行探讨。人类生态学理论认为城市空间区位结构的形成是经济竞争和选择的自发结果，不同阶层和地位的人居住在不同社区。但从福州的个案分析，城市人口并没有按社会经济地位而分化出不同的城市空间。城市空间结构没有固定的模式，影响城市空间分布的因素除了经济竞争，还有国家力量、文化因素以及社会价值观的认同。

关键词：人类生态学　福州　空间结构

人类生态学理论是 20 世纪 20 年代以帕克为代表的美国社会学界的芝加哥学派提出的。围绕人类群体生活与都市环境的关系这一核心问题，人类生态学研究竞争与选择如何影响群体、组织的空间关系以及群体如何适应迅速变化的城市环境。人类生态学家把城市空间结构和秩序的形成看作人类群体竞争的"自然"结果，其决定性力量是群体的经济竞争力。[1] 这一理论对城市社会学产生了较大影响。本文主要以福州为例，探讨人类生态学理论与中国城市空间结构的研究。

福州地处东南沿海，闽江入海口，历来是福建省的政治、经济和文化中心，鸦片战争后被辟为通商口岸，改革开放后也是全国首批对外开放的

---

[1]　蔡禾：《都市社会学研究范式之比较——人类生态学与新都市社会学》，《学术论坛》2003年第 3 期。

沿海港口城市之一。随着经济的发展和城市建设的进步，福州城市空间的布局结构逐渐形成，功能分区日趋明晰。

一 福州城市空间结构的形成

城市空间结构是城市经济结构、社会结构的空间投影，一般指城市土地的功能分区结构。福州城始建于汉高祖五年（公元前202年），闽越王无诸在此筑冶城。此后几度拓城：晋筑子城、唐建罗城、梁建夹城、宋建外城。唐末，王审知治闽期间筑罗城，扩展城市，北将冶山括入，成为全城最高点，南以安泰河为限；分区布局以大航桥为南北分界，政治中心在城北，属内城；平民居住区及商业经济区居城南，属外城，此外，强调中轴对称，衙署在城北中轴大道两侧，分东、西两侧兴建坊巷民居，"三坊七巷"即由此演变而成。后梁开平二年（908）筑夹城，福州盆地中心的三个制高点——屏山、乌山、于山被括入，大大提高了福州城的军事防御能力。在建城的同时，整治城内外河道与江海相通，船可以乘潮入城。宋开宝七年（974）筑外城，福州城由内而外有四座城垣，中轴大道，七座城门，巍然壮观。宋代是福州城市发展的关键时期，城市范围开始突破城垣所限。明代，福州商品经济与海上贸易的发展，促进了城市经济的繁荣，最终形成"城"与"市"分离的组团式布局结构，并出现向闽江下游发展的趋势。①

传统中国城市的布局以君主、官僚为中心，从国都到府、州、县，无论城市大小，一般都是方形，街道纵横垂直，成棋盘式，中央是皇宫或一地最高统治机构所在地，按照地位高低，建造不同品位、规模的府第，庙宇、学府也占据比较显要的位置。这种模式在建筑学上被称为帝都型城市模式，它是与中央集权、君主专制主义统治相适应的。② 福州是八闽首府、地方行政中心，清代闽浙总督衙署、福州府、闽县和侯官县各级衙门等都设在城内中央部位。多数衙门前均有一条大街，并成为繁华的商业街。庙宇也是传统时期城市主要建筑之一，19世纪末在福州的美国传教士就说：

---

① 福建省地方志编纂委员会编《福建省志·城乡建设志》，方志出版社，1999，第2~3页。
② 张仲礼主编《近代上海城市研究》，上海人民出版社，1990，第3页。

"在外国人认为值得参观的很少公共建筑物中，大多数还是庙宇。"① 此外，城内还有手工工场、商店、粮仓、试院和驿馆等。

福州几次拓城，在城内基本形成了北跨屏山，南绕于山、乌石山的"三山两塔"城市空间格局，这种格局直至近代没有多大的改变。改变的主要是福州城外闽江两岸的南台地区。南台虽然离城墙有一定距离，但是地势开阔，水路交通便利。明清商品经济的发展，推动了商业区向城郊的逐步扩展。明代，最重要的商业区是南门外的南台和西郊的洪塘两处，从南门至南台，"十里而遥，民居不断"。②

福州开埠后，闽江两岸街市进一步发展，狭长的茶亭街连接起了古城与南台、仓山，城市布局呈哑铃状。南台在闽江两岸，"两岸联络方式有古式大石桥一座，名曰万寿桥，长约里许，并有中州小岛横隔江中，直通南台"。③ 从20世纪40年代彩色印刷的《福州街市地图》，仍然可以清楚地看出这种空间结构，中亭街两边的广大区域仍标示着沼泽和农田、菜地。

近代福州的社区大致可分为两大块，一是城内行政区，二是城外（南台）商业区。时人称："福州市街可分为二，即城内市街及南台街，城内为各官厅、各学校、市街及住宅，南台多大商家并为外人居留区域。"④ 1920年美国的《地理杂志》（*Journal of Geography*）载有一篇关于福州道路建设的文章，其第一个小标题是：福州，一座双重城市（Foochow：a dual city）。文章说："福州可以被描绘成一个由两部分构成的城市——一部分在城墙内，是政治和教育的中心；另一部分在城墙和闽江之间，分布在闽江两岸。墙外的这部分是大多数国内和国外港口贸易的中心，并且最近在欧美和日本直接和间接影响下引进的机器工厂也设在此处。城墙外的人口可能和城内的一样多。外国传教士设立的教堂、学校以及大多数外国公司都在闽江两岸和河流紧挨着的地方，一座完全由花岗岩建造的桥梁把它们连接起来。至于城内，包括许多当地最好的零售商店和手工作坊。"⑤ 1936

① Rew. Justus Doolittle, *Social Life of The Chinese*, New York：Harper & Brothers, 1895, Reprinted in Singapore：Grahm Brash, 1986, p. 59.
② （明）王世懋：《闽部疏》，台北成文出版社，1975，第9页。
③ 张遵旭：《福州及厦门》，铅印本，1916，第53页。
④ 张遵旭：《福州及厦门》，铅印本，1916，第2页。
⑤ Lacey, Walter N., "Road Improvements at Foochow, China," *Journal of Geography*, 19（1920：Jan/Dec）.

年，"市区北部包括全城及东岳西湖洪山桥一带，南部兼及南台岛之一部，面积总计 19 方公里半"①。1942 年 4 月，设福州市市政筹备处；1946 年元旦，福州市政府正式成立。福州按照五个警区分为五个行政区，城内以到任桥为分界，桥以北属第一区，即鼓楼区，桥以南属第二区，即大根区；南台以小桥为分界，桥以北归第三区，即小桥区，桥以南至闽江边第四区，即台江区；大桥以南的中洲岛、仓前山一带归第五区，即仓山区。②即城内包括鼓楼、大根 2 个区，南台包括小桥、台江和仓山 3 个区。随着经济的发展和交通的改善，福州组团式的布局结构雏形逐渐形成，各社区的功能分工逐渐明晰。

二　近代福州空间分区及特点

1. 行政区——城内

从行政区划看，城内包括大根区和鼓楼区。这一带集中了政府机关、寺庙和学校。民国初年，督军公署和省长公署在总督埕，镇守使署在旗下街，道尹署在布政埕，高等地方审判厅在谢婆里，盐政处在光禄坊，财政厅在夹道坊口，县衙门在旧府署，警务厅在中协埕，省教育会、县教育会在东街，小学研究所在明伦堂，二十混成旅本部在盐道前，去毒社在南后街。③ 20 世纪 30 年代，福建省政府、民政厅在省府路，建设厅在道山路，教育厅、福建省普及识字教育委员会在三民路，财政厅在光禄坊，福建省会公安局在鼓西路，福建陆军军械局在鼓东路。④ 国民党党部在中山路。

城内是政治文化区，也有服务于城内消费者的商业。城内市街最繁盛的是与各城门成垂直线的 7 条大街，即北门大街、西门大街、东门大街等。其中南门大街是城内的中心，各种大商店鳞次栉比。一些人文景观也集中于此，如武庙、文昌庙、镇海楼在城北屏山一带，平远台、定光塔、化城

---

① 林传沧：《福州厦门实习调查日记》，台北成文出版社，1977，第 88450 页。
② 郑宗楷等编《福州便览》，环球印书馆，1933，第 2 页；〔日〕台北总督府外事部：《福州事情》，1941，第 10 页。
③ 东亚同文会：《支那省别全志》（第 14 卷·福建省），东亚同文会，1920，第 43～44 页。
④ 周子雄、郑宗楷、姚大纯编《福州指南》（第 2 卷），环球印书馆，1942，第 1～10 页。

寺、白云寺在于山，凌霄台、道山亭、沈文肃公祠、乌塔在乌石山等。①

城内最著名的街区是"三坊七巷"，它位于城区核心地带，以南后街为中轴，西侧是光禄坊、文儒坊、衣锦坊，东侧是贯通南门大街、南门后街的七条横巷，即杨桥巷、郎官巷、塔巷、黄巷、安民巷、宫巷、吉庇巷。"三坊七巷"形成于唐，发展于宋，历来是官宦仕族聚居地。近代仍然是高官富户、士绅文人居住的首选之地，沈葆桢、林聪彝、严复、陈衍等都曾在此居住。附近的朱紫坊也出了不少海军世家。"三坊七巷"是石板深巷，青瓦灰墙，精雕细刻的各种木石构件、马鞍形风火墙、多进院落，蕴含着传统建筑文化的精华，具有浓厚的文化色彩。对于在外仕宦的福州人来说，"三坊七巷"是他们告老还乡后的理想住所，也代表着他们的文化品位和价值。

2. 商业、金融和工业区——南台

南台包括小桥区、台江区和仓山区。南台是福州著名的商业区，民国初年，"著名之巨商、各商业行帮、银行、税关、常关、外国邮电局所、中国各批发大商轮输出商、外人公共各机关、各娱乐场所、乐户、饮食馆等皆集于此"。② 新式机构和商业机构大都设于此，电报总局、邮政总局、交涉署在泛船浦，电话局在明伦堂后，商会在上杭街，农会在鳌峰坊，青年会在观音井，城内35个行商评议公所在茶亭。③ 新式银行大多设在南台，下杭街由此成为福州的金融业中心。据1928年福州市公安局调查，当地钱庄有49家，大多数在南台，其中下杭街和南大街各有8家。④ 钱样店在南台和城内的分布比较均匀。从1934年的《福建省会户口分类表》看，商业铺户最多的是第三、第四区，即南台。⑤ 1932年的《福建省省会公共场所分类统计表》显示，作为商人组织的会馆也集中于此。1936年调查，福州地价最高地段在中亭路南段、台江路以及20世纪20年代完工的台江路新填地，它们位于南台商业区，靠近闽江码头，又有公共汽车通过，交

---

① 东亚同文会：《支那省别全志》（第14卷·福建省），1920，第43~44页。
② 张遵旭：《福州及厦门》，铅印本，1916，第53页。
③ 东亚同文会：《支那省别全志》（第14卷·福建省），1920，第43~44页。
④ 《福州市钱庄一览表》，铁道部财务司调查科编印《京粤线福建段福州市县经济调查报告书》，1933，第183~184页。
⑤ 福建省会公安局编《福建省会户口统计（1934年）》，1935。

通便利。[1]

工业是近代城市存在和发展的基础。城市工业区位结构的特点是：主要为城市本身服务的工业（如食品工业）和与消费者密切联系的工业，集中在市中心（或中心商业区）；主要为本地市场生产、使用市内生产原料的工业和为非本地市场生产、生产价值昂贵产品的工业杂乱地分布在城市各处；为非本地市场生产、需要廉价交通费用的工业，集中在交通便利的河边。[2] 福州城内工场多生产日常用品，连接城内和南台的中亭街是著名的手工业一条街，"出南门的大路两边排列着各种手工业的小工场"。[3] 福州工场往往是前店后厂，资本微薄，多数仅租用几间民宅改作厂房，与住宅、商店等混杂分布，从外表看很难知其为企业。它们所需原料和产量有限，其产品大都依靠固定的商行店铺直接出售，因而要靠近相关商业集中区，以保证产品销路。而新式工业企业大都在南台闽江北岸的鸭姆洲、港头等地，靠近水源，运输方便。19世纪末，官督商办的福州糖厂建在南台闽江北岸，离外资的福州冰厂不远。附近还有一个"与糖厂有连带关系"的机器面粉厂。[4] 福建第一家民族资本企业悦兴隆砖茶公司及其后继者致和砖茶公司设在南台泛船浦。福州惯奇来染织实习所在南台保福山顶，醒华织造局在南台下渡，叶国瑞牛奶公司在中州，迈罗罐头公司在南台大桥附近。[5] 据1930年调查，福州的两家树胶公司在福新街和老鸦洲，五金公司在帮洲、坞尾、水珰、老鸦洲、苍霞洲、福新街、美打道等。锯木公司多分布在鸭姆洲及港头两地。[6] 福州最大的民用企业福州电气股份有限公司开始在南台泛船浦，后移址南台水部门外新港。国光火柴厂在水部门天后宫。福建造纸股份有限公司选址在福州港头。迈罗罐头厂由仓山观音井迁至南台仓霞洲。其他罐头厂也分布在美打道、中亭街、苍霞洲、港头

① 林传沧：《福州厦门实习调查日记》，第43535页。
② 〔美〕莱斯利·J.金等著《城市、空间、行为：城市地理学诸因素》，《城市史研究》第9辑，天津教育出版社，1993。
③ 〔日〕台湾总督府外事部：《福州事情》，1941，第7页。
④ 《北华捷报》（North China Herald）1887年5月20日，载孙毓棠编《中国近代工业史资料》第1辑（1840~1895），中华书局，1962，第987页。
⑤ 林传甲总纂《大中华福建省地理志》，1919，第89、91、153页。
⑥ 铁道部业务司调查科编《京粤线福建段沿海内地工商业物产交通报告书》，1933，第22、111~112、124~125页。

等。福建造纸厂设在港头"系以水质良好、原料充足、交通便利"，靠近闽江，"河道环绕，原料之运入本厂，制品之输出外埠，均甚便利"。① 这也是众多工厂选址于此的共同原因。

由于南台商业的发达，这里也成为繁华的消费娱乐场所。"闽江码头接近大路的台江汛、中亭街、上杭街、下杭街等，是大规模的商店及中介业、仓库、旅馆、妓院主要集中的地方"。② 郁达夫在《闽游滴沥之一》中也说："南台本来是从前的福州的商业中枢，因而乐户连云，烟花遍地。"③ 南台还有福州基督教青年会电影场、苍霞洲广资楼戏院、田墩广声影院、大罗天剧场、台江戏院等。④ 南台最主要的街区是双杭，分布着大量会馆、商行和钱庄，商人的住宅很多集中于此。

3. 文化、涉外区——仓山区

南台内还有一个功能比较特殊的社区，即仓山区。闽江流经福州时分为南北两支流环南台岛而过，仓前山向北的一面隔江与台江相望，岗峦起伏，空气清新，风光如画。早在明代开凿新港的同时，就有外国船只来仓山沿江的"番船浦"（后来改为"泛船浦"）寄碇、停泊和贸易，此地区逐渐成为外国人聚居地。福州开埠后，英、美、法、德、日、荷、俄、葡、西班牙等国领事及商民纷纷在仓前山租借土地，建造房屋，使之逐渐发展成拥有众多领事馆、教堂、洋行、银行、学校、医院、别墅、俱乐部、跑马场、球场等外人建筑的地区。在这里的外国人拥有特权，此地也形同租界，按其规划进行文化、教育设施建设，成为福州重要的涉外和文教区。

据日本人观察："各国专管居留地现在主要在闽江右岸仓前山、泛船浦一带，通称外国人杂居地，又称南县居留地。仓前山丘陵地是最主要的居留地，有各国领事馆及洋式住宅等。商贾公司的事务所等在泛船浦。"⑤ "南台岛的泛船浦多是外国人的洋行、商社、海关、邮便局、银行等。附

---

① 林金枝、庄为玑编《近代华侨投资国内企业史资料选辑》（福建卷），福建人民出版社，1985，第148~149页。

② 〔日〕台湾总督府外事部：《福州事情》，1941，第7页。

③ 郁达夫：《郁达夫文集》第4卷，花城出版社，1982，第101页。

④ 福州市文化局编《福州文化志》，海潮摄影艺术出版社，2003，第290页。

⑤ 东亚同文会：《支那省别全志》（第14卷·福建省），1920，第42~43页。

近仓前山为外国人居留地。外国人的住宅、领事馆、教堂、医院、男女学校、俱乐部、跑马场、打球场（庭球、足球等球类运动场）、洋墓亭等都集中在仓前山。"① 郁达夫在《闽游滴沥之一》中称仓前山"原系福州附廓的佳丽住宅区，若接若离，若离也接，等于鼓浪屿之于厦门一样"。② 据1934年《福建省省会外侨人数统计表》的统计，福州外侨3032人，有1210人住在台江区，668人住在仓山区。③ 福州近代教育事业始自外国传教士办的新式学校，仓山区集中了格致书院、三一中学、协和道学书院、鹤龄英华书院、华南女子学院、福建协和大学等学校。各国在仓山设领事馆，开办汇丰、美丰等银行以及怡和、三井等洋行公司，兴办天安堂等教堂和华南女子文理学院等30多所教会学校和医院，一大批西式公共建筑、住宅以及跑马场的兴建赋予仓山区强烈的异国色彩。由于外籍居民多，仓前山在梅坞、塔亭、观井等地还形成适应西式消费的西餐、西服、西式家具等商业网点。

仓前山由于是外国人居留地，政治和社会环境相对稳定，也吸引一批官绅到此地建屋居住。《福州事情》载："外国人居住此地后，昔日的荆棘茫茫草原，仅有大小古墓，足迹稀少，阴气森然的寂寞地带，一变而为高楼大厦林立，竞相壮观的锦绣河山。特别是近来省内政变频繁，省内要人乃至富裕者豪商为了一旦遇到紧急情况时，能够得到外国国旗的庇护，争相投入大批资金，在此地建造别墅、公馆、庭园，在此地安家。新馆舍如雨后春笋般冒出来。""近年来当地一部分官绅有产阶级等在此处建立宏壮的别墅，成一特别区域。"④

4. 工业区——马尾

作为晚清洋务运动的成果，福建船政局设在福州闽江口的马尾，促使马尾迅速从农村转为工业区。到1867年7月，马尾当地不但建成厂房，并且还建了船政衙门、洋员办公所、船政学堂、正副监督的住房、匠生、匠首寓楼等共80多座建筑物，占地600亩左右，其规模在全国也是首屈一指的。船政局就其范围而言可分为厂区、住宅区与学校各部分。原来是农村

① 〔日〕台湾总督府外事部：《福州事情》，1941，第7、417页。
② 郁达夫：《郁达夫文集》第4卷，第101页。
③ 福建省会公安局编《福建省会户口统计（1934年）》，1935。
④ 〔日〕台湾总督府外事部：《福州事情》，1941，第7、417页。

的马尾变成了一个规模庞大的现代化工业制造基地。马尾的商业也发展起来，为了供应船政人员商品，还将船政局附近江边"划为官街，以便民间贸易"。① 清末英国人约翰·汤姆森游历到此，惊叹道："福建船政局建在昔日里的一片沼泽地填成的平地上，远远看见，就像一个英国制造业的村庄。这里也有外国人居住的小洋房；远处的船坞，高大的烟囱，一排排厂房，从那里传来的叮当作响的汽锤声和机器的阵阵轰鸣。"② 民国初年，马尾人口五六千人，设有外交总署、水上警察署、邮政局、电报局及天主教教堂。在马尾对岸的营前镇，设有福州海关分关，美国美孚煤油公司及附属仓库与栈桥。③

20 世纪 20～30 年代，随着城市经济的发展，马路的建设，分隔城内和南台的城墙的拆除，道路的不断延伸，南台区得到进一步发展。经过大规模建设，福州市政面貌改观不少，新旧城区融为一体，逐渐形成城内以鼓楼区为政治中心，南台为商业中心，仓山区为文化、涉外中心，马尾为工业区的"组团式"布局的雏形。

5. 近代福州人口、职业构成与社区功能

人口的空间结构是指人口在一个既定区域中的分散与集中程度。在城市内部，人口的分布也呈现社区差异。根据 1932 年、1934 年和 1947 年的人口统计，福州人口最多的地区是第三、第四区，最少是第五区。再从1934 年《福建省会街巷门牌统计表》看，各区分别有 285 条、367 条、395 条、443 条，261 条街巷，④ 其中第三区和第四区的街巷最多。从人口密度看，最高是第三区，其次第二区，最低是第一区。福州人口性别比例的空间分布并不均衡，第三、第四区的男性比例特别高。这两个区是商业区，在商业区内，店户多，一般的住户相对较少，且商业从业人员中女性更少。

人口的职业构成可以从一个方面反映社区的功能和结构。社区结构与人口的职业构成有一定的内在联系，即不同社区的人群之间体现职业的区

---

① 林庆元：《福建船政局史稿》，福建人民出版社，1999，第 90 页。
② 〔英〕约翰·汤姆森：《镜头前的旧中国：约翰·汤姆森游记》，杨博仁、陈宪平译，中国摄影出版社，2001，第 121 页。
③ 林萱志：《福州马尾港图志》，福建省地图出版社，1984，第 11 页。
④ 福建省会公安局编《福建省会户口统计（1934 年）》，1935。

别，这和各区的功能有关。随着社区功能的自我调整和不断完善，社区之间的分工日益明显，职业人口的分布也随之出现了相对聚集的趋势。从1934年的《福建省会居民职业分类统计表》可以看出：（1）各区从事工业的人口分别有4771、8436、8497、4682、4986人，占各区人口比例分别是6.12％、8.66％、9.50％、5.23％、7.90％，以第三区（小桥区）和第二区（大根区）比例最高。这是因为第三区地处闽江北岸，是福州市内的工业区，聚集着福州较大型企业，如福州发电厂、锯木厂、罐头厂等。第二区分布着许多面对本地市场的小企业。（2）从事商业的人口以第三区、第二区比例最高，分别占全市商业人口的27.68％和27.10％，体现了城市商业中心的特征。（3）从事党、政、军、警的人口，以第一区（鼓楼区）和第二区（大根区）最多。其中政界人口有近一半聚集于第一区，使该地区成为福州的政治中心。（4）以宗教为职业的人口，集中分布在南台的第三区和第四区，其中以基督教教职人员占多数。（5）第五区（仓山区）的农业人口最多从事农业的，比例在各区中也最高。①

城市社区不仅是人口的自然组合，而且也体现为不同行业和城市功能的自然组合。在商业中，根据营业范围不同，分成各种行帮；商帮既有以地域形式划分的，也有按行业划分的。以福州茶叶商帮为例：福州茶商分为本地帮和客籍帮，各帮从事的行业各有侧重，即使从事同一行业，其经营方式、组织等往往也不同。20世纪30年代初，福州的茶业采办分为茅茶帮和箱茶帮，各有十余家。地址在下杭街、苍霞洲、泛船浦、（南台）三保、二保、上杭街、下北街、下渡。茶叶运销分为天津帮、京东帮和洋行帮。天津帮的茶商20余家，又分为福长兴帮和福泉兴帮，主要出售绿茶于天津、牛庄、烟台三大埠。京东帮有三四十家，又分为京徽帮和直隶帮，均系北京人和安徽人开设，运售绿茶于平津各埠。洋行帮是装运箱茶出售外洋的福州各洋行，有19家。② 各行帮经营的工商业，常常相对集中于某一社区，乃至形成行业垄断势力。此外，同帮经营的企业或商号，大都雇佣来自同一地区的移民，外人很难插足其间。如福州台江码头有号称"五澳十三帮"的势力，垄断这一带水产品市场。城市中的一些行业由于

---

① 福建省会公安局编《福建省会户口统计（1934年）》，1935。
② 铁道部财务司调查科编《京粤线福建段福州市县经济调查报告书》，1933，第158页。

常为来自同一地区的移民所垄断，形成同业或多业相结成"帮"的现象，从而使城市的职业结构、移民的地缘关系以及社区结构之间构成又一层次的关系。

三　现代福州城市空间结构的变化

1949年以后，在很长一段时间，福州的城市空间结构没有太大变化，只是面积扩大。1949年12月，省政府决定扩大福州市区，范围东至鼓山、南至白湖亭、西至洪山桥、北至开闽镇（今新店乡北部）。1956年5月，鼓楼、大根区合并为鼓楼区，小桥、台江区合并为台江区，水上、仓山区合并为仓山区。1952年，拆除鼓楼城墙，建设鼓屏路，接通"八一七路"；1958年到1960年，城区南北走向的主干道——六一路、五四路、五一路以及东西走向的主干道东街与东大路等相继建成通车，福州市区范围扩大。

20世纪50年代，为响应"遍地开花办工厂"的号召，政府指示在市中心办工厂，1953年12月，市区第一大工业区主干道——工业路建成通车。至1957年，新扩建了福建机器厂、上游造船厂、玻璃厂、搪瓷厂、罐头厂等，形成了工业路一带以轻工业为主的西工业区。到1959年末，福州全市已建成省、市属企业253个，初步形成了东、西、南、北及洋里、港头6个工业区。同时在工厂区的附近建居住区，兴建了上海、五一、五四等工人新村。居民居住以单位为基础。"文革"期间，城市建设几乎处于停滞。但为国防前线所需的闽江大桥和乌龙江大桥相继建成，同时又建成五一广场。改革开放后，福州建立起以机械、化工、食品工业为支柱，轻工业为主体的工业体系。1984年国务院批准了福州城市总体规划。之后政府对城市布局进行调整，形成以五一广场为中心的文化娱乐区、华林机关区、五四路宾馆区、台江商贸区、仓山文教科技园区。在城区边缘地带开辟新居住区、文教区、开发区和投资区。到1990年，福州建成区的面积相当于新中国成立前的5倍。①

20世纪90年代后，福州提出了东扩南移的目标，之后又提出东扩南

---

① 福建省地方志编纂委员会编《福建省志·城乡建设志》，第45~48页。

进西拓的战略。1998 年出台《福州城市总体规划（1995～2010）》，福州提出调整城市布局结构计划，以中心城为依托，以空港、海港为导向，沿江向海，东进南下，有序滚动发展，形成"一城三组团"的布局结构。福州中心城由鼓楼、台江、晋安、① 仓山 4 个行政区的城区部分组成，福州市区由一个中心城和马尾、长安、琅岐三个城市组团组成。城市规划区范围为：福州市区、杜坞、官头、上街、峡南、长乐国际机场航空城和松下港，总面积 1170 平方公里。中心城形成市域、省域及海峡西岸的经贸、金融、科技、文教、信息中心，大力发展第三产业，把工业和人口向三个组团和外围城镇转移。三个组团利用开放政策优势和大型基础设施优势，接受中心城的辐射，成为工业、交通主要发展地区，形成相对独立的、具有相当规模的新城镇，发挥分担和补充中心城的功能。福州中心城二环路以内的工业原则上外迁，强化中心城的办公、文化、信息、金融、商贸中心的功能。二环路以外为工业适当发展区，保留和完善福兴投资区，洪山、仓山科技园区，金山、新店、盖山等工业小区。随着城市"东扩南进"发展，闽江江滨地带，特别是龙潭大桥至鼓山大桥之间的区位优势更加突出，逐步形成城市新的核心区，在工业路一带兴建宝龙商业广场。江滨成为新的高级居住区，金山一带的房地产开发进入高潮；在上街建立大学城，汇聚福州大学、福建师范大学、福建医科大学、闽江学院等高等院校。

2009 年 5 月 6 日，国务院发布了《关于支持福建加快建设海西经济区的若干意见》，海峡西岸经济区成为继长江三角洲、珠江三角洲、环渤海区域之后中国又一个经济增长区域。福州提出要做大做强省会城市，以获得更广阔的发展空间，增强集聚效应。2008 年 12 月，住建部审查通过了《福州市城市总体规划（2009～2020）纲要》。2010 年 6 月，《福州市城市总体规划（2009～2020）》通过市人大审议。根据该规划，福州城市规划区包括福州市区、长乐市、连江县，以及闽侯县 11 个乡镇，永泰县葛岭镇、塘前乡，罗源县松山镇、碧里乡等地，面积共 4792 平方公里。其中，中心城区为福州市辖 5 区（晋安区除寿山乡、日溪乡、宦溪镇），以及闽侯的荆溪镇、南屿镇、南通镇、尚干镇、祥谦镇、青口镇、上街镇和连江

---

① 1995 年 10 月，福州市郊区更名为晋安区。

县的琯头镇，面积1447平方公里。至2020年，福州全市规划总人口将达890万人，城镇人口650万人，城镇化水平达73%，形成1个特大城市、2个大城市、2个中等城市、4个小城市以及若干个小城镇的规模等级结构和"一区两翼、双轴多极"的空间结构。届时，福州中心城区人口将达410万人，建设用地达378平方公里。福州市将全面推进中心区外围南台岛、马尾新城以及青口、南屿—南通—上街、荆溪组团等地建设，引导城市空间拓展和功能布局优化，有效疏解老城人口、功能和交通的拥挤问题，使中心区优化整合与新城开发建设联动并进。2011年6月，福州出台了海峡金融街、闽江北岸商务中心区、快安总部经济基地、会展岛、晋安新城区中心、三江口片区、奥体中心7大新片区的建设规划。这些新片区将建设以商务办公、总部经济、会议展览等功能为主导的公建中心，打造城市综合体，提升城市功能，成为城市发展的新亮点。① 福州港口城市的地位将得到提高，实现跨江海发展，更好地发挥省会城市政治中心、文化中心、商贸中心、金融中心的功能。

四 人类生态学理论与福州城市空间结构

人类生态学比较强调市场竞争、人口增长、技术革新和城市基础设施环境的改善对城市空间结构的影响。该理论认为，空间社区是竞争的结果，是城市中不同的人口群体通过相互竞争来追求主导地位。竞争使强者占据城市有利的区位社区，而使弱者退居到区位差的社区。② 由于不同社区生活着不同阶层和地位的人，于是就形成不同特质的社区，社区的多样性就由此而生，也就有富人社区和穷人社区之分。伯吉斯等提出了关于商业和居住分布的同心圆模式，之后又有霍伊特的扇形说，哈理斯等的多核心说等。③

然而也有西方学者认为，与西方城市不同，传统中国城市人口并没有

---

① 《福州七大新片区建设规划出炉——将成城市发展新亮点》，《海峡都市报》2011年7月1日。
② 〔美〕安东尼·奥罗姆、陈向明：《城市的世界——对地点的比较分析和历史分析》，曾茂娟等译，世纪出版集团、上海人民出版社，2005，第173页。
③ 蔡禾主编《城市社会学：理论与视野》，中山大学出版社，2003，第37～38页。

按社会经济地位而分化出不同的城市空间。换句话说，被城墙包围的中国传统城市，各城区之间人口密集程度的差别不大，因此，由于居民社会经济地位不同而产生的城市社区和商业中心贫富悬殊较大的现象不明显，中国传统城市不具备西方城市中通常存在的中央商业区以及富人区和贫民窟等区域划分的条件。① 美国学者施坚雅在《清代中国的城市社会结构》一文中，用城市生态学理论研究清代北京。他认为，和许多西方城市一样，中国传统城市各个城区之间的人口密度相差很大，某些城区也可以按照社会经济地位来划分。他假设明清时期中国城市存在两个不同的空间核心，即由士绅和商人分别组成的居住及社交中心。一般来讲，士绅的空间核心坐落在可以体现其社会地位的官学、贡院和文庙等主要官方学府周围，而商人的空间核心或商业区则主要聚集在交通便利的城门和关厢附近。在这两个核心空间体系之内，社会地位和经济实力的空间分布差别则不很突出。② 施坚雅的城市生态学理论驳斥了西方社会学中普遍流行的有关传统城市社会阶层的空间分布与距离城市中心的远近成反比的观点，即由于交通不发达，越有钱的人就越愿意住在离市中心近的地方，而越穷的人就不得不住在离市中心远的地方。

人类生态学理论是在芝加哥城市经验基础上提出的在西方影响较大的城市社会学理论，但它运用在中国城市研究中，也有适用性问题。中国和欧洲城市的起源和功能不同。西欧中世纪的城市大多是商业和手工业中心，城市中首先发展起来的是服务于经济和市民生活的各种市政设施，经济职能是城市的基本社会职能，居民以手工业者、商人居多，城市管理主要是市民自治和城市贵族管理。中国传统城市的兴建往往首先是出于政治、军事上的需要，城市的居民主要是官吏、地主、军人、僧侣以及其他消费人口，从事工业生产、商品流通的工匠商人却居于从属地位。③ 在中国城市早期历史上，城市是政治或行政中心。因而在空间分布上，西方城市的中心区是商业区，霍曼等人提出的同心圆模型把中心城区看作最重要的区域。而传统中国城市的中心却是政府衙署，有江河的城市往往会在城

① 史明正：《北京史研究在海外》，《城市史研究》第 17～18 辑，2000。
② 〔美〕施坚雅主编《中华帝国晚期的城市》，叶光庭等译，中华书局，2000，第 629～639 页。
③ 张仲礼主编《近代上海城市研究》，第 3 页。

墙内形成行政中心，在河流附近发展起另外一个商业中心。

从福州的个案研究可以看出，城市空间结构并没有固定的模式，它是和该城市的经济发展因素、市场分布，乃至文化传统密切相关。经济因素无疑对城市的空间分布发挥着至关重要的作用。传统时期福建沿海城市的主要交通方式是水运。1843年开埠后，位于闽江入海口的福州成为闽江流域茶叶、木材等商品出口的集散地。南台位于闽江两岸，水运交通便利，地位凸显，形成城内政治和台江商业的双核心结构。20世纪60年代后，随着铁路的出现，闽江水运退出，闽江边的商业区——双杭逐步没落。2009年5月，国家正式批准了《福州市轨道交通近期建设规划》（2008～2016）。2013年，《福州市城市轨道交通线网规划（2012年修编）》中，规划地铁线路从此前的7条扩至10条。[①] 福州已在建设中的地铁1号线、2号线，将改善上街大学城、金山片区、乌龙江南岸的出行需求，直接引起这几年这几个区域的房价上升，也促进人口向这些区域聚集。

文化因素对城市空间分布也有很大影响。空间与所象征的社会价值结合成一体，成为当地文化体系的重要组成部分，影响土地利用的状态。空间的象征价值对社会活动的分布有三个方面的影响：凝聚作用、恢复作用和抵挡作用。[②] 作为传统时代不同功能街区的代表"三坊七巷"街区和双杭街区境遇也有所不同。福州的"三坊七巷"从唐宋以来，一直是上层社会的居住区，它被赋予了一种价值象征属性——传统、威望、地位。在"三坊七巷"，几乎每所老宅子都有故事，在人们眼里，这里和谐、整洁、高贵、安静，许多功成名就之人把这里视为理想的住所。但经过几十年的变迁，到20世纪90年代，"三坊七巷"变成处处大杂院，成为城市平民居所。"三坊七巷"位于城市中心，商业利益巨大，1993年市政府曾将此地出让给某房地产开发商开发。然而福州人把"三坊七巷"看作一个沉淀着城市人文、城市性格的文化符号，是福州城市文化竞争力的重要部分。正因为有这样的历史文化背景和强烈的感情因素，许多人以极大的热情参与到这一历史街区的保护行动中。经过一年多的谈判努力，2006年初福州市政府终于将"三坊七巷"收回。2006年，"三坊七巷"被列为全国重点

---

① 《福州地铁规划7条扩至10条》，《海峡都市报》2013年2月1日。
② 〔美〕安东尼·奥罗姆、陈向明：《城市的世界——对地点的比较分析和历史分析》，第48页。

文物保护单位，2009 年获选"中国十大历史文化名街"，2010 年被评为国家 4A 级旅游景区，被誉为"中国里坊制度活化石""明清建筑博物馆"等，成为福州旅游业和文化产业的一个重要品牌。原有的居民基本被迁出，安置在其他地方。而与"三坊七巷"地位相当的上下杭历史文化街区，在其历史上曾会馆、商行林立，也是商人居住的街区，它的命运相对不被人关注，到 2013 年底被列入旧屋区改造范围。

福州的房地产广告也不乏文化观念上的影响。在"三坊七巷"的衣锦巷东端某楼盘，打出广告横幅："出将入相之地"。已是远离城区的福州仓山区上街大学城的某房产广告："居风水宝地，吸文儒之风。上街，传承福州三坊七巷之千年人文，文脉泱泱，为文化教育圈的新坐标。福州大学、福建师范大学、福建医科大学、闽江学院荟萃于此，人文荟萃，引领一代风骚。"广告图册上还有一家三口着民国服装，站在郎官巷前的图片。鼓楼区某楼盘广告强调"作为鼓楼区最后一片珍稀自然大地，具有无可复制的土地稀缺价值"，看重的是鼓楼区在人们心目中独特的老城区地位。一些公司还举办音乐会等社区文化活动，力图建构该社区的文化象征和价值意义。

在城市空间分布上，除了经济竞争因素，还有来自政府的主导力量，政府提出的规划和发展战略发挥着至关重要的作用。20 世纪 20～30 年代，福建省政府建设厅在台江修公路、填地、建码头，直接引起这一带地价迅速上涨。而近年位于仓山区浦上大道以北的万达城市广场落成营业，改变区域内原有商业格局，成为福州新的商业中心，直接抬高附近楼盘的价格。

从长时段考察福州城市的空间结构，可以发现，经济竞争并不是影响城市空间结构的唯一因素，但经济竞争在总体上支配着城市空间的构造，而政府的决策、文化因素或社会价值观的认同等都会影响城市空间组织微观结构的调整。

（作者：林星，中共福建省委党校、福建行政学院社会与文化学教研部）

明代开封周王府的建筑布局
及其对城市结构的影响[*]

吴朋飞　邓玉娜

内容提要： 明代开封地位重要，城市性质特殊，周王府的修造又给这座城市留下鲜明的时代特征。利用文献和考古资料相结合的方法，本文复原了开封周藩世系、周王府的建筑布局，认为周王府深刻地影响了开封城市形态、地域结构和土地利用规划。

关键词： 明代　开封　周王府　城市结构

开封是中国著名的八大古都之一，因"八朝都会"而闻名，其中明代开封在其城市发展史和都城史上地位较为特殊，有重要研究意义。明初开封有十年陪都史，后为藩府重地，"势若两京"，属于全国第二等级大城市。今日这座城市的范围、规模，街道的分布、街道的名称均是基于明代而起。[1] 明代的开封是王府最多的一个城市，"王府城"是开封的一大特色。[2] 这些王府建筑的时空分布对城市结构影响甚大，本文仅以周王府为例说明相关问题。

一　周王世系及生命周期

明初开封城，地位非常重要，是当时的两京之一。洪武元年（1368）

---

* 本文系教育部人文社会科学研究规划基金项目"明代开封城市的平面复原研究——基于《如梦录》的考察"（13YJAZH098）和教育部人文社会科学重点研究基地重大项目"黄河变迁与开封城市兴衰的互动关系研究"（12JJD790023）的阶段性研究成果。

① 李长傅：《李长傅文集》，河南大学出版社，2007，第481页；吴朋飞：《开封城市生命周期探析》，《江汉论坛》2013第1期，第121~128页。

② 范沛潍：《〈如梦录〉简评》，《开封文博》2004年年刊，第73~79页。

三月，朱元璋派大将徐达攻占了开封，后亲自驻跸开封，指挥对元作战。八月，他认为"中原土壤，四方朝贡道里适均"，下诏"以金陵为南京，大梁为北京，朕于春秋住来巡狩"。① 洪武九年（1376）六月，改河南等处行中书省为河南承宣布政使司，朱元璋不再对开封春秋巡狩了。洪武十一年（1378），朱元璋取消了建都开封的计划，罢北京。

洪武三年（1370）四月乙丑，明太祖朱元璋首次分封九位皇子为亲王之后，各代帝王均封诸子"遣就藩服，外卫边陲，内资夹辅"②。整个明代，诸帝之子封王者共60人③，其中太祖23人，成祖2人，仁宗5人，英宗5人，宪宗9人，世宗2人，穆宗1人，神宗4人。分封到开封的第一代周王朱橚，为太祖第五子，洪武三年四月曾被藩封为吴王，后因"钱塘财赋地"④ 不宜封王而取消，遂于洪武十一年正月改封为周王，建藩开封。洪武十四年（1381）十月，朱橚至开封就藩。周藩世系自首任周王朱橚起至末王恭枵于崇祯十五年（1642）因黄水入城逃出止，共传十一世十三王，是与明王朝同始终的29个藩国之一。现将"周藩世系"整理如表1所示。

表1　开封周藩世系

代　数		分封时间	在位时间（年）
1	周定王橚	洪武十一年至洪熙元年（1378～1425）	48
2	宪王有燉	正统元年至四年（1436～1439）	4
	简王有爝	正统四年至景泰三年（1439～1452）	14
3	靖王子埕	景泰六年至七年（1455～1456）	2
	懿王子埑	天顺元年至成化二十一年（1457～1485）	29
4	惠王同镳	成化二十三年至弘治十一年（1487～1498）	12
5	安橾	成化二十三年至弘治二年（1487～1489）	3
6	恭王睦𣴎	弘治十四年至嘉靖七年（1501～1528）	28

① 《明太祖实录》卷三四。
② 龙文彬：《明会要》卷四《帝系》，中华书局点校本，1956，第50页。
③ 苏晋予：《河南藩府甲天下——明代河南藩王述论之一》，《史学月刊》1991年第5期，第42～47页。
④ 《明史》卷一一六《诸王传》，中华书局点校本，1974，第3565页。

续表

代 数		分封时间	在位时间（年）
7	勤熄	正德十一年至嘉靖九年（1516～1530）	15
8	庄王朝堈	嘉靖十九年至三十年（1540～1551）	12
9	敬王在铤	嘉靖三十一年至万历十　年（1552～1583）	32
10	端王肃溱	万历十四年至天启元年（1586～1621）	36
11	王恭枵	天启元年至崇祯十七年（1621～1644）	24

资料来源：《明史》卷一百《表第一·诸王世表一》，第 2546～2604 页。

明太祖建藩，子孙世系预赐嘉名，以示传世久远。洪武中，朱元璋因子孙蕃众，命名虑有重复，乃于东宫、亲王世系，各拟 20 字，字为一世。子孙初生，宗人府依世次立双名，以上一字为据，其下一字则取五行偏旁者，以火、土、金、水、木为序，唯靖江王不受此拘束。① 朱元璋的 26 个儿子都是单名，木字偏旁，各亲王下一代都是双名。开封周王府"藩系"的二十字为：有子同安睦，勤朝在肃恭，绍伦敷惠润，昭格广登庸。表 1 中诸王名称完全是按照此规定命名的。但《明史·诸王世表》称"考明代帝系，熹宗、壮烈二帝名，始及'由'字。其他王府，亦多不出十字"②。实际周王府最后一位周王已用至十二字，其十一世周王恭枵薨后应由其世孙伦坁相继，然而时值政局混乱，恭枵的谥号和新周王的袭封都来不及颁布，明王朝就灭亡了。另外，周府郡王中，保宁恭简王朝埻，是康王勤熄庶三子，其支属传至第五代止，也已用至十一字。

按照《明史·诸王世表》的记载（参见表 1），开封周王应为十一世十三王。不过，其中第五代周王安橫和第七代周王勤熄，虽都被封为世子，但还未来得及继承王位就去世了，是后来追封谥号的，故通常认为周府世系为十一世十一王。

明代规定亲王的谥号为一字，郡王的谥号为双字。亲王第一代无子者，取消封号。为了保持亲王的延续，下一代无子者，可以支属相嗣。支属中长子袭封亲王外，余子仍照原封世次，授以本等爵级，不得冒滥郡爵。郡王无子，兄弟及兄弟之子不得请袭，违者为冒封。③ 如第二代周王

① 《明史》卷一百《表第一·诸王世表一》，第 2504 页。
② 《明史》卷一百《表第一·诸王世表一》，第 2505 页。
③ 《明史》卷一百《表第一·诸王世表一》，第 2505 页。

有燉无子，以弟祥符王有爝袭封，有爝袭封周王后，其祥符郡王的封号即取消，其子仍为镇国将军。同样的例子，还有通许王子堨进封懿王、睢阳王同𨱑进封惠王。

周府从第一代亲王朱橚洪武十一年封王开始，到末王恭枵于崇祯十七年病死，周藩共受封时间为 267 年。其中，洪武十四年在开封就藩，崇祯十五年因黄河水患逃走而国灭，故在开封建国的时间为 262 年。十一世周王在位时间，约计 245 年，与封国时间不同步。各周王的封国时间长短（如表 1 所示），其实是关系到支属的茂盛、子孙繁衍的。如封国时间最长的第一代周王朱橚，在位 48 年，有儿子 15 位，除有燉、有爝继承王位，一子早夭外，其余 12 子被封为郡王，他们在开封城内建有府第，形成庞大的王府系统。

二　周王府的建筑布局

周王府的修筑时间，在洪武十二年下半年或十三年初春的可能性最大。[①] 洪武十四年四月周王府落成，十月朱橚到开封就藩，这是周王行使权力的标志。周王府存废时间，应是自洪武十四年至崇祯十五年（1381 ~ 1642），共 262 年。

周王府的建筑布局，在文献和考古资料中都有体现。周王府从开始营建到竣工，计 1 年左右的时间，速度如此之快，据推定应是利用明初开封城内原有建筑旧基改建而成。《如梦录》[②] 卷三《周藩纪》就记载："周府，本宋时建都宫阙旧基，坐北朝南，正对南薰门，即宋之正阳门也。"其中"宋时建都宫阙旧基"恐不准确。因为北宋亡国之后，开封城市为金人占据统治，金海陵王贞元三年（1155）三月曾发生一场大火，使得当时刚刚修葺的汴京宫室"延烧殆尽"。后在止隆元年（1156）和正隆三年（1158），海陵王完颜亮命令梁汉臣为提举大使，与左丞相张浩、参知政事敬嗣晖重新主持营构汴京大内诸宫，使得新修筑的宫室"制度宏丽，金碧辉映，不可胜言"[③]。此后至明洪武初只有一百余年，宋金皇宫的废垣残壁

---

① 范沛潍：《周王与明代开封》，《史学月刊》1994 年第 4 期，第 111 ~ 118 页。
② 孔宪易校注《如梦录》，中州古籍出版社，1984。
③ （金）宇文懋昭撰、李西宁点校《大金国志》卷 33《汴京制度》，齐鲁书社，2000，第 250 页。

尚存，精巧合理的布局依稀可见，故延续到明初的应为金代重修之宫室。

1. **周王府外部形态**

周王府的外部形态，是由萧墙和紫禁城两道城垣组成的双重城，可称为"城中城""府中府"。

最外面的一道城垣名为萧墙，周围"九里三十步，高二丈许，蜈蚣木镇压，上覆琉璃瓦，下有台基高五尺，上安栏杆"，萧墙外有大街"宽五丈"，再往外才是居民。根据考古资料，它应是在金故宫基址上改筑的。萧墙共设有四座城门，"向南是午门，东曰东华门，西曰西华门，北曰后宰门"。

里面的一道城垣名为紫禁城，是砖城，"高五丈，上有花垛口，内有拦马墙"。根据考古资料，它应是在宋皇宫旧基上改筑的。紫禁城同样设有四座城门，"南门端礼门，北门承智门，东门礼仁门，西门尊义门"。紫禁城外还有城濠一道，与开封城城濠规制相同，濠内地基宽阔，俱是内使居住。周王府内外双重城的建置布局，与开封城的砖城，再外围的土城（后周北宋东京城的外城城垣，系夯土而成，明代仍存在）和最外围的护城堤，共同构成明代开封"护城堤—土城—砖城—萧墙—紫禁城"五重城的城市形态（图1）。

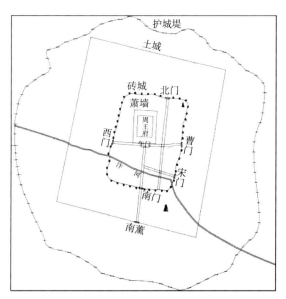

图1　明周王府在开封城内平面示意（自绘）

考古工作对明周王府遗址有初步的勘探和试发掘，基本界定了其萧墙和紫禁城的位置、形制、范围和部分门址。1981 年秋，在龙亭前潘湖的底部先发掘出了明周王府紫禁城内的部分大殿遗址，继而又勘探出紫禁城的范围。经勘探表明[1]，今龙亭公园南大门以北，龙亭大殿后墙以南，包括潘湖、杨湖在内的区域即为明周王府紫禁城的范围。经实测，其形制呈东西略短、南北稍长的长方形，周长约 2520 米。东墙南起今开封市图书馆北围墙附近，自南向北经今开封市曲剧团家属院、市文化局家属院、东华门街西侧，豆制品厂，止于豆制品厂北侧，西距龙亭大殿 230 米，全长约 690 米；西墙北起龙亭公园西南侧，自北向南经杨家湖西岸、杨家湖与杨家西湖之间断桥处，止于市麻刀厂西墙附近，全长约 690 米；南墙西起麻刀厂西墙附近，自西向东经午朝门影剧院、午朝门、宋都御街停车场、市杂技团东院，止于市图书馆北围墙附近，全长约 570 米；北墙东起市豆制品厂北部，自东向西经市人民检察院、龙亭大殿后墙处，止于龙亭公园西墙附近，全长约 570 米。紫禁城东西城墙宽度都在 8 米左右，南城墙 10 ~ 12 米，北城墙 12 米，都被黄河淤积在地下 5 米左右。

紫禁城的四座城门中有三座城门的位置大致被推断出来了，即正南门端礼门遗址，位于南墙中部的午朝门前，为今宋都御街北端的龙亭公园大门前的一对石狮子处。北门承智门遗址，位于今龙亭大殿台基北 15 米左右的树林里。东门礼仁门遗址，位于龙亭东湖东岸的市文化局家属院北段，即东华门街北段与东明街南段之间的东西横道附近。西墙尊义门遗址，未能发现，估计压在今龙亭西湖湖水下。

经勘探[2]，明周王府萧墙遗址的平面略呈南北长、东西短的长方形。南墙东起今开封市南京巷南口，向西经西大街、新街口、前营门一线，至河南大学医学院西墙止，长约 1150 米；东墙位于南京巷至开封市第二十八中学南北一线，长约 1420 米；西墙位于大兴街向北至开封渔场一线，长约 1400 米；北墙自开封市第二十八中学向西经人民体育场、文昌小学至汽车公司停车场，长约 1340 米。四墙周长约有 5310 米。萧墙遗址残存的墙基为宽8 ~ 10、高 3 ~ 6 米。

① 开封宋城考古队：《明周王府紫禁城的初步勘探与发掘》，《文物》1999 年第 12 期，第 66 ~ 73 页。
② 开封市文物工作队：《河南开封明周王府遗址的初步勘探与试掘》，《文物》2005 年第 9 期，第 46 ~ 58 页。

周王府萧墙四座城门中，目前只有午门遗址已被探出（如图2所示）。1985 年春，在今开封东西大街一线的文物勘探中，考古人员在新街口附近探明了一处萧墙的缺口。1996 年 5 月在配合城市基本建设的过程中，又在已探明的缺口附近进行了有针对性的文物勘探工作，结果表明，该缺口即为萧墙的正南门午门遗址。已探明的门址距地表约 4.5 米，东西长约 85 米，南北宽约 50 米，总面积约 4250 平方米。

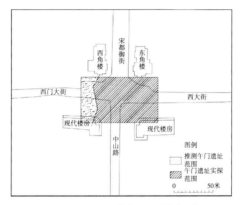

图 2　明周王府午门位置实测

资料来源：参见刘春迎《考古开封》，河南大学出版社，2006 年，第 246 页。

2. 周王府内部空间结构

《如梦录》卷三《周藩纪》对周王府内部建筑有较为详细的描述，白颖据此文献并对照成化《河南总志》进行了周王府内部建筑情况的整理，[①]但笔者认为该文仍然有一些可商榷之处，又进行了重新整理，详见表2。

表 2　周王府建筑的文献记述

		建筑名称	具体描述
萧墙前		钦赐牌坊（周端王母妃袁氏之坊、周端王之坊）	正南街中，有钦赐牌坊一座，一高一低，四角小坊共七坊，攒成一大坊。夹角石龙盘绕，精巧无比。上悬竖牌一面，金书"玉音"二字，下横额书"节孝两全"，是赐钦赐周端王母妃袁氏；又一坊一样盖造，亦是"玉音"二字，下横额书"忠孝贤明"，是钦赐周端王之坊

---

① 白颖：《明代王府建筑制度研究》，清华大学建筑学院博士学位论文，2007，第 115～118 页。

续表

		建筑名称	具体描述	
萧墙前		午门前，石狮子、跨墙红鹿角排栅、下马牌、"扭骨别棒"、拜台等	大门外，石狮子一对，连座高丈五尺，狰狞古怪，宋之镇门狮子也。两旁南北跨墙红鹿角排栅，甬路三道，东西立有下马牌。正中路南，有木三根，各长三尺。练以铁索，名曰"扭骨别棒"。坊下有杉木一根，东西横放，名为当冲木，俱是朝廷制度。正门往南五丈远，台阶下，东边有一砖石，名曰"拜台"，接勅诏龙亭至此台上跪接	
萧墙内	墙	萧墙	周九里十三步，高二丈许，蜈蚣木镇压。下有台基高五尺，上安栏杆。周边街宽五丈，四围有井七十二眼。四角有角楼	
	门	南——午门	五间三开	四门俱是碧瓦朱门，九钉九带
		东——东华门	禁不许开	
		西——西华门		
		北——后宰门		
		东过门	礼仁门与东华门之间	
		西过门	尊义门与西华门之间	
	南	东西承奉司	北有直房百余间（明朝断间，为一二三间，各官进内，候朝于此，停息更衣），成化《河南总志》记为"承奉司在尊义门东北"	
		宗庙	在端礼门东，宣德二年请建	
萧墙内	南	社稷坛、风云雷电山川坛	在端礼门西，在尊义门东南。《如梦录》亦称"天地坛"	
		旗纛庙	在二坛西	
		马厩、直房东西二库	在端礼门东	
		东西二过门	东过门往南通宗庙，西过门往西通天地坛	
	北	后宰门里土山	名曰停辇庄，亦有殿宇。麦熟观农	
	东	寿春园	百花园，礼仁门东北，周端王世子恭枵号龙亭所建，本宋徽宗御花园故基，内有大门、二门、两厢、后殿、假山、上建凌虚阁五间	
砖城内	城垣	紫禁城	高五丈，上有花垛口，内有拦马墙。周边有城濠，地基宽阔，俱是内使居住	

续表

		建筑名称	具体描述
砖城内	门	端礼门	砖城南门，外有城濠一道，三瓮三开，金钉朱户，红花涂墙，立砖铺地
		东西二掖门、小月儿门	端礼门旁有四扣磨角，台高五尺，乃宋时羽林军站班护卫之台。明朝有护卫军三千站台候朝，群牧指挥统管。永乐时削除，台基犹在。门东西两小月儿门，小红门使穿宫角门也
		板房	端礼门直北下有板房四间八所
		承（广）智门、礼（体）仁门、尊义门	砖城其余三门，其中尊义门楼被拆
	正殿区域	端礼街	午门与端礼门之间
		长史司	在端礼街东，典簿厅附本司
		审理所、纪善所、奉祠所、典仪所	俱在端礼街西
		承运门	五间三开，周围石栏杆，台高八尺，内安龙亭勅诏。两耳有便门二座，王宗官员入朝进内便门（即角门也）
		银安殿	前殿九间，穿殿五间。奉旨拆毁，柱础、螭头、四角尚在
		存心殿	七间
		两厢配殿	十间（东厢墨刻作，西厢是印书、裱背，直房盛法驾等物），四扣
		朝房	朝房棋盘盖造（宗人、仪宾候朝于此停息）
		东耳、西耳	东耳：为典服所、典膳所；西耳：王子王孙习读之所
		麒麟门	殿后有一字门，五间
	后宫区域	大宫门	五空三开，金钉朱户，青石栏杆，台高八尺，外断稍间，承奉候朝
		寝殿	七间，月台甬道，皆白石栏杆，四扣磨角
		廊庑	名曰棋盘宫，两厢俱是年老宫眷
		养老宫	一样盖造，一样三层
		后殿	供奉神像，藏镇府之宝
		白虎殿	后殿北，五间，王薨停灵之所

		建筑名称	具体描述
砖城内	后宫区域	煤山	高五丈，松柏成林，山下有洼池、湍水，沿岸上遍是水亭。东洼又有安庆宫之胜
	轴线东侧	家庙	宫东
		典宝所、典服所	俱在宫门东
		典膳所外厨	东夹道外，专供赏赐
		世子府	在宫门外东，典膳所东，乃宋时储太子之宫
		上洛王府、堵阳王府	未建，附周府宫门左
		斋宫（春宫）	小殿（宋枢密府衙门）吕公堂、七星台
		内草场、鹿圈、刻丝洒线作房、书堂作写柬之本之类	
		厂储仓、厂储库	在体仁门内
	轴线西侧	世孙府	西夹道西掖门西
		世孙小花园	花草池塘，西通尊义门
		安乐堂	世孙府西邻安乐堂，凡年老官眷病危送此堂医治，如故发送出西华门
		菜园门	安乐堂西，门三间，为宫人与亲戚会面处，管待酒食
		河清王府	未建，附周府尊义门里
		良医所、典膳所、工正所	在尊义门东
		典杖所	在尊义门里
		龙袍作、冰窖、盐池、菜园、白衣庵	北

白颖还在整理文献的基础上对周王府布局进行了示意图绘制①，唯其图只注重紫禁城内的建筑布局，笔者又根据相关文献对整个周王府的布局进行了补充编绘，详见图3。

周王府紫禁城内的部分建筑遗址，也已有部分考古发掘的成果，只是考古报告至今没有整理发表出来。1981～1984年，开封市宋城考古队在排

① 白颖：《明代王府建筑制度研究》，第120页。

图 3　周王府布局示意（改绘）

干水后的潘湖湖底共开挖了 5×5（平方米）、10×10（平方米）大小不等的探方 45 个。1995 年 8 月，在配合龙亭公园修建玉带桥的过程中，又在当时潘杨湖之间的中山路的北段，亦即今天龙亭大殿与龙亭公园南大门之间正中的玉带桥附近开挖了第 46 个探方。整个紫禁城内部，共开挖探方 46 个，总发掘面积近 4000 平方米，初步揭示了紫禁城内部的多处重要遗迹。全部发掘过程中，考古队在距离当时地表 3.5 米处发现了较大的、平面呈长形的明代宫殿建筑基址 12 座，花坛 2 座，排水沟 2 条。地表多铺 65×65 厘米的方砖，局部铺 160×65 厘米的青石板，还有平面为正方形、边长 60 厘米、深 20 厘米的柱础坑；地表之上散落着大量的板瓦、筒瓦等建筑材料和脱落的红墙皮残块。在发掘过程中清理出的房基均为高台建筑，有的房基高出当时地面 1.6 米，可见当时周王府紫禁城中宫殿建筑之高大宏伟。[1]

其中比较重要的是探方 46（探方编号为潘湖 T46），发掘出正殿院落

---

① 刘顺安：《古都开封》，杭州出版社，2011，第 76～77 页。

区域廊庑台基的遗迹。廊庑台基东距紫禁城东墙约 250 米，北距龙亭湖北岸约 130 米，南距紫禁城南墙约 20 米，廊庑台基长约 342 米，宽约 8.4 米，高约 0.9 米，两侧包砖内为夯土；在廊庑台基南段往北约 65 米发现了一处房基（编号 F10），为南北向（台基南北长 24 米，东西宽 10.8 米，高出当时地面约 1.3 米）。房基的柱网平面尺寸亦有比较清晰的测量数据，根据现存柱洞来看，该房基面阔 5 间，共宽 22.7 米，其中明间面阔 5.1 米，次间面阔 4.7 米，稍间面阔 4.1 米；进深 2 间，共 9.2 米，每间 4.6 米。参与发掘工作的刘春迎判断"这处房基与紫禁城东华门大致相对，可能为从东华门进入紫禁城中心的一个门径"。[1] 白颖指出"从该廊庑的方向和长度来看，当为端礼门内直延伸至正殿区域北端的廊庑，但其东西位置太过于居中，可能与王府格局略有不符，此处对其东西向的位置暂存疑问"。[2]

三　周王府对开封城市结构的影响

1. 五重城的城市形态与高程控制

明代周王府利用宋金故宫遗址进行改建，形成"外萧墙、内紫禁城"的双重城垣结构，与开封砖城、土城、护城堤，共同构成明代开封"护城堤—土城—砖城—萧墙—紫禁城"五重城的城市平面形态（如图 1 所示）。这是明代开封城市形态布局的一大特色，在中国古代城市建设和规划营造史上都是较为特殊和罕见的。同时，周王府的营造，也使得明代开封城仍旧延续宋都开封的城市结构，并使这一种中国古都布局形式保持到今日，这是八大古都中如西安、洛阳等城市所不具备的。另外，周王府"城中城""府中府"的格局，对明代王府建筑的影响也是较大的。西安的秦王府，太原的晋王府后来也都进行了扩展，采用"城中城""府中府"[3] 的格局。

明洪武九年（1376），开封城墙在金代内城的基础上，全部用砖包砌，城周长度与金末相同，为"二十里一百九十步"，城墙高三丈五尺（约

---

① 刘春迎：《考古开封》，第 254 页。
② 白颖：《明代王府建筑制度研究》，第 118～119 页。
③ 范沛潍：《宋国公冯胜与开封》，《开封文博》2008 年年刊，第 22～26 页。

9.76 米），宽二丈一尺（约 6.43 米），城外有宽五丈（约 16 米），深一丈（约 3.2 米）的护城河环绕。洪武十四年（1381）竣工的周王府，城周"三里三百九步五寸"，城墙高五丈（约 16 米），王城外面还有一道萧墙"周围九里十三步，高二丈许（约 6.4 米）"，这说明周王府城墙高出开封城墙 6 米左右，王府最外面的萧墙约相当于开封城墙高度的 2/3 处，但其是"蜈蚣木镇压，上覆琉璃瓦"。因此，周王府与城内的祐国寺、钟鼓楼，城外的繁塔等共同控制着明代开封城市的制高点和立体景观。这其中，又以等级森严且建筑群体庞大、形制隆重的周王府最具震撼力，是全城空间结构的核心。

2. 核心空间的建构与控制

明代开封夹于南北京师之间，区位优势明显，又是周王藩封之地，受明政府高度重视，其城市性质主要是政治性城市。同时，开封又是当时河南省的省会所在，是全省的政治、经济、文化、交通等信息汇流之地。

傅衣凌将明清时代的城市经济分为两种类型：开封型城市和苏杭型城市。开封型城市是典型的亚洲消费城市，又是封建地租的集中地，工商业是为这个城市的地主服务的。[1] 韩大成也将明代城市分为政治型城市和经济型城市，将开封与北京、南京两个政治型城市并列。[2] 可见，开封是典型的政治型大城市，以纯消费为主。

周王及其子孙是开封城内政治上的特权者、经济上的富有者，他们的府第遍及开封主要街巷，自然也就成了消费上的主导者。以周王及其子孙所组成的王公贵戚这一庞大的消费群体，推动了开封商业和手工业的发展。《如梦录》记载："满城街市，不可计数，势若两京。"[3] 也就是说，开封经济的繁荣，同当时的南京、北京可以媲美。城内的诸种行为活动，包括街道布局和商业贸易等大多数都是围绕周府展开的，明末开封的繁华情况《如梦录》中有记载，《开封城市史》中对其也进行了归纳总结，[4] 此处不再赘述。

---

① 傅衣凌：《傅衣凌治史五十年文编》，中华书局，2007，第 197 页。
② 韩大成：《明代城市研究》，中国人民大学出版社，1991，第 47 页。
③ 孔宪易校注《如梦录》卷六《街市纪》，第 57 页。
④ 程子良、李清银：《开封城市史》，社会科学文献出版社，1993，第 173～176 页。

此外，还有研究指出①，作为明代开封城核心的周王府，位于全城的偏北处，筑有萧墙和紫禁城两重城垣，其中以萧墙南墙以外的东西大街（曹门至西门之间的大街）为标志，将明代开封城分割为南、北两大部分，以南为居民区和商业区，以北主要是王府宫殿区。由王府南门午门通向砖城南门的大道（今中山路），则是开封城市布局的中轴线，在这条大道两旁的大街小巷，形成了城内的商业中心，多为专供王公贵族消费的作坊、店铺所占据。

诸如此类的研究都表明周王府在明代开封城市中具有特殊功能，它是全城政治经济文化的"核心区"。此处我们还可补充一点，即《如梦录》卷二《形势纪》中的一段记载，更是突出体现古人对周王府在开封城中核心空间的建构理念，"城内周府前有兴龙桥，又有左右两龙须。东自锭匠胡同，往南至大店，过鼓楼而东，由鹁鸽市迤南，东至第四巷，南抵宋门大街止；又自鼓楼往东至五圣角，向南抵宋门大街止，谓之左龙须。西自武庙，往南，至钟楼。一折向西，复南折至半截街南，一由钟楼口往南，过馆驿街西口，折向西，过开封府署西南抵城墙。一自馆驿街西口，由延庆观西南，抵雷家桥南，谓之右龙须"②。可见，从古代堪舆学上讲，在城内的汴梁地脉是以周王府为中心建构的。总之，在物质与精神空间的双重建构上，周王府都是明代开封城市的"核心"，对该城市的形态和空间布局影响深远。

（作者：吴朋飞，河南大学黄河文明与可持续发展研究中心；邓玉娜，天津师范大学历史文化学院）

---

① 刘春迎：《考古开封》，第 230 ~ 231 页。
② 孔宪易校注《如梦录》卷二《形势纪》，第 3 页。

20 世纪初开埠城市天津的日本受容[*]

——以考工厂（商品陈列所）及劝业会场为例

徐苏斌

内容提要： 开埠城市是中国城市近代化较早启动的地区，城市近代化是在什么合力的推动下展开的是值得关注的问题。天津是具有典型双重的性格的开埠城市，既有外国人经营的租界，也有中国人经营的地区。在中国经营的地区所发生的受容具有主动受容的特点，而通过租界对中国近代化的影响具有被动受容的特点。本文以天津新政时期河北新区、日租界的商品陈列所以及扩展后的劝业会场为例，说明开埠城市近代化是错综复杂的合力作用的结果，开埠城市的"主动受容"刺激了民族意识的形成。

关键词： 开埠城市　天津　日本　主动受容　被动受容

引　言

美国的中国历史学者柯文（P. A. Cohen）1984 年出版了十分具有影响力的著作《在中国发现历史》①，在该书中作者批判了美国的中国近代历史研究都是以西方为准绳来衡量中国的历史的，提出应该从中国人自身出发探寻中国近代史。柯文在该书第一版中相对忽视了中国和外国的关系，因

＊　本研究为国家社科重大项目"中国城市近现代工业遗产保护体系研究"（12&ZD230）与国家自然科学基金面上项目（51178293）之一部分；2012 年度"天津市教委重大项目天津市工业遗产保护与活化再生利用策略研究"（2012JWZD4）。
①　柯文：《在中国发现历史——中国中心观在美国的兴起》，林同奇译，中华书局，1989。

此受到了学界一些批评。① 他在 1997 年第二版的序言中承认了这个问题并进行了补充说明。笔者以中国近代城市中的日本建筑为线索在日本出版了《中国的城市建筑与日本——主体受容的近代史》② 一书，笔者把近代中国从国外接受的影响分为"主动受容"和"被动受容"两种，"主动受容"是主体主动接受和学习国外经验，如洋务运动等，而"被动受容"是指主体被迫接受国外的影响，如殖民地城市的建设等。拙著的重点是探讨柯文中国中心论的延长线——"主动受容"背景下的对外关系，相较于此，笔者在本文中更关注"主动受容"和"被动受容"的平衡。

中国的近代具有比较明显的双重特征，有"主动受容"和"被动受容"两个层面，而开埠城市又是集中反映双重特征的地方。在天津既有中国人经营的地区，也有外国人经营的租界，本文通过清末新政时期天津考工厂（商品陈列所）和劝业会场建设受到日租界，并通过日租界受到日本本土的影响这个侧面，试图说明港口城市近代化的推进是错综复杂的合力发生作用的结果。

关于天津史研究，张利民、任吉东在《近代天津城市研究综述》一文中系统地回顾了天津解放以后的研究状况③，关于租界的研究，大里浩秋、孙安石主编的《租界研究新动态》汇集了最新的在中国的日本租界研究成果。④ 在这些研究的基础上，笔者认为在华界和日租界的关系以及和日本的关系方面尚需要探讨，特别是以人物为线索串联起华界、租界和日本方面的研究还需要进行精细分析和考证。

关于开埠城市的民族主义与殖民主义关系，学界多从对立的角度研究，如 20 世纪 90 年代围绕"华人与狗不得入内"的问题展开讨论⑤，随

---

① 汪熙：《研究中国近代史的取向问题——外因，内因或内外因结合》，《历史研究》1993 年第 5 期。译者林同奇的批评见周武等《中国中心观的由来及其发展——柯文教授访谈录》，《史林》2002 年第 4 期。

② 〔日〕徐苏斌：《中国の都市·建築と日本——『主体の受客』の近代史》，东京大学出版会，2009。

③ 张利民、任吉东：《近代天津城市研究综述》，《史林》2011 年第 1 期。

④ 大里浩秋、孙安石主编《租界研究新动态》，上海人民出版社，2011。

⑤ 薛理勇：《揭开"华人与狗不得入内"流传之谜》，《世纪》1994 年第 2 期；马福龙等：《"华人与狗不得入内"问题的来龙去脉》，《上海党史与党建》1994 年第 3 期；张铨：《关于"华人与狗不得入内"问题》，《史林》1994 年第 4 期；《中国人民被污辱的史实不得抹杀曲解——"华人与狗不得入内"问题的史实综录》，《新文化史料》1994 年第 6 期。

后又有陈蕴茜从殖民主义与民族主义冲突角度的研究①，以及李永东从民族主义与殖民意识的关系来论述租界语境下知识分子的文化体验与文本叙事②。这些文章试图揭示租界与华界的冲突问题，而李益彬关于租界与近代中国城市市政早期现代化③和李进超的异质文化的碰撞与融合等论文，④都谈及了租界在文化交流中的作用。总之，中国开埠城市租界对华界发展的影响还是十分值得探讨的课题。

一　日租界租界局行政委员藤井恒久

甲午战争之后，根据1896年10月19日中日两国在北京签订的《通商口岸日本租界专条》（又称《通商公立文凭》或《公立文凭》），拉开了近代日本在中国开辟租界的历史序幕，日本是唯一在中国开辟租界的非西方列强，更是近代在中国开辟租界数最多的国家。义和团事变以后，天津日租界得到进一步发展，1902年在天津成立了总领事馆，伊集院彦吉任总领事，租界管理进入正规。1902年根据总领事馆令第六号《日本专管居留地临时规则（1902年9月9日）》开设了日本专管居留地的自治机关——居留民会的事务所，命名为租界局，由总领事伊集院彦吉任命5名行政委员，每月召开数次委员会会议处理土木卫生等问题。行政委员每年3月受总领事之召唤在租界局召开7天会议，通常议决日租界的重要决策。⑤

总领事任命了4名行政委员，铃木岛吉（1902～1907年第一任行政委员会议长，正金银行天津支店长）、南新吾（三井银行天津支店长）、伊藤彦九郎（松昌银行天津主任）、竹野虎雄（日本邮船会社天津出张所长）。1904年5月16日进行第一次公选，结果是佃一豫、皆川广量、吉田房次郎、西村博、藤井恒久5人当选⑥。根据总领事馆令，六个月以上每月支

① 陈蕴茜：《日常生活中殖民主义与民族主义的冲突——以中国近代公园为中心的考察》，《南京大学学报》（哲学人文科学社会科学）2005年第5期。
② 李永东：《民族主义与殖民意识的纠缠——论租界语境下知识分子的文化体验与文本叙事》，《海南大学学报》（人文社会科学版）2008年第4期。
③ 李益彬：《租界与近代中国城市市政早期现代化》，《内江师范学院学报》2003年第3期。
④ 李进超：《天津租界文化：异质文化的碰撞与融合》，《理论与现代化》2010年第5期。
⑤ 〔日〕白井忠三编《天津居留民团三十周年纪念志》，天津居留民团，1941，第29～38页。
⑥ 〔日〕白井忠三编《天津居留民团三十周年纪念志》，天津居留民团，1941，第269页。

付税金银 1.5 美元以上的日中居住者可以作为行政委员，总领事任命的行政委员都是银行或者邮船公司的负责人，而 1904 年公选行政委员也应该具有这样的实力。他们直接决策日租界的发展。其中佃一豫、藤井恒久不仅是日租界的决策人物，而且也是华界中国政府的顾问。

佃一豫（1864～1925）是明治大正时代的官僚银行家，东京大学政治学科毕业后进入内务省，后来任大藏省参事官、松方正义首相的秘书官、大阪神户的海关长。到天津后除了担任租界局行政委员会议员外，他还被袁世凯雇为财政顾问，后来任兴业银行副总裁，满铁理事等。

藤井恒久也是袁世凯的顾问，负责工艺总局。藤井恒久出生于日本石川县，1883 年 5 月毕业于东京帝国大学应用化学科，工学士。藤井和大阪商品陈列所的关系密切。日本在 1890 年进行官制改革，商务局和工务局合并为商工局，商工局负责管理商品陈列所。同年大阪府立商品陈列所创立，以比利时的布鲁塞尔商品陈列所作为典范，设置了输出部、输入部、国内生产制造部、包装品样本部、广告图书及分析室等五个部。每个月发行刊物。① 陈列所创建之初藤井是准备委员会的委员，第一代所长由大阪府农商课课长板原直吉兼任。1891 年 4 月由藤井担任第二代所长，他是专职的第一任所长，两年后辞职。其间，他"为了奖励在商品制造上应用学理（科学），特别重视将重点放在分析和试验上，同时扩大实业谈话会，广泛召集实业者研究制造的方法和制品的改良，通过报告书广泛宣传其成绩，努力增进商工业者的知识"。② 藤井因为是应用化学出身，所以十分强调制造中科学的分析和试验。

大阪府立商品陈列所为迎接第五次国内劝业博览会，1900 年 4 月 17 日～1901 年 5 月 21 日召开了大阪市产品评议会，藤井是审查长，藤井作为该所二十周年记念功劳者表彰人物受到表彰。③ 另据大阪府立商品陈列所创立三十周年记念协赞会编《回顾三十年》记载，藤井恒久 1920 年任中国工业顾问，晚年在大连疗养。④

日本在中国推进工商业发展是和租界的设置同时进行的。从 19 世纪后

---

① 〔日〕大阪府立商品陈列所创立三十周年记念协赞会：《回顾三十年》，1920，第 227 页。
② 〔日〕大阪府立商品陈列所创立三十周年记念协赞会：《回顾三十年》，第 17 页。
③ 〔日〕大阪府立商品陈列所创立三十周年记念协赞会：《回顾三十年》，第 21～23、324 页。
④ 〔日〕大阪府立商品陈列所创立三十周年记念协赞会：《回顾三十年》，第 227 页。

半叶开始，日本从以前的向欧洲学习的状况中解脱出来，开始把目标转移到亚洲的工商业上。工业方面，1895 年《马关条约》规定外国人可以在中国开设工厂，在商业方面，1896 年日本农商务省向中国派遣 5 名官员，对当地的商工业状况，进出口状况以及同业组合等 7 项进行调查，积极地开展对中国商业战略的制定①。1897 年日本农商务省又向中国派遣 3 名实习生，接着 1898 年、1900 年也继续向中国派遣实习生。1898 年被派遣的吉川荣吉撰写了《清国农商工视察报告》，报告了中国的商业、农业、蚕丝业的状况。随着不断向中国派遣实习生，日本也将商品的标本向海外发送，在领事馆设置商品陈列所。1898 年商品陈列所的设置地点有厦门、沙市，还有新加坡、孟买、墨西哥等地，第二年在牛庄、宜昌、上海、曼谷设置陈列所。从日本外务省外交史料馆的档案来看，日本政府 1900 年还试图在天津、汉口和重庆他们的帝国领事馆内设置商品陈列所，② 在武汉 1900 年成立了商品陈列所，但是毕竟存在不了解当地的习惯和土地情况等问题。③ 义和团运动以后，日本对中国经济进行调查，1912 年发行了《农商务省商工汇报号外——清国动乱与中清经济界》④。同年号外"其四"中有"关于汉口市场的恢复"，涉及了汉口的商业界、工业界的恢复和日本对策。

由于义和团运动，1900 年前日本在天津没有建成商品陈列所。虽然尚不清楚藤井是否受日本派遣，但是他赴天津的目的不能说和商品陈列所的建设无关。

从武汉的经验来看，通晓中文并且精通商业的人才不可或缺，藤井被中方聘为高等翻译，说明他具有一定的中文水平，在日方来看他也是一个向中国推进商业发展的不可多得的人物。按照总领事馆的对于行政委员当选的缴税资格，藤井从日本方面获得资助的可能性比较大。

佃一豫和藤井恒久是日本工商业建设的直接参与者，了解日本的工商

① 〔日〕开国百年纪念文化事业会编纂《明治文化史》，洋洋社，1955，第 155～156 页。
② 《商第三四四六号天津、汉口、重庆、右三ヶ所合案》，明治三十三年四月（1900 年 4 月），日本外务省外交史料馆藏，B10074380100。
③ 东亚同文会《支那经济全书》第 4 辑，1908，第 291～293 页。
④ 农商务省商务局编《农商务省商工汇报号外——清国动乱与中清经济界》，农商务省商务局，1912。

业结构，他们来到天津无疑是有目的的，即为了促进日租界初期建构和发展，与此同时，日租界也成为媒介，直接对中国管辖区域的城市发展产生了作用。

二 直隶工艺总局的考工厂和日租界的商品陈列馆

1900 年八国联军占领了天津，建立了军事管制，组织了临时政府"都统衙门"，"都统衙门"下设巡捕局、卫生局、库务司、司法部、公共工程局以及总秘书处和汉文秘书处。[①] 1902 年 8 月 15 日袁世凯接管之后继承了这些机构的一部分机能，比如创立警察制度是临时政府体系的一个方面。临时政府一建立，便首先成立巡捕局，着手建立城市警察系统。袁世凯也建立了巡警局，而直隶工艺总局的成立则是在 1902 年以后，并且和日本直接相关。

1902 年袁世凯委托周学熙创立了直隶工艺总局，其目的是振兴直隶的工商业。同年他任命周学熙负责工艺总局的具体事业。周学熙和藤井恒久签约，藤井自光绪二十八年六月二十六日（光绪 1902 年 7 月 30 日）起三年担任高等工艺翻译官，以后又数次延长聘期。藤井和工艺总局签订的合同是担任翻译，实际上藤井除了和中国方面签订了担任翻译的合同，据日本外交史料馆资料中，还有"北洋工艺总教习""直隶工艺总局顾问""工艺学堂教习""顾问官"等职务，月俸为 400 两。[②]

这正是罗芙芸在《卫生的现代性——中国通商口岸卫生与疾病的含义》一书中所提到的，"有这样的背景，所以中国的精英们会在义和团刚刚被镇压下去后愉快地在家里款待日本客人。除了惺惺相惜的中国传统之外，这两种群体都在进行同一项事业：将他们自己与混乱的他者区别开来，并且作为业洲同伴，跻身'现代文明'的新秩序之列"[③]。我们还可以从侧面了解中国的精英和日租界的关系。

1902 年工艺总局的前身——教养局开设。教养局是为了收养贫困孩子

---

① 刘海岩：《八国联军占领期间天津若干问题考析》，《历史档案》2005 年第 2 期。
② 东京帝国大学：《东京帝国大学卒业生氏名录》，1926；日本外务省政务局《清国官厅雇聘本邦人一览表》1903 年 4 月调查，日本外务省外交史料馆所藏史料。
③ 罗芙芸：《卫生的现代性——中国通商口岸卫生与疾病的含义》，江苏人民出版社，2007，第 199 页。

而设，分为织补、地毯、染色三科。在藤井之后，1902年10月2日驹井于菟受聘担任染物教授，月俸为50两，时限三年。他1900年7月毕业于大阪高等工业学校染色科本科，是该科第一位毕业生，任教养局副工师。他和藤井同乡，都是石川县人，他的任职有很大可能是藤井介绍的。同年10月30日雇用了原炮兵少尉大原养浩为教养局正工师，负责染色教育，月俸为100两，时限三年，新潟人。同年11月16日雇用了藤田辰三，他是大阪高等工业学校机械科本科1902年7月毕业生，冈山人，担任教养局副工师，负责机织教育，时限三年。[①]

教养局收养贫困孩子并不是新政改革的目的，工艺振兴并不是为了"游民"，而应该是动员社会全体的大事情，因此需要建立一个更宏观的组织。1902年清政府的商部还没有成立，说明工艺总局的建立不能受命于中央政府，而先需要从其他地方学习，工艺总局总办周学熙所模仿的是日本，周学熙曾说："而津郡商工多守旧，语以东西洋工艺实耳目所未经闻见，总办乃酌采日本成规。"[②] 这样的探索在中国无疑具有先驱意义。

严修在《严修东游日记》中也写道："工艺学堂即高等工校之具体，工艺总局即商工局之具体，劝工场即陈列（所）矣，教养局既染织场也。"[③] 这更为具体说明了各个机构和日本的对应关系。而在1902年，了解日本工商结构的藤井，作为翻译和顾问起到媒介作用。

周学熙认为教养局从方法和名称上都不太合适，提议应该另外组织工艺总局。在初创的直隶工艺总局下属的工艺学堂和考工厂的建设中，藤井都担任了重要角色。

1903年1月直隶工艺总局刚成立的时候，工艺学堂只有应用化学科、染色科和普通科，这和当时的教员有关，藤井本人专业是应用化学科，所以可以承担应用化学科教学。山口仲次郎1903年3月6日签订了为北洋工艺学堂担任教职的合同，他原来是陆军技师，承担工程监督职务，月俸50两银。1904年1月又雇用了东京高等美术学校毕业的松长长三郎，他1903

---

① 日本外务省政务局《清国官厅雇聘本邦人一览表》，1903年4月，日本外务省外交史料馆藏；大阪工业大学编印《大阪工业大学一览》，1932。

② 《劝工陈列所总志》，北洋官报局编《直隶工艺志初编》下，"志表类"卷上，1907（光绪三十三年），第11页。

③ 严修著，武安隆、刘玉梅注《严修东游日记》，天津人民出版社，1995，第173～174页。

年任大阪"国内劝业博览会"的书记，执教图案学。1905 年 11 月雇用了中泽政太，他原为大阪府警技师，月俸 150 两银。①

藤井恒久最重要的工作是推进了在中国建立商品陈列所。如果说他来中国的目的是尝试建立商品陈列所的话，那么袁世凯给他提供了一个很好的机会。

商品陈列所的建立是通过对日本 1903 年大阪第五次"国内劝业博览会"考察实现的。1903 年周学熙考察了大阪第五次"国内劝业博览会"，同时由藤井介绍见到了未来的考工厂艺长盐田真。五月初一（6 月 1 日）"藤井介绍博览会美术审查官盐田真来见，年五十余，颇老成，曾奉国令赴泰西各赛会数次，工业阅历甚深"②。

盐田真（1837～1917）是明治工业界的先驱，东京士族出身，1875 年到 1876 年任东京国立博物馆工业科长，曾经向海外介绍日本的陶器，曾任朝鲜政府美术顾问，还作为博览会事务官被派往美国和法国。1897 年他执教于东京美术学校图案科，此外还历任商务省技师。1900 年盐田作为日本的审查官审查了日本赴巴黎博览会的第 13 部 84 类产品，提交了报告书，1903 年他又成为第五次"国内劝业博览会"第 10 部的审查员。③ 1902 年 2 月 25 日他在华族会馆发表了"博览会谈"的讲演，在讲演中他介绍了博览会的历史，这大概是日本最初的有关博览会历史的报告。

盐田还是陶器研究家、古美术的鉴赏家。他在东京美术学校和博览会事务官的经历都是中国方面所需要的。藤井虽然曾经任大阪商品陈列所所长，但是和盐田比，鉴赏经验还不足，这可能是他向中国推荐盐田的原因。

1903 年 10 月 29 日总领事伊集院彦吉给外务大臣小村寿太郎写信，报告了中国方面建立考工厂和雇用日本人的情况，并且希望日本提供展品，他说明"这是有希望的事业"。④

---

① 日本外务省政务局《清国官厅雇聘本邦人一览表》，1903；《清国佣聘本邦人一览表》，1904，1908。日本外务省外交史料馆藏，B02130224800。

② 周学熙：《东游日记》，1903，第 20 页。

③ 《第五回内国劝业博览会图会》，载《风俗画报临时增刊》，东阳堂，第 275 号，1903，第 14 页。

④ 《北洋工艺局商品陈列所本邦工艺品寄赠方在天津总领事ヨリ具申一件》，日本外交史料馆所藏、史料编号 33621。

1903 年 9 月 21 日考工厂在旧城的北马路建立，1904 年建成 2 层的西洋式建筑，第一层展卖中国货，整个第二层是日本工艺品参考室。[①] 这些展品是通过日本总领事馆征集到天津的。

1903 年 12 月 4 日盐田和工艺总局签订合同，根据合同工艺总局每月给予和藤井一样的工银 300 两。这个月俸在当时雇用的技师中属中上等，同时期关内外铁路雇用的日本技师是 200 两银。盐田就任工艺总局考工厂艺长时 66 岁。

考工厂的机构设置主要有庋设、考察、化验、图书四司，从设置可见大阪商品陈列所的影响。大阪商品陈列所见本部相当于庋设司，调查部相当于考察司，化验部相当于试验部，图书部相当于图书司。考工厂并辅以文牍、会议、庶务三司。庋设司经理商品的借与给的分配，经理赠品与寄售品，管理庋设及寄赠售品的簿籍。考察司即答复工商业家咨访事件，演示工商新法，演说工商要理，传授工艺方法并拟示标本，做商品说明，鉴别商品器物，访查本地进出口货情形，访查本地商业销滞情形。化验司即暂由工艺学堂代办（由本厂图书司承接收发记录等事宜），分析试验，回答关于化验的咨访，管理化验器具及其簿籍。图书司即管理图书及商品标本等件以编纂目录，负责搜集图书及商品标本等件并摹绘各项图样等事，经理借贷图书及商品标本等事立簿，收发、编纂并翻译工商业书报等。

《天津考工厂试办章程》中明确规定了艺长的责任为："艺长之职所以备实业家之顾问，如各工商人等有所咨询事件，务当详为复答，若需常面对者，由考察委员领赴艺长处以便详询"，另外，艺长还负责考工厂的考察司的工作。[②]

盐田在考工厂工作两年，光绪三十一年十月（1905 年 11 月）盐田合同期满，回日本之前周学熙为他送行。他在中国的工作受到中国方面的好评。[③]

---

① 东亚同文会《支那经济全书》第 11 辑，1908，第 57 页。
② 《天津知府凌覆陈开办工艺学堂禀并批》，《北洋公牍类纂》卷 17，工艺 2（研究），光绪三十三年刊本，第 1279、1282 页。
③ 《提调周牧家鼎艺长盐田真均能勤奋出力》，《北洋公牍类纂》卷 17，工艺 2（研究），光绪三十三年刊本，第 1278 页。

日本方面也给予他评价："考工厂是在直隶工艺总局支配下，天津道台周氏总办，日本顾问盐田氏经营而开的。两年间该氏苦心经营，现在顾问藤井氏代之。"①

另外，1900 年日本在天津没有商品陈列所，盐田真的到来推动了日本在天津建设商品陈列所的进程。

1901 年 12 月，日本和歌山县的商人三毛藤吉在天津开设了三毛兄弟商会（也称三毛洋行）的杂货店，逐渐获得中国人的信任，成为成功的日本商人。三毛藤吉开设的商品陈列馆位于日租界旭街（今和平路）和宫岛街（今鞍山道）交叉口，当时称为宫南袜子胡同。1904 年该馆扩大规模，由东京建物会社协助设计建造了二层建筑，共 90 余坪面积（约 297 平方米）。东京建物会社是最早受到日本领事馆委托负责日本租界建设的公司，笔者推测考工厂也有可能是东京建物会社建造的。经营方式是生产者派人来店贩卖，三毛洋行提供场地和住宿，并收取费用。②

1904 年扩大规模以后作为商品陈列馆开业，这个商品陈列馆是在盐田真的帮助下创建的。盐田真 1904 年 8 月为商品陈列馆开馆写了短文，详细说明了他和三毛洋行的关系。1903 年 11 月受周学熙之聘到天津，第二年 3 月盐田真初次和三毛藤吉见面，都感慨日本国的商品销售不振。建设新馆的时候三毛藤吉拿来建筑图纸找盐田协商，向他说明了开店四年顾客不断增加，而原来的杂货店仅仅出售廉价物品，而且店面狭小的情况。因此他们决定开设陈列馆以促进日本各商工业家产品的生产和销售。盐田真虽然刚来中国半年，但是支持三毛藤吉，并为之担任顾问，帮助展陈事宜。盐田的住所在陈列馆附近枣轩，因此也十分方便交流。③

该陈列馆专门陈列日本的制作品和工业品，同时也是销售机构。商品

---

① 〔日〕东亚同文会《支那经济全书》第 12 辑，第 764 页。
② 在外务省外交史料馆史料中有日本驻天津总领事伊集院彦吉 1904 年 11 月 1 日写给外务大臣小村寿太郎的《天津在留三毛藤吉身元取调之件回答》（中文译名为《在天津三毛藤吉身份调查之件回答》），该文件起因是滋贺县知事收到三毛藤吉的出品募集函，滋贺县知事向农商务省询问三毛藤吉的身份，对此伊集院彦吉的答复信件。（《天津日本租界旭街三毛藤吉ヨリ商品陈列馆规则书当业者ヘ配布ニ关スル件》，明治三十七年，日本外务省外交史料馆藏，B10074360300）
③ 〔日〕"在天津枣轩盐田真志"（明治三十七年八月）。（《天津日本租界旭街三毛藤吉ヨリ商品陳列馆规则书当业者ヘ配布ニ关スル件》，明治三十七年）

陈列馆还制定了陈列馆规则，这个规则说明了陈列品位置、目的、出品三大项。陈列馆位置位于旭街和宫岛街交叉口，后面还有空地，将来还考虑扩大发展的可能性。目的是"本馆以陈列我国美术工艺品及诸工业品为主，又销售适合清国人和欧洲人的饮食品，作为各个厂家的广告吸引清国人和在留欧美人的注意，开辟扩大销路捷径"。在出品中说明了展陈和销售的形式和方法：第一，出品者派遣销售员销售；第二，本馆为销售员提供住宿条件，住宿费一个月15美分；第三，如果出品人不能派遣销售员，本馆代为销售，手续费为5%；第四，代售时物品目录一份放在物品中，一份提交陈列馆；第五，代售提交的目录应该包括下列事项：商品名（日语、中文，英语）、价格（零售和批发的价格，应该加上运费和关税）、供给数量和日期、使用说明、注意事项；第六，对于委托本事务所的陈列品所纳的关税，为了方便本陈列所，请代缴；第七至第十四，是关于展陈贩卖的细节要求（此处略）；第十五，开场时间是从上午7点到晚上10点；第十六，11月1日正式开馆。①

从规则可见，日本的商品陈列所和考工厂相比，二者有共同特点，即兼顾展陈和贩卖，只是日本的商品陈列所更具有商业的特点，反映了日本在中国设商品陈列所的初衷是推销日本商品。

我们可以看到日本在1900年之后并没有放弃在天津建设商品陈列所的计划，而天津的商品陈列所并不是建在总领事馆，也不是在官营，这反映了各地日租界的复杂性。在天津利用了三毛藤吉在中国经营四年的基础，这可能是吸取了以往武汉的教训。这个商品陈列馆虽然是从个人经营杂货店发展起来的，但是实现了1900年日本的愿望。从伊集院给外务大臣小村寿太郎的《在天津三毛藤吉身份调查之件回答》（1904年11月1日）来看，日本总领事对三毛藤吉的商品陈列馆采取正面的评价，商品陈列馆可以扩大和日本联系的渠道。

日本学者的研究表明商品陈列所和劝业会是百货商店的前身，② 虽然尚不清楚日租界三毛藤吉的商品陈列馆此后的发展，但是1926年日本总领事促成在近邻的旭街和福岛街路口开设了中原公司。中原公司出售日本的杂货，我们可以将中原公司理解为商品陈列馆的延伸。虽然在1928年中原

---

① "商品陈列馆规则"（明治三十七年八月）（《天津日本租界旭街三毛藤吉ヨリ商品陳列馆規則書当业者ヘ配布ニ関スル件》，明治三十七年）。
② 初田亨：《百貨店の誕生》，東京：筑摩書房，1999。

公司日货受到中国的抵制,[1] 但是在日租界"被动受容"框架下,中原公司的建设可以理解为这是对天津城市近代化的推进。

藤井恒久和盐田真虽然受雇于中方,但是和租界有千丝万缕的联系,盐田真不仅实现了藤井在天津华界建设商品陈列所的计划,而且也推进了日租界商品陈列馆的建设。因此他们是连接华界和租界的关键人物。

据日本外务省外交史料馆史料,受雇于直隶工艺总局的日本人有 11 人,这些技术者中有长期从事博览会事业的,也有刚毕业的学生,以及军人、警察等,这就从侧面反映了义和团运动以后天津和日本关系的复杂性。在这里,日租界成为一个中国学习日本的媒介,藤井以及那些日本人就成为润滑剂。开港城市成为学习国外经验的捷径。

值得深入探讨的是天津的清末新政是否为中国的改革提供了一个自下而上的参考。以工艺总局为例,在 1904 年商部建立之前中央没有发展工商业的组织框架,而天津做了大胆的尝试。

三 考工厂（劝业会场） 和城市公共空间

考工厂的发展壮大是和天津的城市发展结合起来的。

河北新区是袁世凯新开辟的华界,位于老天津城的东面,九国租界的北面,1903 年开始建设。1905 年正是进行新区规划的时候,劝业会场、新式企业、教育机构和一系列市政设施,以及造币厂、铁工厂等被迁到河北新区集中管理。公园的建设也在规划内容之列。

"劝业会场总志" 也记载了公园建设的由来和命名:[2]

> 项城宫保督直以来大开风气,各学堂工厂次第创建。光绪三十一年春津绅复以建设公园请。

> 宫保谓海滨巨埠无一园林诚为缺点,饬天津府县暨工程局会同银元局筹办。其时银圆局总办即今之周督办也。会勘定河北大经路中州

---

① 〔日〕衫本光之助:《当地雑货商の蒙る排日影响》(昭和三年十月六日) 见《济南事件/排日及排货关系: 第十二卷》,日本外务省外交史料馆藏,B02030067300。

② 《劝业会场总志》,北洋官报局编《直隶工艺志初编》下,"志表类" 卷下,1907（光绪三十三年）,第 1 页。

> 会馆之右，购地二百余亩，三十二年夏先造就罩棚茶座，继续兴工，三十三年改隶工艺局专办，夏五月工程告竣，详请定名。
>
> 宫保以所建设皆关学业实业，与各国公园性质专备游览不同，乃名曰劝业会场。

天津最早的租界公园是维多利亚花园，又名"英国花园"，于1887年6月21日英皇诞辰50周年之日正式开放。① 据闵杰考证，自1903年留日学生在《浙江潮》上介绍日本公园后，1904年的《大公报》在报道南京建公园时就全部用"公园"一词。② 天津也是较早引入"公园"概念的城市之一。

天津公园模式也是参考自日本。袁世凯1905年8月17日（光绪三十一年七月十七日）给公园设计的批示是：

> 详图均悉，应如所议，各专责成。点缀布景一层，即由该道等会同选举能员，呈请委派专办，余候分别饬遵。至公园地界，自应逐渐开拓。日本之日比谷公园，据称某处仿照某国，各有取意，经营十六年始成。其浅草公园中有水族馆、动物院等，大抵皆足以增长智识，振发精神，非漫为俗尘之游可比。天津公园虽属初阶，不可不知。此意仰即次第筹办，以观厥成。此缴。③

日比谷公园是日本参考德国的模式建成的第一个公园，④ 而浅草公园是利用寺院遗迹改造的综合设施公园，有剧场、照相馆、电影院、水族馆等，袁世凯将这样的理念引进了天津，冠名为"劝业会场"。公园和劝业会场一体化显然也是借鉴日本经验的缘故，日本的上野公园曾经举办两次劝业博览会。

《劝工陈列所总志》中详细描述了劝业会场规划的内容。⑤ 从这个规划中可以看到，劝业会场不仅包括商品的贩卖和劝工场（原考工厂）的展

---

① 杨乐，朱建宁，熊融：《浅析中国近代租界花园——以津、沪两地为例》，《北京林业大学学报》（社会科学版）2003年第1期，第17~21页。
② 闵杰：《近代中国社会文化变迁录》（第二卷），浙江人民出版社，1998，第532页。
③ 《银圆局总办周详遵饬会勘公园地址及工程局绘图呈督宪文》（光绪三十一年七月十七日），北洋官报总局编《直隶工艺志初编》上，"章牍类"卷上，1907，第20页。
④ 〔日〕白幡洋三郎：《近代都市公园史の研究》，（京都）思文阁，1995。
⑤ 《劝工陈列所总志》，北洋官报局编《直隶工艺志初编》下，"志表类"卷上，1907（光绪三十三年），第11页。

示，而且还设置了抛球房（台球房）、照相馆、宴会处、番菜馆（西餐厅）、电戏园（电影院）等公共娱乐空间，以及教育品制造所、参观室等设施，这些成为后来的图书馆。

在劝业会场中包含了很多具有近代意义的公共空间，这是新的城市规划思想和工商业振兴结合的结果。但是这个新的公共空间和今天的公共空间有所区别，其区别在于是否是一个有"核"的公共空间，这个"核"就是共同体（nation）。

《劝业会场总志》中阐述了设计意图和各部分的作用，反映了设施的政治目的：

> 而所以名劝业之宗旨尤有可得而言者。其体操场、音乐亭备各学堂学生分期运动、奏演，以决高下而发扬精神；其学会处备学界中人讨论学务，以期改良进步；其陈列制造等，所以振兴工业之思想；其市场以提倡商业而鼓舞商情；其油画亭悬挂各种油画，以兴起国民之神志；其会议处、宴会处以备官场办公与官绅宴集之用；其照相、抛球、番馆、茶园、戏园以备阖郡士民节劳娱性之资；其山水、花树、鸟兽更可以活泼心思而研求动植物学理。每当四时良辰，风日和煦，马龙车水，联袂游观。官商绅民，通情合志，交换智慧，互轮学识。因会集而比赛，由比赛而竞争。于是，父诏其子，兄勉其弟，师勖其徒。而凡学界、实业界以及一切理想，其所以洗濯铟避而焕发文明者自能转移于无形之中。而神其妙用，此又劝业会场建置之宗旨也。虽然开办之时有限，当前之物力维艰，竭蹶经营，收兹效果。而揆诸当事者澎涨之毅力与倡导之热心，盖一日不媲美欧瀛，即一日有未能跻躇满志者。①

19 世纪末是社会进化论对中国影响的时代，严复的《天演论》就是在天津撰写的，在《国闻汇刊》首次发表，《国闻汇刊》和《国闻报》都是天津的重要报纸。严复是编辑部的主要负责人。劝业会场的建设是在这之后的十年，这时《天演论》已经在全国普及。袁世凯创建工艺总局不能脱离这样的大背景。劝业会场建设的目的就是建立一个培养民族意识的

---

① 北洋官报局编《直隶工艺志初编》下，"志表类"卷下，1907（光绪三十三年），第 2 页。

空间。

哈贝马斯提出了公共领域的概念。[①] 王笛所著的《街头文化：成都公共空间、下层民众与地方政治（1870 – 1930)》[②] 避开了政治和社会意义的公共领域，探讨了物质意义的公共空间，但是他的探讨更侧重街头文化在近代的演变。笔者认为公共空间分为有"核"和无"核"，"核"就是共同体。张择端的《清明上河图》中的虹桥、街道，还有茶馆是无"核"公共空间，而寺庙、祠堂、会馆是有"核"的公共空间，这个"核"既包括史密斯（Anthony D. Smith）所说的族群（ethnie），[③] 也包括国民（nation）。传统的以族群为"核"的公共空间和街道等无"核"公共空间依然延续，同时在清末伴随国民意识的萌生出现了新型的"公共性＋共同体"的空间，这个空间在开港城市表现突出，成为20世纪新的城市空间的起点。天津的考工厂和劝业会场的建设体现了这样的变化。

日本学者齐藤纯一在哈贝马斯的公共领域基础上提出了公共性和共同体的四点区别，[④] 其中他强调了共同体追求一元的和排他性的属性。劝业会场就是一个聚集"官商绅民""以兴起国民之神志"的场所，"官商绅民"就是一个"国民"的概念，"盖一日不媲美欧瀛，即一日有未能踌躇满志者"，这表现了很强的民族主义思想。民族主义的产生和"他者"有关，租界就是距离最近的"他者"。租界的公共空间也同样具有排他性，1895年7月《京津泰晤士报》报道了署名"白人"的文章表明中国人进入英租界维多利亚公园的苦衷，工部局于1895年8月发布公告限制华人进入。天津日租界的大和公园在1906年建成后也限制中国人进入。

四 结语

开港城市是"主体"面对"客体"的第一线，体现了两者共存的复杂

① 哈贝马斯：《公共领域的构造转型》，曹卫东等译，学林出版社，1999。
② 王笛著《街头文化：成都公共空间、下层民众与地方政治（1870 – 1930)》，李德英等译，中国人民大学出版社，2006。
③ 史密斯指出族群有6个特征：（1）有名称；（2）共同的血统神话；（3）共有历史；（4）独自的文化（言语，习惯，宗教等）；（5）与某特定的领域如圣地相关；（6）连带感。参见 Anthony D. Smith, *The Ethnic Origins of Nations*, B. Blackwell, 1986。
④ 〔日〕齐藤纯一：《公共性》，岩波书店，2000，第5~6页。

性。研究其复杂性是揭示中国近代化进程的关键之一。

在诸多问题中我们不能忽视"客体"租界对"主体"的影响。租界或通过租界带来了新的信息、理念和方法，租界的存在也刺激了"主体"民族主义意识的产生。双重的作用都集中反映在开港城市中。

就天津而言，由租界来的日本顾问藤井恒久协助建立了直隶工艺总局的框架，他的初衷是拓展日本商品在中国的销路，但是意外地在中国开花结果，不仅对于全国的新政有示范作用，而且培养了中国民族主义的胚胎。一方面考工厂学习日本的商品陈列所机制发展为劝业会场，成为中国劝业博览会的萌芽，为 1910 年南洋劝业会奠定了基础。另一方面在租界刺激下创建一个排他性的公共空间，这个公共空间是清末开始出现的新的城市空间，典型特点是"公共性＋共同体"，共同体不是族群，而是国民，这也在开港城市得到集中体现。中外双方对于开港城市的建设显然是有不同的动力，即民族主义和殖民主义，事实上这些均是刺激中国走向近代化的合力。

（作者：徐苏斌，天津大学中国文化遗产保护国际研究中心）

近代大连城市转型与新型精英群体的产生*

荆蕙兰　屈　宏　迟琳琳

内容提要：19 世纪末，随着外国资本主义的入侵，大连被推入资本主义发展的轨道。城市的转型与城市化的推进，资本主义工业的发展，在近代大连产生了一批特殊的新型精英群体。大连的新型精英群由两部分人组成，一部分是爱国工商业者群体，另一部分则是新型知识分子群体。他们自身特点较为鲜明，为捍卫中华民族的文化与国家尊严，激发大连人民的爱国热情，为新文化在大连的传播做出了重要贡献。

关键词：近代大连　城市转型　新型精英群体

一　近代商港的出现与近代大连城市的形成

大连在历史上一直是中国北方海上交通要道和海防战略要地。它地处欧亚大陆东岸，中国东北辽东半岛最南端，是京津的门户，素有东北前哨和京津门户之称。大连属于海洋性气候，温度、湿度常年宜人，是一个天然的四季港。因此，大连特殊的地理和环境被俄日等帝国所觊觎。

经济政治的不平衡是资本主义的绝对规律。1891 年，沙皇亚历山大三

---

* 本文系 2011 年国家社科基金项目"近代东北城市化进程中城乡关系研究"（11BZS083）和 2012 年国家社科基金重点项目"中国城市化过程与区域协调发展问题研究"（12AGL010）阶段性研究成果。

世正式宣布修筑西伯利亚铁路,[1] 标志着沙俄战略重心转向东方。随后沙俄借"三国干涉还辽有功"先是诱迫清政府签订《中俄密约》,获得借东北土地修筑中东铁路的特权,继而又在 1898 年强租旅顺、大连地区。1898 年俄国租借旅大地区后,考虑到大连湾深水、不冻、不淤等优越自然条件,决定在该处投资兴建港口。俄国的目的是像英国统治香港一样,建立一个远东地区最大贸易商港。俄国租借大连前,这里只有几处人口很少的小村庄,合计 60 户人家。1899 年 7 月 31 日,沙皇尼古拉二世敕令于大连湾南岸修建大连港和大连市。[2] 同时,宣布大连港为"自由港",以此缓和与其他列强的矛盾。沙俄企图把大连作为自己永久的租借地和军事占领地来经营。沙皇任命萨哈罗夫为总工程师,后为达里尼市第一任市长。沙俄在东西青泥洼征用土地,强迁居民,将青泥洼一带 5.4 万余亩土地划为城市用地,"当时,青泥洼一带有东青泥洼(17 户)、西青泥洼(20 户)、黑嘴子(10 余户)、西岗子(13 户)之小聚落,并零散存在着山神社、龙王庙之村落"[3]。自 1899 年下半年至 1902 年末,萨哈罗夫每天役使四五万中国劳工在大连湾南岸大兴土木,移山填海,筑港建市,青泥洼渔歌唱晚的日子就此终止。

从 1899 年开始,第一期 3 年半的工程(预算 1000 万卢布),首先以 45 万卢布收购东起寺儿沟,中经青泥洼,西至黑嘴子等处 25 个村 50 多个屯的 5.4 万公顷土地,确保都市建设之可使用土地量。平均每亩收购价只有 12 个卢布,按当时俄卢布与清朝白银比价折算,每亩不到 3 两银子。第一期筑港计划于 1902 年末竣工,设计能力为可同时停泊千吨级轮船 25 艘,年吞吐能力为 30 万吨。沙俄殖民当局对大连商港采取边建设边使用的方针,到 1902 年,进入大连港的商船达 717 艘,日均 2 艘;帆船 1418 艘,日均 4 艘。全年进港上岸货物 7 万多吨,客流量计 5.4 力人。[4] 第二期计划因日俄战争爆发而中断。但是迄于 1903 年末,海港吞吐能力已达 42.3 万

---

[1] 西伯利亚铁路:西起乌拉尔山东侧的车里雅宾斯克,东至符拉迪沃斯托克,原计划从黑龙江北面经过,历经 12 年完成。

[2] 1899 年 7 月 31 日,沙皇尼古拉二世敕令着手于大连湾南岸修建大连港和建达里尼市(俄语 Далъний),"达里尼",意为远方,又与中国别称"大连湾"谐音。日俄战争后日本辽东守备军司令命令废除"达里尼",1905 年 2 月 11 日起改称"大连市"。

[3] 〔日〕越泽明著《中国东北都市计划史》,黄世孟译,台北大佳出版社,1986,第 49 页。

[4] 王会全主编《大连百年简本》,大连出版社,1999,第 29~33 页。

吨，并开辟了大连至烟台的定期航线和大连至上海、朝鲜、日本长崎以及欧洲港等地的不定期航线。大连港已具备港口业务需要的各项功能，标志着大连港初具规模。俄国时期共建有：东、西防波堤全长2100米，堤内水域195公顷；护岸石墙1565米；码头仓库12座，总建筑面积为14612平方米；3座客货兼用码头，可供11艘5000吨级船舶停靠，年吞吐量100万吨以上；3000吨级船坞，港区铁路连接东省铁路干线，成立港务局管理港口。1902年，随着大连港口贸易的进行，大连港还正式开办了客运业务，并在码头附近建有简易客运站，当年进港旅客达54134人次，其中俄国船所载10718人次，日本船33931人次，英国船7099人次，中国船2386人次。这些旅客都是为贸易、经商而来，或者来大连谋生的人，大连的人口也随之增多。

沙俄在修建大连港的时候，以港兴市的规划也在同步进行。萨哈罗夫负责筑港与都市计划，他具有参与符拉迪沃斯托克码头建造工程之经验。在都市计划方面萨哈罗夫从德国聘请布卡利夫斯基和犹恒帝鲁两位建筑师，在大连的都市计划与建筑中，两位建筑师导入德国郊区之式样，同时也考虑了本地区之气候比满洲其他地方更温和的条件。[①] 与此同时，沙俄在工业、商业及城市建设方面都投入了很大精力和心思，俄国人当时企图把大连市建成"东方的巴黎"。

到1904年2月日俄战争爆发，大连市市政建设框架已成规模。市内建起了铁路和车站，上下水设施和供电设施等也都已经投入运营。市区圣彼得堡大街、基耶夫斯基大街（今长江路）、扎哥洛多奈奥大街（今武汉路）等已建成，共铺设道路54.51公里，并建设了北公园（现今的北海公园）。市内主要建有市政厅、法院、警察局、拘留所、火车站、海港客运站、学校、医院、寺院、剧院、旅馆、商店、仓库，以及一批私人住宅等160多栋，建成面积约94670平方米。主要建筑物是1900年建成的大连市政厅办公楼（现大连自然博物馆原址），这是古典复兴式建筑，反映了当时大连的建筑风貌。至此，大连已初步建成市政设施齐全，行政、商店和生活服务功能齐备的新兴城市。1903年周学熙访日时途经大连，在他的《东游日记》中有如下描述：

---

① 〔日〕满洲建筑协会：《满洲建筑杂志》16卷4号。

早七钟到青泥洼（大连湾对面），登岸。偕李炎卿访其戚谢某，导观俄国车站、电机厂铁屋，工未竣，长二百五十尺，宽百尺，闻费二十五万元。其船坞仅容二千吨舰，马路纵横，已成十数里，西式楼房二三百区，无同式者。①

这段话可以折射出当时大连城市的规模和景象。从 1899 年至 1903 年，短短几年，大连由一个小渔村一跃而变为都市，到 1904 年，大连人口已达 8.5 万人，城区面积超过 8 平方公里；其中旅顺人口为 42100 人，城区面积为 4 平方公里。② 这一历史性的变革，是大连商港开发的结果。

二 大连工商业的发展与城市的转型

1. 港口经济的勃兴与商业的兴盛

近代大连是一座港口与工业城市。伴随着大连港的建设、城市人口的增加和工业的"膨胀"，大连的商业活动也日益广泛。城市商业，包括为大连工业、港口贸易及市民生活服务的批发与零售商业。

早在俄国租借前，关东州的商业已有所发展，旅顺自 19 世纪 80 年代北洋水师将此设为军港后，逐渐成为近代大连市最初的政治、经济、文化中心。1898 年俄国攫取了对大连地区的租借权后在青泥洼一带建市筑港。随着新建大连市人口的增加，商业逐步发展。"中国人开办的商业、饮食、服务业达 500 余家，其中纯商业 295 家。"③

日俄战争后，日本控制大连。为获取最大利益，在日本殖民经济政策的扶植下，大连城市商业发展快速。据统计，从 1906 年 9 月宣布大连为自由贸易港开始，至 1909 年末，大连市的商店有 1506 家；其中日本商家 1178 家，华商 318 家，外商 10 家。1911 年，大连市的商店达 2500 余家；其中，日商增至 1800 多户，华商纳税额在 20 元以上者有 572 家，外商纳

---

① 虞和平，夏良才编《周学熙集》，华中师范大学出版社，1999，第 25 页。转引自李明伟《清末民初中国城市社会阶层研究》，社会科学文献出版社，2005，第 17~18 页。
② 《旅顺户口统计》，《大公报》1904 年 9 月 7 日。
③ 顾明义等主编《日本侵占旅大四十年史》，辽宁人民出版社，1991，第 267 页。

税额在 10 元以上者有 17 户。① 1908 年，大连市小岗子一带就形成了中国人经营商业的中心街区。据 1918 年和 1934 年对从事"物品贩卖业"人数的统计，大连分别为 6217 人和 29937 人，16 年内增加了 4 倍左右。② 各种商业店铺明显增多。1909 年大连市日人店铺为 1170 家，同期中国人所有的仅 318 家，而到了 1924 年，仅中国人开办者就达 4310 家，特别是浪速町一带，为"夜市小店所布满，无插足余地"。③

20 世纪 20 年代末期，中国人聚居的西岗地区商业也有很大发展，商业中心在北京街、久寿街一带；30 年代中期，西岗商业区从北京街扩展到大同街、不老街（今五一广场）、日新街。其中，最为繁荣兴盛的是久寿街和日新街。这时，大连在老城区还建立了 5 个颇具规模的大型商品批发和零售市场。这五大批发商场是信浓町市场（今大连商场址）、山县通市场（今民寿商场址）、千代田市场（今寺儿沟春和市场址）、沙河口市场（今民勇市场址）、小岗子市场。上述五家商场中规模最大的为信浓町市场，该市场在 1938 年底经营面积为 5855 平方米，从业人员达 400 多人，日销售额为 2 万日元。④ 日本全面侵华战争爆发后，大连的商业在日本战时经济统治下开始衰落，特别是 1941 年太平洋战争爆发后，大连城市商业更是严重萎缩，大连的商业日渐萧条。

2. 近代大连城市商业发展的原因

第一，市内人口迅速增加，必然带来消费需求的扩大，因而带来商业相应发展。

人既是生产者，又是消费者。在近代，人口的压力也是推动城市发展的重要因素之一。近代大连城市，随着城市规模的扩大，以及基础设施的逐渐完善，吸引着各方面的人口向大连聚集，人口逐年增加。1903 年大连市人口为 44760 人，1928 年大连人口为 31.2 万人，1938 年已达 50.3 万人。⑤ 大连城市人口的迅速增加，自然地刺激了商业相应发展。小岗子是中国人聚居区，随着人口的增加，也带动了这一区域经济的发展，商业逐

---

① 顾明义等主编《大连近百年史》，辽宁人民出版社，1999，第 869~871 页。
② 〔日〕大连商工会议所编印《大连商工会议所统计年报》，1935，第 378 页。
③ 〔日〕大连市役所编印《大连施政二十年史》，1935，第 17 页。
④ 曲晓范：《近代东北城市的历史变迁》，东北师范大学出版社，2001，第 181 页。
⑤ 《盛京时报》1928 年 3 月 16 日；1938 年 4 月 6 日。

步繁荣起来。据报纸记载：1921 年，大连小岗子市场正式营业。① 随着人口在这一地区的增多，小岗子市场成为华人最热闹、最繁盛的地区，每天人海如流，吃、穿、用、娱乐俱全。

第二，殖民当局采取的相关政策，刺激了大连商业的快速发展。

把大连港作为东北中心吞吐港是沙俄和日本的一贯政策。沙俄统治大连时，利用中东铁路，把本国商品运到东北，并对由大连输入的外国货物收取高额铁路运费，以确立俄国商品的独占地位。日本取代沙俄后，第一步，为了排挤营口港，对大连、营口等地到沈阳以北诸地收取同一标准的铁路运费。这样一来，东北中北部的货源便经由南满铁路运往大连港。第二步，日本又与沙俄及苏联的海参崴港争夺东北的货源。日本一方面降低哈尔滨以南远至大连的铁路运费；另一方面又修建铁路，把北满特产运到朝鲜与大连。1935 年日本从苏联手中收买了中东铁路，大连作为东北港口贸易中心的地位，终于确立下来。

为了进一步扩大大连的商业和贸易，日本对大连工业品向日本与东北的输出给予优惠。为了把大连迅速发展起来，有时也允许大连工业品以优惠条件进入日本市场。1906 年 9 月日本规定一小部分关东州产品可免税进入日本，1916 年又增加一批减免税商品名目，1925 年实施《关东州特惠关税法》，有 30 种商品可免税进入日本，1927 年至 1929 年，又增加 40 种免税商品和 3 种减税商品。日本这种对大连商品的优惠政策，在一定时期有利于大连商业的快速发展。

第三，大连是关内劳工往返的必经之地，外地流动人口的增加，也促进大连商业的进一步发展。

19 世纪末至 20 世纪中叶，在内外多种因素综合作用下，东北城市出现了较快的发展，逐步成为国内城市化水平最高、城市体系初步形成的地区。19 世纪末至 20 世纪初，航运和铁路的建设成为东北移民潮的重要动力，从此，"闯关东"的关内人越来越多，形成一股移民洪流。从光绪二十三年（1897）到宣统末年，东北人口由 700 万左右增至 1840 万。② 1902 年，东北最大规模的城市不过 20 万人，且只有 2 个。

① 《大连小岗子市场开业》，《盛京时报》1921 年 12 月 28 日。
② 何一民主编《近代中国城市发展与社会变迁》，科学出版社，2004，第 234 页。

但到 1930 年，人口 20 万以上的城市已有 3 个，10 万~20 万人的城市有 2 个，3 万~10 万人的中等城市增加了很多，达 17 个，1 万~3 万人的小城镇，则从原来的 20 个增加到 53 个。[1] 这时期大连港基础设施日臻完善，吞吐能力在逐步增强，大连港作为客货两用港，对于运送去往东北的移民发挥了明显作用。1924 年至 1938 年，华北移民进入东北，年平均经山海关走陆路者为 18.3 万人；经海路者为 45 万余人，其中经安东为 4 万人，经营口为 11.4 万人，经大连为 29.8 万人。总计 15 年间，经大连港进入东北的山东等地劳工共计 447 万人。[2] 大连流动人口扩大了消费需求，对当地商业发展较为有利。

三 大连新型精英群体的产生及特点

大连开埠后，城市经济和民族工商业得到了长足的发展，近代大连新型精英群随之产生并不断壮大。大连的新型精英群由两部分人组成。一部分是在各个行业中涌现出的一批重视技术、懂得管理、善于经营的爱国工商业者群体；另一部分则是新型知识分子群体。他们是中华民族最先觉悟者，在特殊的历史时期与殖民者进行了英勇抗争。这一时期，中国的传统文化和新文化，在这种状态下仍然能够冲破牢笼，顽强地生长并蓬勃发展。

1. 近代大连民族工商业精英群体

大连新型精英群的第一部分代表，是一部分爱国企业家和工商业者群体。大连开埠后，随着大连近代城市的出现，内外贸易有了快速的发展，形成了以商贸为主的市场贸易网络，这不仅极大地促进了民族工业的发展，而且通过这种市场网络促使一部分人积累了货币财富，大连的新一代企业家由此产生。他们深切地感受到作为亡国奴境遇的痛处以及对国家、民族有那种忧虑和强烈的爱国情感。这就促使他们产生了一种强烈的学习西方富国强民的愿望。他们发展实业，经营工厂、商店，发展贸易，成为爱国资本家，或者通过办报纸、办学宣传

---

[1] 戴均良：《中国城市发展史》，黑龙江人民出版社，1992，第 314 页。
[2] 沈毅：《近代大连城市经济研究》，辽宁古籍出版社，1996，第 159 页。

中国文化，培养人才。近代大连民族爱国企业家和工商业者群体的产生，是与大连特定的商业发展环境与状况相关联的。

近代大连的中国工商业者，与旧式绅商相比，新一代企业家普遍都有较高的专门的技术知识。他们既区别于传统的绅士阶层，也相异于一般的旧式商人。他们有一定的社会地位，又从事工商业活动，手中握有相当的财力，不仅上通官府，且能下达工商。他们的社会地位和影响日益突出。

随着大连近代城市工商业的发展，华商中形成了如大连工商界中势力较大的著名"五大家"，即政记轮船公司、天兴福、福顺厚、泰来油坊、安惠栈，这些人都是先商后工，创办实业。在西岗子，利用关东州内集散之硅石制作新玻璃，销路及东北、华北、美国等地，为满洲新兴工业之代表。[1] 新八大家是刘仙洲（储蓄公司）、郭精义（福顺厚油坊）、张本政（政记轮船公司）、邵尚俭（天兴福油坊）、庞睦堂（福顺义油坊）、周子扬（泰来油坊）、许亿年（安惠栈）、安慈民（成裕昌油坊）。市内各商会历届领导人均由这八大家轮流坐庄。[2]

虽然大连产业资本家人数不多，但是他们在城市的社会生活中十分活跃。他们在华商公议会的推动下，作用和影响力进一步加强。代民进言、举办公益事业成为其主要业务之一。徐敬之、刘肇亿等都是大连市工商界中典型代表。

徐敬之，是大连市工商界中资历较深、声望较高的爱国民族工商业者。1912 年徐敬之从威海来到大连习商，在日商三井物产株式会社投资开设的三大利油坊当学徒，后升为职员。他学成本领后，在寺儿沟创设东和长油坊，逐年赢利，迅速发展。他还积极投资和入股其他行业，总计投资各企业最高达 250 万元。1937 年日本发动侵华战争，他积极在家乡创办实业，并多次以财力物力支援抗日武装。他一生热心社会公益事业，为家乡威海市捐款修建学校多处，并积极赞助社会慈善事业，据知情人估计，徐敬之已把相当多的经济收益捐助给了社会慈善和公益事业。[3]

刘肇亿在当时也很有影响力。他集资建立简易医院，积极筹款设立普

---

① 《新兴满洲之大都市—南满硝子会社》，《盛京时报》1937 年 1 月 19 日。

② 唐树富：《邵尚俭与"天兴福"》，《大连文史资料》，第 6 辑，1989，第 49 页。

③ 唐树富：《爱国的民族工商业者—徐敬之》，《大连文史资料（6）》，1989，第 15～23 页。

通小学，创办《泰东日报》，并举办各种慈善及公益事业，深受广大华人的欢迎。1928年，他代表西岗居民，请求殖民当局允许在西岗热闹地段开辟一条现代化的大马路，以改善当地狭窄、脏乱的石板道。获准后，他又向华商中的各大商家募集捐款，费时两年，终于建成了一条崭新的现代化的柏油马路，并将之命名为"新开大街"（今新开路）①。

大连爱国企业家周文贵。出身贫寒，白手起家，创办了大连顺兴铁工厂，除制造油坊机器外，兼造江船及修检机器。周文贵为了保护煤矿，与殖民势力做斗争，两次亲赴东京最高法院起诉，历经半年之久始得胜诉。周文贵常以金钱资助贫苦子弟。1918～1920年，旅大地区连遭自然灾害，周文贵前后捐助现金10余万元。②

尽管大连的产业资本家处在殖民主义的统治之下，但他们所表现出的不屈不挠的爱国精神并没有因殖民统治而泯灭。

2. 大连新型知识分子群体的产生

近代大连新型知识分子群体，主要来源有几部分：一是大连近代传统的士绅阶层在向商人和资本家转化中，有一部分人转化为近代知识分子，其中有些人成为报人、记者、医生、律师，相当一部分人受聘到新式学校任教。二是从国外或是从内地来的，受到西方民主思想影响，甚至是马克思主义影响的先进知识分子。三是大连近代教育的兴起和近代教育体系的建立，又进一步促进了新知识分子群体的形成，为新型的知识分子群体注入了新的有生力量。③ 他们易于接受新思想，是近代大连所有改革和革命的中坚力量。他们在大连近代社会中以自己全部的力量传播新文化，推介新思潮，向大连的市民宣传反对殖民统治的革命思想。

傅立鱼是大连这些新型知识分子中最具典型和突出的一位。他是大连著名的报人，著名民主思想家、教育家，安徽省英山县人（现属湖北省）。1904年以官费赴日本留学，毕业于明治大学政治专业。留学期间，傅立鱼结识孙中山、陈独秀等人，受他们思想影响，加入同盟会。1913年8月来大连，他接受金子平吉聘请，担任《泰东日报》主笔。他热心大连地方公

---

① 田久川等编《大连近百年史人物》，辽宁人民出版社，1999，第181页。
② 蒋辑五：《回忆爱国企业家大连顺兴铁工厂主周兴贵》，《大连文史资料（6）》，1989，第32～35页。
③ 吕绍坤：《试论大连近代市民群体的产生和发展》，《理论界》2004年第2期，第85页。

益事业，积极维护当地居民切身利益，敢为中国人说话，具有强烈的爱国情怀和不屈的民族精神。他组织的大连中华青年会，是大连第一个公开的爱国进步的文化教育团体，对大连的新文化运动起到了一种催生的作用。中华青年会既是一个不分阶级成分，不分贫富贵贱，不分职业和性别的青年组织，也是一所学校。成立时有会员400余人，1925年会员发展到3000余人。① 中华青年会在教育方面的活动主要是创办中小学校、夜校和平民学校。它的成立标志着大连地区具有民族民主思想的知识分子和爱国人士的新觉醒，首开中国人在殖民统治下的大连进行结社、集会、办教育的先例。他创办的《新文化》，大力宣传民主思想。傅立鱼于1928年被日本殖民当局驱逐出境，在15年的时间中，不论是他担任《泰东日报》社编辑长，还是组织大连中华青年会和创办《新文化》杂志等，"爱国"是贯穿他一切活动的宗旨和一条鲜明的主线。

在大连还有一批接受新思想和新教育的精英。傅景阳就是大连近代教育兴起和近代教育体系建立后成长起来的代表。傅景阳（1900～1942）原名傅成春，是大连地区早期工运领袖之一。1915年到大连考入"满铁"沙河口工场技工养成所，他在技工养成所学习期间，受孙中山三民主义思想和苏联十月革命影响，迅速成长为革命者。他1925年加入中国共产党，成为大连地区第一名中共党员。1923年12月2日，他发起组织了大连工人阶级第一个团体——沙河口工场华人工学会，后改名为"大连中华工学会"。工学会经常举办讲演会，傅立鱼、杨志方等曾先后在工学会讲演。大连中华工学会，是中国东北地区最早的公开的工会组织，为大连和东北地区的革命工作做出了重要贡献。

以傅立鱼为代表的一大批爱国进步的知识分子，以《新文化》（《青年翼》）和《泰东日报》为阵地，还创作发表了大量反映大连人民反帝反封建的现代小说、诗歌、散文、杂文、政论等作品，掀起了大连地区第一次新文学创作高潮。大连本土这一批文学上卓有成就的作家和文学青年，用手中的笔向殖民者进行反击，以唤起民众的觉醒，其中以"响涛社"成员最具代表性。该社成员有石军、夷夫、田兵（吠影）、岛魂、木风等人，他们以研究文艺创作，翻译外国文学作品为宗旨，深受当时东北作家群，

---

① 顾明义等主编《大连近百年史》，第1359页。

如萧军、萧红、罗烽等人的作品影响；其中石军、田兵、夷夫等人从 1937 年《明明》月刊创刊始，发表了很多作品，从大连文坛走向东北文坛，成为较有影响的爱国作家。①

近代新型精英群的特点是：由于特殊的环境，他们不仅了解和懂得一些西方政治学说，并且也熟悉一些近代自然科学。尤其是近代新型知识分子群体的产生和形成发展，是中国古老的知识界在经过巨大的震裂之后急骤转变的结果，他们的产生与发展都打上了时代的烙印。大连的新型精英群与从书院、私塾出来的士大夫不同。他们都不同程度地接受了西方现代文化，接触了现代的科学知识。他们中的绝大多数人一方面具有相当坚实的国学根基；另一方面，亲身感受过西方文化的熏陶。他们不同于传统的旧学儒生，中学和西学毫无例外地在他们身上都产生了一种自然的撞击。这种撞击使他们对于国家、民族尊严有着强烈的理解和责任感。他们是近代大连市民阶层反对殖民统治的先锋和杰出代表。

（作者：荆蕙兰，大连理工大学马克思主义学院；屈宏，大连理工大学马克思主义学院；迟琳，大连理工大学）

---

① 顾明义等主编《大连近百年史》，第 1332~1333 页。

民间社会的成长与城市的现代转型

——以清末天津为对象的考察

李学智

内容提要： 清末，中国资本主义经济有所发展，资产阶级、新型知识分子阶层初步形成，一些沿海沿江城市，如天津，具有现代性的民间社会团体开始出现，并积极开展活动，清王朝也被迫推行某些社会变革，城市社会生活出现某些改良和进步现象。但这些民间社团带有明显的过渡性特征，天津城市向现代转型的进程尚处于起步阶段。

关键词： 中国近代　民间社会　城市转型

近年来，关于中国近代民间社会及传统城市的现代转型问题，成为学界关注度较高的领域之一。本文拟考察清末天津民间社会团体建立及开展活动的一些情况，以期说明当时天津城市社会生活已开始向现代转变。

一

中国的民间社会古已有之，主要表现为一些以血缘、地域关系维系的互助性团体、帮会以及慈善救济性质的组织。近代中国由于资本主义经济的出现和发展，产生了资产阶级和新型知识分子等新的社会阶层，"民"的构成发生重要变化，民间社会组织及活动内容和方式亦随之发生相应变化，其理念、宗旨和组织原则及运作方式，均与中国传统的民间社会有重要区别。这种新型民间社会"一般都是脱离国家直接控制和干预的社会自治领域，拥有相当程度的独立性和自主性"，其组织内部"主要依靠的是契约规则，而不是靠传统的血缘、乡缘等亲情关系维持"，实行"自愿和民主的原则"。① 这是伴随着中国由传统农业社会向现代工业社会转型过程而发生的一个重要的社会变化。清末十年间，中国部分省区，主要是东部沿海及长江沿岸若干大的通商口岸城市，出现了具有现代性的社会团体纷纷建立的情况。

天津是当时中国北方最大的通商口岸。天津自 1404 年设卫，至 1860 年开埠之前，在这 400 余年间，由一个军事卫所发展为地方行政中心。1860 年天津开埠通商，由于其地处京畿与海口交接的独特地理位置，天津一跃而成为中国与西方资本主义世界联系的窗口。近代军用、民用工业陆续兴办，新式学堂，如水师学堂、电报学堂、武备学堂、医学堂及北洋西学学堂（北洋大学前身）等渐次设立。作为对外贸易口岸，加上其政治、军事地位的上升，天津的资本主义工商业稳步发展，城市人口快速增加，渐成为华北地区乃至中国北方的经济中心。与此同时，天津的社会结构也发生重要变化，近代工商业者、新型知识分子阶层开始形成，近代西方思想文化及社会习俗也开始影响天津的社会生活。

经庚子之变，清廷已无法再照旧统治下去，被迫实行"新政"，开始在经济、法律、教育、军事等诸多领域进行变革。1902 年 8 月，袁世凯以直隶总督兼北洋大臣的身份，代表清政府从八国联军的都统衙门手中收回天津的管辖权，并开始实施所谓"北洋新政"。袁世凯组建了中国近代新式的警察队伍，建立了警察机构，以维持社会治安秩序；接管并完善了都统衙门遗留下的市政管理机构，进行了一系列的市政建设，以及兴办教育，整顿金融，鼓励开办近代工业，开发海河以北的新市区，推行地方自治，等等。②

在这样的背景下，清末十年间天津经济社会生活发生了重大变化。据统计，1902～1911 年，天津新设官办、官商合办、中外合办企业 31 家。其中官办 12 家，官商合办 7 家，官督商办 3 家，中外合办 3 家。③ 其间，私人资本企业迅速增长，发展到 107 家，涉及的门类有：矿业、机器、纺

---

① 朱英：《论清末民初社会与国家的发展演变》，《理论月刊》2005 年第 4 期。
② 参见罗澍伟主编《近代天津城市史》，中国社会科学出版社，1993，第 218～225 页。
③ 《清末天津官办、官商合办、中外合办工业统计表（1902 年～1911 年）》，天津市档案馆等编《天津商会档案汇编》（1903～1911），天津人民出版社，1989，第 1262～1267 页。其中 6 家企业性质不明。

织、面粉、榨油、火柴、皮革、玻璃、制碱、烟草等。① 商业、进出口贸易、金融业也在快速发展。② 同时，天津的文化教育事业也有很大发展，新式学堂纷纷建立。到1911年，天津的新式学堂有：大学堂1所，高等学堂3所，中等学堂7所，男小学堂89所，各类女子学堂23所，其他各类学堂24所，外国人所办学堂6所。③ 到1911年，当地已办有各种报刊数十种，如《大公报》《北洋官报》《天津商报》《竹园白话报》《天津白话报》《北方日报》等。其中《大公报》积极宣传新思想，倡导新风俗，推动社会生活改良，发行量最高，影响最大。

开埠通商以来天津经济社会的变迁，"清末新政"及"北洋新政"的实施，均为天津民间社会的成长提供了有利的社会政治环境。

二

清末天津民间社会的成长，主要表现在各种民间社团的组建和积极的活动。以下择要考察有关情况。

天津商会在清末天津民间社团中无疑占有最重要的地位。天津商会建立于1904年。此前1903年3月，天津商人在上海商业会议公所建立的影响下，洋布、绸缎、粮食、银钱等各行商人纷纷公禀政府，以联络商情，整顿和挽救天津市面，要求设立天津商务公所。经众商推举和袁世凯委任，卞煜光、王贤宾等为公所董事，另有襄理、督办若干。5月天津商务公所建立。1904年清政府颁布《奏定商会简明章程》（也作《商会简明章程》）。天津商人上书商部和直隶总督，要求将商务公所改为商会，以发展天津商务。④ 1904年11月，天津商务总会建立。

天津商会的建立，反映了当时经济社会发展的要求。随着近代中国资本主义工商业的发展，中国传统的商业性公馆、公所，带有明显的血缘和地域特征，具有封闭性、排他性的特点，机构设置杂乱，管理缺乏民主意

---

① 宋美云、张环：《近代天津工业与企业制度》，天津社会科学院出版社，2005，第32页。
② 参见罗澍伟主编《近代天津城市史》第10章的相关内容。
③ 罗澍伟主编《近代天津城市史》，第481~487页。
④ 《公裕厚等六十一户商号禀请将商务公所改为商会并公推宁世福王贤宾为总协理文》，《天津商会档案汇编》（1903~1911），第30页。

识，严重束缚着其成员发展，已难以适应商品经济发展带来的挑战，① 建立商会组织已是大势所趋。

清末天津商会除了参与整顿市场秩序，倡导振兴实业，仲裁商事纠纷，创办商业报刊和各种实业学堂等与工商业发展本身有直接关系的各项活动之外，还积极参加城市管理、推进社会改良等活动，并产生了显著的效果。

近代以来，鸦片对国人的危害益加严重，至 19 世纪末 20 世纪初，吸食鸦片的人数达 1500 万 ~ 2000 万，天津地处京畿，鸦片泛滥的情况尤为突出。1906 年清廷宣布"预备立宪"后，上谕禁止吸食鸦片，定限 10 年禁绝鸦片，并由清廷政务处拟订禁烟章程。天津商会鉴于鸦片的危害，早在 1904 年制订的《天津商会应行办法十章》中即明确规定：凡商人"一经入会，不准癖嗜鸦片。有烟瘾者，自入会后，大瘾者限○月戒断，小瘾者限○个月戒断。如阳奉阴违，或不遵戒，立逐出会"。② 清廷颁布禁烟章程后，天津商会负责人考虑到"凡食力商民专恃烟馆为吸烟之所，一旦烟馆禁绝，瘾食交迫，巨患潜滋"，于是约集各位津绅、各善堂负责人、各行董事等反复商酌，决定创设天津公立戒烟善会，"拟先行开办，俾济时艰，而弥隐患。仍随时寻觅相当地方劝立分处，以宏善举"，禀请农工商部查核立案。关于开办戒烟善会所需经费，特别是戒烟所需药料等，天津商会决定，由商会总理"督同各会董并各行董事及各善堂绅商，广为劝筹"。天津商会还委托各行董事，调查商界中吸食鸦片者，"劝令一律入会严戒"。此后，天津商会还曾发布文告，要求各商家撤去店中向来为来客设置的烟具，"力戒吸食"。③ 公立戒烟善会由于其"方药精良，戒者毫无痛苦"，④ 且入会戒烟者无须缴纳任何费用，故前来戒烟者日益踊跃，效果显著。据统计，1906 ~ 1909 年，入天津戒烟善会戒除烟瘾者达 2535 人。⑤此外，清末天津商会还积极参加天津的市政管理、慈善救济等项事业，并

① 参见宋美云《近代天津商会》，天津社会科学院出版社，2002，第 69 页。
② 《设立天津商务总会应行办法刍议》，《天津商会档案汇编》（1903 - 1911），第 39 页。
③ 《津商会发布各商店铺家首先撤去烟具禁用鸦片招待过往客商的通知》，《天津商会档案汇编》（1903 ~ 1911），第 1643、2173、2174 页。
④ 《〈天津商会开办大事记〉载商会开办五年来劝工兴商办报纸学堂等八大功绩》，《天津商会档案汇编》（1903 ~ 1911），第 86 页。
⑤ 《津商会为戒烟善会开办以来戒毒者以达千余人事禀督宪文》，《天津商会档案汇编》（1903 ~ 1911），第 2179 页。

均取得重要成绩。

天足会的建立并积极开展活动，是清末天津社会改良活动中值得关注的一景。缠足这一严重戕害女子身心的陋习，在中国延续了千余年。其间虽曾遭受责难，① 但一直流行，直到清末，才受到致命的冲击。而禁缠足这一社会风俗的改良，是从天津等东部沿海地区的都会城市开始的。

清末天足活动首先是来自西方的基督教教会人士的大力提倡。1877 年传教士在厦门建立了中国第一个反对缠足的团体——戒缠足会。1895 年，英国女传教士立德夫人在上海创办天足会，并陆续在苏州、无锡、南京等地设立分会，推动不缠足活动。此外，西方教会开办的女子学校也积极倡导戒缠足思想。中国的维新人士为改革这一陋习更是不遗余力，康有为、梁启超等人或著文疾呼，或奏请禁止，或设立不缠足会，刊布章程，积极推动不缠足运动。1902 年，清廷颁布劝诫缠足上谕：“汉人妇女，率多缠足，由来已久，有伤造物之和。嗣后缙绅之家，务当婉切劝导，使之家喻户晓，以期渐除积习。”此后，全国南北各地“不缠足”宣传与天足活动渐次兴起。② 在天津，自 1902 年《大公报》创办伊始，该报即连续刊载文章，抨击缠足陋习，宣传不缠足的好处，讲述解放足的具体办法，积极推动禁缠足运动。

1903 年 1 月，刘孟扬在天津创设“独立天足社”，③ 不久改名“公益天足社”。公益天足社“专以劝诫以后的妇女不准再缠足为宗旨”，④ 并规定，入社无须缴纳任何费用，不但家有妻女者可以入社，即使尚未娶妻或已娶妻而尚未生女者亦可入社；入社后，“家中妇女已缠足者概置不论，未缠者不准再缠，缠未成者即速解放”。公益天足社的章程规定，社友每年在 4 月和 10 月聚会，届时讨论会中各项事务，不得托故不到。社友还要

---

① 清军入关后，清王朝曾多次颁布禁缠足令，特别是 1662 年下诏禁止女子缠足，违反者罪其父母家长。
② 参见杨兴梅《以王法易风俗：近代知识分子对国家干预缠足的持续呼吁》，《近代史研究》2010 年第 1 期。
③ 《广告·独立天足社》，《大公报》（天津）1903 年 1 月 20 日（《大公报》1902 年 6 月创办之初，版面为一大张，故并不标注“第○版”。自 1908 年 1 月 1 日起，版面增加，但至 1908 年 3 月 7 日始在版面上标注“第○张”）。刘孟扬（1877～1943）字伯，天津人，回族，清末秀才，曾应英敛之聘为《大公报》主笔政。1905 年后他创办《商报》《民兴报》《白话晚报》等，并曾任天津南段巡警局值日所保长、直隶稽征局局长、天津警察厅勤务督察长、直隶省磁县、永年和天津等县知事。
④ 《附件·请遵饬劝戒缠足》，《大公报》（天津）1904 年 1 月 5 日。

尽转劝他人的义务，严格遵守社内章程，社友间"有互相纠查之权，如查有不遵守本社章程者，可公同议罚"。① 公益天足社的组织者和领导者刘孟扬，为《大公报》的主笔。他利用其在《大公报》的地位，陆续在《大公报》发表多篇文章，② 分析缠足陋习的来龙去脉，痛陈缠足的危害，引导妇女打消不缠足会找不到好夫婿的顾虑，摒弃缠足的恶习。刘孟扬还将妇女缠足与民族的尊严、国家的兴亡联系起来，希望通过摒弃缠足恶习，改良风俗，以改变国家贫弱的状况。这也是公益天足社的宗旨。刘孟扬等人还将有关放足的上谕和某些官员的文告刊于《大公报》，如张之洞的《戒缠足会章程叙文》、袁世凯的《劝戒缠足文小册》，以及《救弊良言》《去恶俗说》等文，且将这些文字印成传单，散发各处，以扩大影响。由于公益天足社积极开展活动，其组织规模和社会影响在不断扩大。1903 年 3 月，参加者仅 20 余人，至 4 月参加者即达 30 多人，张慰臣等人还在河东十字街设立了分会，"名曰公益天足社支部"，社友达 20 余人。③ 到 1905 年，入社者达 130 多人。④ 公益天足社积极的宣传活动，加之借助刘孟扬《大公报》主笔的有利地位，使戒缠足活动取得了积极、显著的效果。

时至 1911 年夏，天津各界人士又组建了天津县天足会，又称津邑天足会。其会章程称："本会以实行劝导辅助直隶天足总会之不足为宗旨"；"凡本会会员入会后，所生之女不得缠足，其子亦不得娶缠足女"；"所生之女，其已缠足者，如在十岁上下，未曾定婚者，须一律放解"。⑤ 津邑天足会设正副会长，下设劝导股、筹款股、编辑股、庶务股。他们定期开会，由会长报告天足会工作进展情况，商议决定会中各种问题。如 1911 年 8 月 27 日（星期日，农历七月初四）的会议，先由会长陈蔗圃报告天足会近来各项工作进展情况，讨论决定的事项有：请工于绘事者专画缠足之苦，天足之便，知会西乡各画店照刊印行；发放徽章（天足会徽章）前，要核实各会员家中实有天足、放足者若干，按数发给，徽章费用由个人负

① 《来函·公益天足社改订详细章程》，《大公报》（天津）1903 年 3 月 16 日。
② 如《附件·指明妇女缠足不是正道的凭据》，《大公报》（天津）1904 年 1 月 8 日；《附件·妇女不缠足不是学外国人》，《大公报》（天津）1904 年 1 月 9 日；《附件·缠脚的妇女多受脚的累》，《大公报》（天津）1904 年 1 月 10 日等。
③ 《本埠·纪天足社》，《大公报》（天津）1903 年 4 月 1 日。
④ 《附件·公益天足社刘孟扬敬告众社友》，《大公报》（天津）1905 年 5 月 31 日。
⑤ 《天津县天足会简章》，《大公报》（天津）1911 年 9 月 9 日。

担；妓女天足会，本会虽非不赞成，但暂不得入会及佩戴本会徽章；请各乡镇议事会各设天足会分会，限一年内成立；各劝导员分赴各女学堂，劝说放足，等等。① 为了更有效地进行宣传，津邑天足会还举行"围城马路巡行演说会"，即全体会员集合绕城游行演说。第一次巡行演说因预定之10 月 6 日阴雨，延至 10 月 11 日举行，② 并决定以后每月 20 日巡行演说一次，且"周游小街曲巷"，③ 以扩大影响。

津邑天足会建立后，得到天津社会各界人士的积极支持，活动范围和影响日益扩大。天足会成立后不断有人陆续加入，至 1911 年 9 月中旬，入会者已达 194 人。④ 北洋女师范学堂给天足会送来展足后洗足药方，⑤ 劝学总董华芷舲来函，请天足会派人到各宣讲所宣讲戒缠足问题。⑥ 陆阐哉副会长多次赴各女子小学进行关于缠足情况的调查，并请各校女教习加入天足会，"籍便劝导女生放足"。⑦

清末天津各界人士建立了多个阅报社，为启迪民智，开通风气发挥了重要作用。清末新政开始后的数年间，各地出现了设立阅报社（馆）的新气象。北京、天津，以及直隶、山东、湖南、四川、广西等地的许多城镇，阅报社均曾活跃一时。各地虽亦有官员出而主办者，但多数为当地士绅、商人及宗教界人士举办。⑧ 清末阅报社是以开启民智为宗旨的民间社团，是当时社会有识之士组织公众阅读报刊，进行启蒙宣传，提高民众素质之良好、有效的形式。

阅报社最早出现于何时何地，尚难考定。天津最早的阅报社，当属1905 年初设立的西城阅报社。7 月，又出现了益智阅报社、启文阅报社等。其中，益智阅报社，"内备京、津、申江、广东、新加坡各种华字报章……任人入观，不取分文"。⑨ 此后，王吟笙、张仲岩、曹幼占等人在河

---

① 《直隶·津邑天足会开职员会纪事》，《大公报》（天津）1911 年 9 月 2 日。
② 《本埠·天足会职会纪事》，《大公报》（天津）1911 年 10 月 16 日。
③ 《本埠·天足会之游说》，《大公报》（天津）1911 年 10 月 14 日。
④ 《本埠·职员会纪事》，《大公报》（天津）1911 年 9 月 19 日。
⑤ 《本埠·天足会职员会纪事》，《大公报》（天津）1911 年 10 月 16 日。
⑥ 《直隶·津邑天足会开职员会纪事》，《大公报》（天津）1911 年 9 月 2 日。
⑦ 《本埠·天足会纪事》，《大公报》（天津）1912 年 1 月 19 日；《本埠·职员会补志》，《大公报》（天津）1912 年 2 月 7 日。
⑧ 参见侯杰《〈大公报〉与近代中国社会》，南开大学出版社，2006，第 212～214 页。
⑨ 《中外近事·本埠·阅报社出现》，《大公报》（天津）1905 年 7 月 5 日。

东施粥厂设立日新阅报社，备有报纸30余种，此外还准备了几十种书籍。① 是年底，有人借用意租界过街阁，设立阅报社，并在《大公报》刊登广告："有志阅报者，盍往观乎。"② 启文阅报社则经营有方，受人们的欢迎，堪为天津阅报社的代表。启文阅报社原名启文阅报处，设立于东马路一品茶楼附近，地势优越。该社创设之前即于《大公报》刊发章程规则，规范阅报秩序：

> 一、阅报诸君如有携带之物件均须自己照料，倘有遗失，本社无干；
>
> 二、凡各种报纸，阅者须按次传观，阅毕仍放置原处；
>
> 三、饮茶、吸烟既特设一桌，阅者不得在阅报桌上随意取用；
>
> 四、阅报时不得信口吟哦、高声喧笑；
>
> 五、本社各种报纸概不外借；
>
> 六、报内常有精细图画，阅者不得裁割携去；
>
> 七、阅报纵有所见，不得在原报纸上动笔批写；
>
> 八、阅报外不得在此久坐闲谈；
>
> 九、室内置有痰盂，以外不得任便吐唾；
>
> 十、阅报者须守本社规则，即规则中未及载者，亦宜听管理人指告。③

从此章程各项规定，可见创办者准备之充分，考虑之周全。"不得吟哦喧笑"，不得损坏报章，不得随意吐唾等要求，这些体现了创办者欲以现代社会的文明规则来引导公众的良苦用心。

启文阅报社的一个重要特点，是将阅报和讲报相结合。当时中国民众的文化教育程度普遍很低，识字者很少，识字者的识字程度亦有限，这使讲报成为充分发挥阅报社作用的重要举措。启文阅报社的管理者，一般是在阅报者开始翻阅报纸前，先挑选出报纸一些较生僻难懂的字词，讲解一遍，然后再从报纸上选择一两篇有益于启发民智的文章，进行一番讲解。④

① 《中外近事·本埠·又一阅报社》，《大公报》（天津）1905年7月13日。

② 《本埠·纪阅报社》，《大公报》（天津）1905年12月31日。

③ 《本埠·启文阅报社规则》，《大公报》（天津）1905年7月22日。

④ 《本埠·纪启文阅报社》，《大公报》（天津）1905年7月23日。

后来，为使不识字者亦可受益，启文阅报社还在每星期一、三、五晚上宣读报纸。① 启文阅报社"自开办后，往阅者甚多"，② 第二年，又开设了两处分社。③ 启文阅报社经营有方，影响日益扩大，赢得众多社会人士的好感和赞助。不少热心人士捐款，许多报馆和人士赠送报刊、书籍，甚至有人"赞借楼房"，以表支持。根据刊于《大公报》的一份该社出入款项清册，启文阅报社开办后，有徐朴庵先生"赞借楼房"，收到包括通州钟鼓楼阅报社在内的各团体、人士捐款 22 元，还收到各方人士捐赠书籍若干。此外，另有"常年助报"者：中外实报馆本报一份，商报馆本报一份，学务处《教育杂志》一份，津报馆本报一份，大公报馆本报二份，竹园报馆本报一份，时闻报馆本报一份，五洲画报馆一份，李茂林先生《中外日报》一份、又《南方报》一份，于少甫先生《白话报》一份，人镜画报馆本报一份，何炯堂先生《中外实报》一份，醒俗画报馆本报二份，又《敝帚千金》一份。④

天津有多个阅报社建立并积极开展活动，与创办者以及时人对于此事所具意义的认识有重要关系。

1905 年 5 月，英敛之在《大公报》撰文称："我们中国的报纸，虽是不如外国多，到底也总算不少了。中国顽固的多，阅报的风气不大开，你劝他花钱买报看，他是不肯的。就算买报看的，也不能买得许多。但靠一两种报考查天下的事，究竟所知道的事有限。要打算多买，又买不起，唯有设立阅报处最好。这阅报处，拣那极好的报买些种，任人观看，不但于明白人有益处，就连那顽固人，也可以渐渐的化过来……假如再有人仿照北京的办法，多立阅报处，不但是入学堂的可以开通，学堂以外的人也可以得开智的益处。"⑤ "以中国之报纸开中国之民智，报社愈多社会之进步愈速"⑥ ——日新阅报社的经办者则在纪念阅报社创办周年时这样表达了其利用报纸开启民智，以推动社会进步的信念。

---

① 《本埠·宣讲所有期待》，《大公报》（天津）1909 年 11 月 4 日。

② 《本埠·纪启文阅报社》，《大公报》（天津）1905 年 7 月 23 日。

③ 《本埠·添设阅报分社》，《大公报》（天津）1906 年 4 月 15 日。

④ 《天津启文阅报社丁未十二月出入款项造具清册呈览》，《大公报》（天津）1908 年 3 月 27 日。

⑤ 《附件·天津也当设立阅报社》，《大公报》（天津）1905 年 5 月 30 日。

⑥ 《专件·日新阅报社周年纪念会序》，《大公报》（天津）1906 年 7 月 11 日。

阅报社的创办和活动的开展引起社会公众的积极反响。《大公报》刊登的"来函"，反映出民众对阅报活动的关注和支持。某"来函"称："昨阅贵报有劝多立阅报处，是与认字而无余款买报者有益"，来函建议，"或请学理老师，或请老学究，多立处所，每日午后至两点钟，宣讲近期白话报。不能人人听，而工艺人等听去者，喝茶时即作为闲谈，庶可人传人，亦系熏陶渐染之一方"①。另一"来函"称："开风气，广知识，莫如看报……鄙人深得看报的好处……报不可不看，阅报处不可不立，往往儿有看报为难的，虽一日花钱有限，就有力量不能的。无知的人明白最难，若是有了阅报处，听人家说看报好，他必偷闲儿去看看、听听，到底儿好不好。阅报处里头再有人演说时事及卫生的话，他耳朵里所听的，眼睛里所看的，都是开心破愚的事，再想想自己那从前的事都不对，日子久了，他心里自然就有一点儿明白意思了。"② 有人还投书《大公报》，建议《大公报》"总宜择录白话报……每日宣讲两小时，不误工艺人等上工。或将张香帅劝学歌再编成浅说白话，亦是或一道"。③ 由此可见社会公众对于阅报活动的关注与肯定之一斑。

有论者指出，"阅报处的大量出现，除了有心人出钱出力，多方倡导外，舆论的大力鼓吹也功不可没"。④ 天津阅报社之所以取得显著成效，与《大公报》的积极宣传、推动确有重要关系。《大公报》充分发挥报纸媒体的导向功能，在报上以论说、来函等形式反复强调和宣传设立阅报社的合理性，报道各地阅报社成立和发展的情况，并且积极为各阅报社提供信息来源。⑤ 阅报社出现之初，英敛之即在《大公报》撰文，极力宣传开办阅报社的必要，倡议广泛设立阅报处，⑥ 数年后，英氏又为《大公报》撰写"论说"，总结、评论阅报社的社会意义："至若阅报、讲报之益世之论者众矣。要而言之，一可知世界变迁之大局及各地各国之要事，一可见政府官吏及地方士绅之规划，自能化其固陋暗昧之旧见，而晓然于国家发号施令之缘

① 《来函》，《大公报》（天津）1905年6月6日。
② 《附件·说看报的好处》，《大公报》（天津）1905年7月7日。
③ 《来函》，《大公报》（天津）1905年6月6日。张香帅即张之洞，其号香涛，故时有此称。
④ 李孝悌：《清末的下层社会启蒙运动（1901~1911）》，河北教育出版社，2001，第45页。
⑤ 参见侯杰《〈大公报〉与近代中国社会》，第208页。
⑥ 《附件·天津也当设立阅报社》，《大公报》（天津）1905年5月30日。

由。则后此关于宪政事项之施行，庶皆舞蹈而欢迎之，不致因误会而妄生阻挠乎……借报纸以开通民智，实为今日之要图，而亦为唯一之捷径。"英氏总结过往数年阅报社的经验，进一步提出："特是阅报社一事，非惟城邑所不可少，乡镇之间亦宜同时举办，但乡民识字者少，识字而能阅报者尤少，非有人焉为之明白讲解，则阅报社亦同饩羊之虚设。为开通乡民计，自以广立讲报社尤为切实而有效……中国民智方塞，百端待理，其可视此为缓图乎！"① 此外，对于各阅报社创设及活动进行的情况，《大公报》均给予积极详尽的报道，阅报社的有关文件也时有刊载。清末天津阅报社的活动开展得有声有色，其中《大公报》宣传、倡导所起到的作用实功不可没。

此外，清末时期天津还曾有一些民间社团建立并积极开展活动，如游学会、天津普通体育社、北洋万国改良会等，在此不一一赘述。

三

清末天津民间社会团体的建立及其所开展的各项活动，标志着现代社会生活因素在天津的出现，从一个侧面展现了天津由传统社会的军事据点和行政中心，开始走上向现代城市转变的历程。

中国传统民间社会组织主要是依靠血缘、乡缘关系组织和维系。现代社会团体成员间的关系则是一种契约关系，其组织宗旨、内部机构的运作等均有明确的规章。现代社会团体的这些特征在清末天津民间社团中均有明确的体现。

天津商会建立之初，即制订了《天津总商会试办便宜章程》，章程规定，商会除总理、协理、坐办外，"拟约请文牍、评议、庶务、会计、考察各员分理各项事件，以专责成"。② 商会内部各部门的职责及运作，也制定专门规章，做明确的规定。文牍处负责批拟来往各项公文函牍，管理各项文件存档，参谋各项会务，管理议事议簿，管理考察处、会计处各项报表等；评议处负责评议两造是非，负责两造供词抄录付卷；考察处负责考察出入货物多寡之故，货物销路旺盛之理，本省新出种植及制造品类；会计处负

---

① 《言论·推广阅报社之益》，《大公报》（天津）1910 年 4 月 2 日。
② 《王贤宾等为禀报津商会试办便宜章程会董行董与入会商号清册事上商部文及部批》，《天津商会档案汇编》（1903～1911），第 45 页。

责编制预算，收支银钱，购备各项器具等；庶务处负责接待宾客，预备会议事务，料理会内房屋家具，管理催收各行会费等。① 天津县天足会除正副会长外，机构设置有劝导股、筹款股、编辑股、庶务股等，② 各司其职。

自愿与民主的原则以及保护其成员的权益等在这些社会团体的运作中也均有实际的体现。

天津商会组建的原则是"凡入会商号即情愿入会"，不带有任何强制性。商号入会呈文可证明这一点。1908 年，恩盛号等 12 家羊马商为"遇事保护并调解纠纷"而申请加入商会，其致商会的入会申请称："今中国各埠商业在会者固不乏人，而未入会者亦属不少，倘一遇亏损等事每致无所申诉。尚等有鉴于此，是以恳请入会赐发会照"；③ 春发德号等 12 家干货商，以天津商会成立以来"各行多蒙台宪排难解纷，有功于商界者关系匪浅"，而请愿遵章入会。④ 1911 年 11 月，天津县天足会副会长郭东潮以本务繁忙提出辞职。会议遂决定推举一名女性担任副会长，结果陆阐哉女士当选为副会长。当时武昌起义爆发后，南方各省纷纷独立，革命浪潮波及天津。会长陈蔗圃提出，近来人心惶惶，"可否请女劝导员暂且停劝"，但多数人认为应仍"照旧办理"，于是此后女会员仍继续进行劝导入会、劝放足的工作。⑤

清末天津民间社团建立及开展活动的宗旨是改良社会风俗，开启民智，推进社会进步。

天津县天足会除了散发传单和入户劝导之外，还举行巡行演说活动。天足会成员全体参加，集合后开始绕城巡行。巡行队伍"前列龙旗两面，军乐队随行……会长会员诸君三四十人声称奉旨不缠足，并挨户散光绪二十七年不缠足之谕旨，末附劝导文一通。后随大旗一面，正面书写谕旨，

① 《天津商务总会所属各处公订办公专条》，《天津商会档案汇编》（1903～1911），第 54～57 页。
② 《直隶·津邑天足会开职员会纪事》，《大公报》（天津）1911 年 9 月 2 日。
③ 《羊马商十二家为遇事保护并调解纠纷请列入商会事禀津商会文》，《天津商会档案汇编》（1903～1911），第 83 页。
④ 《津埠干货行商春发德等十二家公举行董并请加入商会文》，《天津商会档案汇编》（1903～1911），第 82 页。
⑤ 《本埠·天足会纪事》，《大公报》（天津）1911 年 11 月 14 日；《本埠·天足会职员会纪事》，《大公报》（天津）1911 年 10 月 16 日。

背面书天津县天足会字样"。巡行队伍所过之处，人们"阗街塞巷，争先快睹。妇女之旧思想为之一变"。①

清末天津有识之士将设立阅报社视为开启民智，"开风气，广知识"的重要途径，提出"以中国之报纸开中国之民智，报社愈多社会之进步愈速"，② 故设立阅报社的积极性很高。阅报社的活动也得到社会各界广泛的好评，各界人士积极支持阅报社开展活动，为阅报社捐款者有之，向阅报社赠送各种报刊书籍者有之，给报刊写信提出改进意见者有之，向报刊投稿力赞设立阅报社的好处者亦有之。清末天津的阅报社，对于改良社会风俗，推进社会进步，发挥了积极的作用。

清末的中国社会正处于由传统向现代转型进程开启之初，天津各界人士组建各种民间社团及其活动，带有明显的过渡性特征。其中重要一点，是其建立和开展活动多与官方存在或多或少的各种联系。例如，天津商会的建立并非完全是商人群体的自主行为。1904 年 1 月，清政府颁布《奏定商会章程》。此后，天津绸缎洋布、钱粮等 30 余行的 61 家行董上书商部和直隶总督，要求速立商会，获得清政府商部批准后方得建立，而商会的总理、协理均为具有花翎二品和三品顶戴的候补官员。此后，清末历届商会的负责人，包括总理、协理、坐班、会董等，也都享有各种官衔或功名。③清末天津商会进行的各种活动，或是有官方的号召、支持，或是要禀告官方以获得承认，并非完全独立自主地开展活动。

其他社团亦不乏类似情况。如天津县天足会的领导人在建会之始，正副会长即协同拜谒巡警道宪，请巡警协助天足会散发宣传材料，巡警道宪并认捐 20 元。天足会中有人提议在各交通要道设木架，"上悬奉旨不缠足斜匾"。④ 可见，推进天足的活动，还要借助朝廷的势力。

这些状况表明，清末天津民间社会尚在成长的初期，天津向现代城市转型的进程亦处于起步阶段。

（作者：李学智，天津师范大学历史文化学院）

---

① 《本埠·天足会之游说》，《大公报》（天津）1911 年 10 月 14 日。
② 《专件·日新阅报社周年纪念会序》，《大公报》（天津）1906 年 7 月 11 日。
③ 宋美云：《近代天津商会》，第 71 页。
④ 《本埠·职员会纪事》，《大公报》（天津）1911 年 9 月 19 日。

新中国成立初期重庆城市社会变迁

扶小兰

内容摘要：重庆解放与城市接管，是新中国成立初期重庆城市社会发展变迁的根本政治前提和基础。治理城市社会遗留问题的"废旧"运动，既是城市社会变迁的重要组成部分，又为城市社会变迁创造了一个安定的社会环境。构建城市社会新生活的"立新"举措，促使重庆城市社会生活发生了根本性的变化，从而成功地巩固了新生的人民政权，为重庆经济、政治、文化诸方面的发展提供了有利的"硬环境"和"软环境"，进而推动重庆乃至新中国社会变迁的整体进程。

关键词：新中国成立初期　城市社会变迁　重庆

按照社会学的基本理论，社会变迁是指社会的纵向运行，它既包含社会变化的过程，也包括社会变化的结果。新中国成立后，中国共产党因处于执政地位而影响着中国社会变迁的方向、进程和结果，中国社会由此进入快速主动发展时期。自新中国成立至1956年社会主义改造基本完成，这段时间是这一历史时期中极为重要的转型发展阶段。这一时期的重庆，在中国共产党人的领导下，进行了一场"除旧布新"的社会改造运动，促使重庆的社会制度、社会结构、社会关系、社会生活等各方面都发生了急速深刻的变化。本文主要以社会生活为视角，对此时期重庆城市社会的发展变化进行考察和梳理。

一　涅槃与新生：　重庆解放与城市接管

1949年10月23日，刘伯承、邓小平根据中共中央解放西南的会议部署，下达了中国人民解放军第二野战军进军川黔的作战命令。11 月 1 日，第二野战军三和五两兵团及第四野战军四十七军，从北起长江、南到川湘桂黔边的千里战线上，向西南的国民党残余力量发起强大攻势。蒋介石苦心拼凑的西南防线顷刻间土崩瓦解。11 月 30 日，人民解放军以雷霆万钧之势直逼重庆市区，市区内国民党正规部队早已溃逃，重庆从此获得解放。是日下午，第二野战军三兵团、第四野战军四十七军等部队进入重庆市区，西南地区最大的工商业城市——重庆，终于重新回到人民手中。

1949 年 12 月 1 日，中国人民解放军在重庆市区举行入城式，受到山城市民的热情欢迎。12 月 3 日，中国人民解放军重庆市军事管制委员会（简称"军管会"）、中共重庆市委的部分主要领导干部 19 人进入重庆，即日发布第一号布告，宣布重庆市军管会正式成立并开始接管工作。12 月 5 日，军管会向原国民党驻重庆的各政治、军事、经济、文化等机构派出军代表，并宣布接收这些单位。同日，通过多种形式与重庆各界人民群众接触，阐明接管方针，宣讲《接管约法八章》，提出"稳步前进，有重点有步骤的接收"方法和"自上而下按系统接管"方针。"接管"由于不仅关系到新旧政权更替和社会稳定及城市管理连续性的大局，而且与人们的实际利益息息相关，因而取得人民群众和社会各界的支持十分重要。为此，军管会提出：大力动员工人职员群众及地下党的力量参加接管，使自上而下的行政命令与自下而上的发动群众相结合；坚持群众路线，依靠工人，团结学生，进而争取团结各种职员、科学家、技术人员、进步的产业家、工商家等，向他们宣传解释党的城市政策与接管方针、计划、办法等，并听取他们的意见，吸收他们参加协助接管工作。军管会先后召开了工人、学生、妇女、文教界、工商界等各界代表座谈会，刘伯承、邓小平、陈锡联等还亲临一些会议。在这些会议上，军管会向各界群众广泛宣传中共在新民主主义革命时期的政策和策略，耐心细致地解答了人们普遍关心的劳资关系、工农联盟、工资改革等问题，使党的政策进一步深入人心，使接管工作得到各界群众的理解和支持，为接管工作的顺利进行创造了条件。遵照"按系统接管"的方针，重庆的接管工作分为政务、军事、财经、交通、后勤、文教、公安七大系统，并分别组成六个接管委员会和一个公安部，接管与之相对应的原国民党中央机构与省市机构，包括国家行政机关、军事单位、厂矿、企事业单位，学校及其所属单位的一切物资财产、档案材料和全部人员。随着各部门接管工作的顺利开展，重庆市政府各职能部门亦逐步建立。1950年1月23日，重庆市召开第一届各界人民代表会议，宣告整个接管工作的胜利结束。

重庆解放与城市接管工作的顺利完成，改变了山城人民长期处于帝国主义、封建主义和官僚资本主义统治下的艰难处境，这是重庆历史上具有划时代意义的重大事件，为重庆社会发展提供了根本的政治前提和基础，成为重庆城市发展新纪元的开始。

二　废旧与重建：城市社会遗留问题的根除

刚刚回到人民手中的重庆，满目疮痍，百业待兴，经济破败，烟赌娼等城市社会问题突出，社会秩序混乱，社会风气污浊，社会生活萧涩。中共中央西南局和重庆市委、市人民政府为管理城市和建设城市，在筹划和领导西南全区和重庆的政权建设、社会改造和经济恢复等工程中，对烟赌娼等社会遗留问题的治理倾注了极大的心血。当地开展了禁绝烟毒、清除赌博、取缔娼妓等一系列卓有成效的荡污涤垢、移风易俗的社会改造运动，促使重庆人民的身体素质、心理素质、思想观念和精神面貌发生了根本性的变化，从而扭转了社会风气，净化了社会环境，重建了社会秩序，使重庆这座古老的城市在"尘埃荡尽之后"走向新生，迎来崭新的发展起点。

（一）禁绝烟毒、净化环境

自鸦片战争始，烟毒祸水迅速蔓及中华民族的躯体，而西南人民所受之灾害可谓全国之冠。重庆地处西南交通要道，商业繁盛，人烟稠密，在烟毒贩运方面就形成一个集散据点，而与此有关的产、销和吸食的人，则广泛地分布于各阶层间。因此，烟毒在重庆成为一个极其严重的问题，它的泛滥给社会和人民造成巨大的影响和灾难。据不完全统计，解放初期，全市共有烟民20201人，其中吸食者为15110人，贩售者4476人，制造者615人，有烟馆270余家；渔洞镇2万余人中，吸毒者竟在千人以上。[①] 据

---

① 重庆市公安局编《十年来公安宣传资料》、《西南区1950年禁烟禁毒工作总结》，转引自周勇主编《重庆——一个内陆城市的崛起》，重庆出版社，1997，第416页。

重庆市公安局 1950 年 1~2 月份资料统计，该局 1 月份所处理的案件有 1980 件，人犯 2552 人，其中烟毒案即有 405 件，约占案件总数 20%，毒犯 449 人，约占人犯总数 17%。2 月份各种案件 2128 件，人犯 2887 人，其中烟毒案即有 465 件，占案件总数 21.8%，毒犯 538 人，约占人犯总数 18.6%。① 烟毒带给西南人民的灾害由此可见一斑。

为扫除这些制约新生政权建设和发展的障碍，1950 年 2 月 24 日中央人民政府政务院发布"关于严禁鸦片烟毒"通令，揭开了全国范围内禁烟禁毒斗争的序幕。根据中央的部署，西南军政委员会在 1950 年 3 月 1 日发布的"春耕指示"中，明令"严禁种植鸦片"。7 月 31 日又公布《关于禁绝鸦片烟毒的实施办法》，《办法》禁止鸦片烟毒的种植、制造和贩卖；规定了烟民的登记、戒烟和戒烟所的设置，对烟馆的取缔、烟具的收缴、烟馆主人的处罚，以及对烟毒罪犯的打击，并对各地各级戒烟组织机构的建立等事宜做出了明确规定。该办法的实施，标志着西南地区禁烟禁毒斗争的普遍展开。从 1950 年 9 月全面铺开到 1952 年底，重庆的禁烟禁毒斗争经历了两年多的时间，其间经历了两次高潮，即 1950 年 9 月至 1951 年 2 月的禁烟禁毒工作和 1952 年 5 月至 1952 年 10 月在全市展开的大规模的禁烟禁毒的群众运动。

根据中央人民政府和西南军政委员会的指示和部署，1950 年 9 月 26 日，重庆市第四次行政会议通过了《重庆市禁烟禁毒委员会组织规程》，成立了重庆市禁烟禁毒斗争的组织领导和指挥机构——重庆市禁烟禁毒委员会，并以各区为单位设立禁烟禁毒分会，以派出所为单位设立支会，以户籍段为单位设立戒烟小组，作为市禁烟禁毒委员会的基层机构，从而形成了从上到下，遍及全市禁烟禁毒斗争的领导组织网络。1950 年，重庆市人民政府发布布告指出："政府为保护人民利益，发展生产，特遵照中央人民政府政务院'严禁烟毒通令'及西南军政委员会'禁绝鸦片烟毒实施办法'实行禁绝之规定，自布告之日起，凡我市民不得制造、贩运与售卖烟土、毒品。如有违反，除没收外，并依法严行惩处"，"散存民间之烟土、毒品应即向当地人民政府公安局报缴处理"，"吸食烟毒者亦应即向当地人民政府公安局进行登记，限期戒除。如逾期不登记、不报缴、不戒毒

---

① 中共重庆市委政策研究室编印《重庆概况》，1952，第 153 页。

者，分别按情节轻重予以惩处"。此外，他们还号召"全体市民动员起来，协助政府进行宣传、劝戒、检举、监督等工作，以求迅速根绝烟毒"。①

在各级党政和禁烟禁毒组织的领导下，重庆市的禁烟禁毒工作迅速展开。在宣传教育方面，广泛发动各部门、团体充分利用各种群众喜闻乐见的形式在全市开展大张旗鼓地宣传活动。在戒烟方面，发动群众组成戒烟互助组，并设置戒烟所，召集本市医药专家讲授和指导戒烟药品的制造，大量制造戒烟药供给戒烟所和戒烟互助组之用。同时动员群众自筹自捐戒烟经费，对贫苦烟民则减免戒烟药费。据统计，全市共成立了戒烟互助组（戒烟所）92 个，自动参加戒烟的有 9819 人，戒除烟毒的有 16327 人，在这些获得新生的人中，有 1794 人在政府的帮助下参加了新的工作。在打击烟毒案犯方面，市公安局邀同各区人民政府及连界的川东各区县人民政府协调配合，对制造、贩运、销售烟毒的活动进行了查禁。在 6 个月的查禁工作中，当地逮捕烟毒犯 6760 人，判处死刑 12 人，查封烟馆 102 家，收缴鸦片 6644.88 两、毒品 4728.35 两、沃水 16 箱 48 桶又 4795.5 瓶、制毒原料 291.36 两、毒具 2445 件。② 经过此阶段的斗争，重庆的禁烟禁毒斗争取得了初步成效和一些宝贵经验，一大批烟民摆脱了烟毒的羁绊和残害，烟毒犯罪活动也大为收敛。但烟毒遗留已久，影响深广，这一阶段的禁烟禁毒活动还没能禁绝烟毒。

为彻底铲除烟毒，1952 年 5 月 21 日，中央人民政府政务院再次下达"严禁鸦片烟毒"的通令，要求各级人民政府"大张旗鼓地开展一个群众性的反毒运动，粉碎制毒、贩毒罪犯分子及反革命分子的阴谋，以根除这种旧社会的恶劣遗毒"。重庆市委市政府立即根据中央人民政府的精神在全市范围内掀起禁烟禁毒的群众性运动。为加强对运动的领导，在市政府直接领导下，当地成立了以公安、司法等部门为首的，并由专职专人组成的专门机构——禁毒办公室，统一协调和指挥全市的禁毒运动。同时，他们还设立了行动指挥、侦审、宣传和毒产处理等机构，以具体负责执行逮捕、准备监狱、专案侦查、发动群众、号召检举和没收处理毒品等各项工作，为顺利进行禁烟禁毒运动提供了可靠的组织保证。为正确制定禁烟禁

---

① 钟修文等主编《新重庆的起步》，西南师范大学出版社，1996，第 213～214 页。
② 钟修文等主编《新重庆的起步》，第 214 页。

毒的有关政策和策略，禁毒办公室抽调大批干部整理汇集前一阶段斗争材料，在此基础上，进行了历时近 3 个月的深入细致的调查研究工作，获得了大量的第一手材料，基本上摸清了毒情。据调查统计，全市共有制、贩、藏烟毒犯罪分子 13026 人，其中大多是惯犯，其活动不仅有单个的、零星的，并且还有结成帮口、组织集团的，其中较大的团伙就有 115 个，包罗毒犯 1676 人。① 此外，通过对 1950 年至 1952 年已经受理的 2383 件制、贩、藏烟毒案，以及对 1951 年 1 月至 10 月受理烟毒案件的分析，禁毒办公室认为烟毒犯罪分子的情况错综复杂，烟毒流传根深面广，禁烟禁毒工作复杂艰巨，因此，需要重庆市党政领导机关加大工作力度。在经过上述调查研究和充分准备工作的基础上，全市进行了第一次大规模的打击活动，逮捕了一批罪恶重大的毒犯，并对已捕毒犯进行突击审讯，经过反复宣传政策和号召检举活动，迅速扩大了禁烟禁毒工作的战果。

为"组织、团结和教育市民，参加城市的管理和建设工作"②，在搜捕打击毒犯的同时，重庆市进行了广泛深入的宣传群众、发动群众、组织群众的工作。在市委宣传部门的统一领导下，当地组织了由党的宣传干部和暑期留校大、中学生共 17576 人的宣传大军，深入大街小巷和楼堂庭院进行各种形式的宣传活动。全市召开禁烟禁毒各类大小型会议达 18500 次以上，受到直接宣传教育的群众至少达 692680 人，占全市居民群众（机关户口除外）的 70% 以上，使禁烟禁毒政策"家喻户晓，人人明白"，③ 从而形成了"抵制烟毒，人人有责"的良好社会氛围，促进了禁烟禁毒工作的顺利进行。经过半年多的时间，禁烟禁毒运动取得了决定性胜利，破获了烟毒集团 115 个，审理烟毒案件 2887 件，先后逮捕大毒犯 3418 人（占全市烟毒犯总数的 24.2%），枪决了罪大恶极和抗拒坦白者 17 人；共登记毒犯 9878 人，并对其中 7700 人进行了集体改造；共缴获毒品 21908 两、制毒原料 43944 两、毒具 6109 件、步枪 7 支、手枪 9 支、冲锋枪 1 支、机枪筒 8 个、子弹 1609 发。截至 1952 年 8 月，全市登记的烟民有 13840 人，参加戒烟者 11238 人，戒后脱瘾者有 7813 人，且随着运动深入，烟民脱瘾

---

① 钟修文等主编《新重庆的起步》，第 216 页。

② 邓小平：《在西南局城市工作会议上的报告提纲》（1950 年 12 月 21 日），《邓小平西南工作文集》，中央文献出版社、重庆出版社，2006，第 290 页。

③ 钟修文等主编《新重庆的起步》，第 218 页。

者越来越多。1952 年 11 月，根据重庆市公安局《关于结束本市肃毒运动的计划报告》，"肃毒运动的目的与任务已基本完成"。1953 年 1 月中央人民政府公安部、内务部、卫生部联合向各大区、各省市、各省辖市发出《关于全面开展戒烟工作的指示》，要求在禁烟禁毒运动的基础上，"立即着手抓紧戒烟工作，在一定时期内基本戒除"。1953 年 3 月 26 日重庆市民政局在给内务部的报告中指出："至目前为止，全市尚未发现有烟毒活动。"① 至此，重庆市的禁烟禁毒运动取得了预期的成效，长期残害民众的烟毒祸根得以禁绝。

烟毒的戒除对于提高人民群众的身体素质，改变整个民族的健康状况具有极其重要的意义。大批烟民戒烟后恢复了健康，大批的烟贩经过改造后成为自食其力的新人，并在政府帮助下投入新重庆，新中国的建设中，为恢复和发展国民经济，迎接即将到来的社会主义改造和社会主义建设高潮准备了有利条件。西南地区约有 700 万亩烟地改种农作物，所生产的粮食和其他农作物产品对西南地区的建设和经济发展所起的巨大作用也是毋庸置疑的。罪大恶极的大烟毒犯被惩办，烟毒集团被摧毁，烟馆被取缔，制、运、贩烟毒的黑社会恶势力被彻底铲除，使滋生罪恶、腐朽、贫困的"万恶之源"的烟毒得以廓清，促使城市社会秩序、社会风气和社会生活转向安定、祥和，有利于巩固新生的人民政权，恢复和发展国民经济。同时，禁烟运动也改变了民众的精神面貌和心理素质，为中华民族的精神风貌和民族素质注入了新的活力。

（二）清除赌博、扭转民风

赌博亦是城市社会生活中长期沉淀遗留下来的恶习。赌博不仅影响正当的工作，并且引起家庭不和，闹离婚、闹自杀现象常有发生，而作为社会最基本单位的家庭的不稳定，必然引起整个社会的动荡不安，有的老板因赌输钱而拖欠工人工资。有的赌徒因赌输钱，无法生活或偿还债务就铤而走险，滋生偷盗抢劫卖淫等恶行。由此因赌博又衍生出一系列社会问题，这给城市发展和社会生活造成极大的不稳定，影响整个城市现代化的

---

① 此处资料参见钟修文等主编《新重庆的起步》，第 219 页。

进程。新中国成立后，人民政府开始禁止赌博，尤其是在 1950 年 7～8 月，公安部召开了第一次全国治安行政会议后，公安机关的治安管理部门即配合全国范围的镇压反革命运动，进一步禁毒禁赌，从而逐步改变遗留已久的赌博风气。据统计，仅 1950 年内，重庆查获的赌博案件就达 2465 起，牵涉人犯 6731 人；1951 年上半年，查获赌博案件 778 起，牵涉人犯 2722 人。① 由于赌博风气盛行已久，遗毒既广亦深，禁赌工作因此而复杂艰巨。

按照邓小平提出的"城市问题复杂，要统一到市委的领导下去进行"② 的指示精神，重庆市委市政府对禁赌工作十分重视，在西南局的统一部署下，专门制订《关于严禁赌博活动的布告》，公安司法部门根据这一精神，采取了切实可行的具体措施。首先，广泛深入地开展严禁赌博的宣传教育。运用报纸、广播等舆论工具，大力宣传严禁赌博的布告，反复向群众讲解赌博的严重危害，动员群众自觉反对和抵制赌博活动，以造成强大的社会舆论；在广泛宣传的基础上，通告参与赌博活动的人员到公安机关坦白交代，登记悔过。其次，大力开展查赌禁赌工作。依靠各级党政领导，发动群众，密切掌握本地区、本单位的赌博活动情况；对进行过赌博活动的人员，普遍进行调查摸底，分清情况，采取措施，加强教育管理；对聚众赌博的赌头、赌棍、窝主和赌博情节比较严重、屡教不改的人，掌握名单，核实材料，根据违法犯罪的不同情况分别给予惩处。再次，坚决打击赌博犯罪分子。在查禁赌博的工作中，对以营利为目的，聚众赌博或以赌博为业的赌头、赌棍坚决依法公开处理；对有一般违法行为的人，以教育为主，处罚为辅，采取广泛宣传与个别教育相结合，采取治安管理与政策措施相结合的办法，促其登记悔过；已经停止活动并能主动交代问题，揭发检举他人的，免于处罚或从宽处罚。同时政府加强对禁赌工作的领导，要求各地区、各部门、各单位把禁赌工作纳入议事日程，并确定一名领导专抓此项工作。对赌博活动不加禁止致使赌博蔓延成风的单位和地区，要追究领导者的责任。在人民政府的高度重视和严厉的禁赌措施推行之下，遗留数千年的赌博之风基本被扫除殆尽。

---

① 重庆市人民政府公安局编印《公安统计半年报》（1951），转引自周勇主编《重庆通史》（第三卷），第 1423 页。

② 邓小平：《在西南局城市工作会议上的报告提纲》（1950 年 12 月 21 日），《邓小平西南工作文集》，第 297 页。

（三）取缔娼妓、清除污垢

城市娼妓由来已久，抗日战争时期，重庆成为国民政府的陪都，政治、经济、文化得以空前发展和繁荣，城市人口和规模急剧膨胀，城市社会问题也随之凸显，加之国民政府腐败的统治和奢靡的生活，娼妓成为城市社会的一大灾害，时人称为"公和娼之盛，为任何城市所不及"。解放初，重庆全市有妓女1万余人。舞女卖淫现象也较突出，在册者有127人。① 有的舞女还在家设"台基"，邀约其他舞女卖淫。同时，娼妓的盛行致使性病泛滥，严重危害妇女身心健康。当时的报刊及街头巷尾墙壁上治疗性病的广告，比比皆是，成为影响城市社会生活的一大公害。

在西南局的统一部署和指导下，重庆市人民政府采取大力措施，封闭妓院，取缔"台基"，收容妓女。收容工作从1950年3月开始，每次收容都包括流落街头的妓女在内。1951年8月，重庆市公安局根据中央民政局收容本市妓女游乞会议决议，决定8月10日开始收容这些流落街头的妓女，并决定以后随时发现随时收送。截至1952年底，公安局共收容了游离分子20457人，其中妓女6000余人。② 这些妓女情况复杂，思想混乱，生活方式和遭遇各有不同，如沦落较久的妓女，恶习较深，寄生思想重，怕劳动，怕吃苦，善应对，好虚伪应事，对其进行改造就比较困难，难以养成劳动习惯；对于流落不久的年轻妓女，其恶习不深，易于接受新鲜事物，改造起来就比较容易。此外，妓女大多有吸毒恶习和性病，1951年第1至第3期共收容妓女3291人，其中吸毒者占70%以上，第4期收容妓女631人，其中患有性病的达85.2%。③ 由此人民政府制定了对妓女的教育改造方针：戒除吸毒恶习，治愈性病，启发政治觉悟，学习人民政府的各项政策，克服依赖思想，树立劳动观念；同时将妓女分别编入中队、分队和班，由妓女中的积极分子担任分队长、班长和学习、卫生、伙食、文娱委员以及划定活动地区的纠察。1950年底，市人民政府决定，从民政、公安、妇联、卫生四个部门抽调干部，在歌乐山向家湾50号第三游民收容所

---

① 中共重庆市委党史研究室编《城市的接管与社会改造》（重庆卷），西南师范大学出版社，1995，第239页。
② 钟修文等主编《新重庆的起步》，第192页。
③ 中共重庆市委党史研究室编《城市的接管与社会改造》（重庆卷），第240页。

内，成立妓女改造机构。

重庆市委市政府针对实际情况，对妓女的教育改造实行分段管理、区别对待。第一阶段，进行安定情绪，戒除恶习，培养集体生活习惯的教育。针对妓女的复杂情况，首先向她们宣传政府的收容政策，安定情绪；结合政策教育，开展各种文娱活动，进行新旧社会对比教育；同时，发给她们被褥、衣服、毛巾等日常生活用品，帮助她们治疗性病，戒除吸毒恶习，消除生活上的后顾之忧。其次，通过订立公约，制定生活行为规范，纠正不良生活习气，建立正常的生活、学习秩序。第二阶段，随着镇压反革命运动的展开，启发她们结合自己的切身遭遇开展诉苦活动，并通过各种形式的教育，使她们树立自立自强的信念；同时，组织她们参加一些力所能及的劳动，使她们认识和体会劳动的光荣与寄生生活的可耻。第三阶段，根据不同情况进行深入调查和教育，以进一步提高她们的思想觉悟，并结合劳动生产方针，鼓励她们走上自谋生计的道路。在经过一段时间的教育改造之后，她们的思想和生活都有不同程度的提高和转变。政府即根据不同情况进行分别处理：凡属有家可归的，尽量动员资遣回原籍生产，无家可归而有劳动力的，在她们的自愿原则下，并商洽原籍政府同意，资遣回籍生产；无法资遣而有劳动力的，组织起来参加力所能及的工作和各种手工业生产；至于无家可归的老弱病残妇女，则分别转入各院继续教养，组织其参加各种可能的劳动生产。资遣回籍生产的，绝大部分都得到了适当的安置，也有部分因长期流落城市，不习惯农业生产而跑回城市的，政府依然收容，重新安置。由教养院组织参加劳动生产的有 1009 人，她们在不断的劳动锻炼中，身体日益强壮，工作效率不断提高，其中有 400 多人，先后经各生产部门挑选为正式工人。其余继续教养的，仍根据其体力、智力情况分别安排参加各种生产劳动，老弱病残还能做点工作的，也参加了制酱油、制作雨伞以及棕绳、棕刷等手工业生产工作。在生产教养院工作的，每月收益已达全部院民供给的 60%，生产情绪一般都很高。

经过两年多的努力，贻害数千年的社会浊流得以基本绝迹，绝大多数妓女经过教育改造后开始了新的生活，成为建设新重庆与新中国的新型劳动者。

（四）收容改造游民乞丐、稳定社会秩序

重庆市解放后，市军管会和市政府根据党中央、政务院和西南军政委员会的有关政令，于1950年3月制订了《重庆市游民乞丐收容处理办法》，明确指出了收容处置游民乞丐的必要性和迫切性，并制订了收容处置的具体方针、政策和办法。游民乞丐由于分布面广、数量大，成员复杂，分散在城区各个角落。该办法规定分区设点、设站收容，集中管理，组织劳动，进行政治思想教育，消除其依赖和寄生意识，使之逐步实现自食其力，把他们从堕落、死亡的边缘拯救出来，以促进社会秩序和社会治安好转。

为及时有效地处置游民乞丐，1950年3月，按照《重庆市游民乞丐处理委员会》章程，以市民政局为主，当地联合重庆警备司令部、市公安局、市卫生局等行政、军事单位组建处理乞丐委员会，集中社会各方面力量，统一领导，统一安排。该委员会下设两个收容所（后因实际收容人数增加，又添设一个）。第一收容所负责收容有劳动力的；第二收容所收容老弱病残无劳动力的。各所配备足够的管理干部和必要的医务人员，对游民乞丐进行规范化管理。筹备就绪之后，广施布告，大力开展宣传、动员活动，让市民了解收容游民乞丐的目的意义、措施办法及政府的坚决态度，号召游民乞丐主动在规定时间内到收容站报到。收容工作由市公安局统一指挥，统一行动，由其所属分局、分驻所分批突击收容和个别收容。按有无劳动力分别转送第一或第二收容所。游民入所后，按人数编队分组，政府发给衣服被褥和必要的生活用品，供给3~6个月的粮食，并强制其戒除烟毒，对有病的给予必要的治疗。针对游民乞丐在游乞生活环境中养成的寄生、依赖、懒惰、邋遢等恶习，首先从规范其正常生活秩序入手，组织他们参加劳动生产，培养劳动习惯。在劳动过程中工作人员对他们进行思想政治教育，并辅之以文化教育，使他们懂得劳动光荣，寄生可耻，促其逐步树立劳动观念，学会一定的生产技能，使其能自食其力。其次是政治学习，专职干部给他们上课，主讲新旧社会对比，分析他们沦为游民乞丐的社会原因和个人原因，指出游民乞丐对社会的危害和自身有堕落毁灭的危险，使他们认识到争取改造自新的道理。课后工作人员组织他们分组讨论，启发他们在无拘无束的氛围中自觉倾诉沦为游民乞丐的过程

和遭遇的苦难，以期找到改造自新的道路，恢复做人的尊严。

重庆市有计划有组织的收容游民乞丐工作是从 1950 年 3 月开始的，3 月 29 日第一次收容就收容了近 4000 人，到年底先后共收容了 8 次，总计收容 8269 人。直到 1952 年底，三年内共收容 20685 人。① 这些游民乞丐由于成分复杂，经历各不相同，受文化教育程度参差不齐，其中 40% ～50% 是文盲、半文盲，30% ～40% 是小学文化程度，只有 10% 左右是中学文化程度，也有个别大专文化程度的，加之他们大多吸食毒品，恶习较深，因此对他们进行教育改造时，必须因人而异、有针对性。在对他们进行分别审查的基础上，工作人员按照规定分别处理：对来自农村有家可归的，资助遣回原籍，在当地分田参加生产劳动；凡无家可归有劳动力的，送到需要劳动力的部门（如城建、交通等部门）安排劳动，以工代赈；查明系国民党散兵游勇的，送驻军警备司令部处置；属于老弱病残又无家可归的，转送生产教养院或保育院予以教养；对其中可以习艺的，施以技术训练，使之学得一技之长，以便自谋生路；对表现较好，又有谋生能力的，给予必要的资助，准其自谋就业。

烟赌娼等城市社会问题的根绝，使久染烟毒、长醉赌博、沉沦娼妓、流落街头的大批民众获得了新生，逐渐养成劳动的观念和能力，走上自谋生计的道路。更为重要的是，他们从思想上认清和铲除了烟赌娼这个"三毒一体"贻害无穷的毒瘤，逐步树立起正确的心理态度、人生观和价值观，步入正常的生活轨道，成为重庆社会主义建设的有用之才。

三 立新与发展： 城市社会新生活的构建

"除旧"与"布新"相辅相成，在中央和西南局的领导和部署下，重庆市委市政府领导人民在根绝社会遗留问题的同时，采取多种措施恢复和发展国民经济，保障和改善民生，逐渐构建起一种崭新的城市社会生活体系。

（一）城市物质生活渐趋稳定

城市经济的恢复与发展是保障和改善人民群众生活的基础。重庆解放

---

① 钟修文等主编《新重庆的起步》，第 189 页。

之初，人民政府接收的是一个千疮百孔的烂摊子：经济颓败，工厂倒闭，商业萧条，金融紊乱，银根紧张，物价飞涨，市场混乱，人民生活没有保障。为恢复国民经济、稳定人民生活，中共中央西南局和重庆市委市政府领导人民开始了艰苦地恢复重建重庆经济的工作。通过整顿财政金融，平抑物价，稳定市场，调整工商业，巩固财税等措施，国民经济开始恢复和发展，人民群众的正常生活得到稳定和保障。

稳定人民正常生活的首要任务是整顿财政金融，平抑物价，稳定市场，恢复经济。邓小平在重庆市接管工作会议上指出："我们从入城那天起，就应该把领导精力转向城市，着手整理和迅速恢复敌人破坏的人民经济生活，稳定金融市场。"[1] 解放初期，重庆市场上银圆、银圆券、人民币混合流通，经济秩序极度混乱。1949 年 12 月 10 日，重庆市军管会颁布了金字第一号布告，规定"中国人民银行发行之人民币为市场流通之唯一合法货币"，"伪银圆券及其辅币券自即日起宣布作废，禁止流通"。"布告"宣布按 1:100 的比价，限期以人民币收兑散在民间的银圆券，以 1:6000 的比价收兑银圆。5 天内收兑银圆券 1012 万元，兑出人民币 10.13 亿余元（旧人民币）。[2] 1950 年 3 月，重庆市人民政府坚决贯彻执行中央人民政府《关于统一国家财政经济工作的决定》，实施统一收支、统一贸易、统一现金管理等各项制度，实现了财政收支基本平衡。货币、财政的统一，为稳定经济，恢复生产，安定人民生活，迈出了关键的第一步。为保证市民基本生活的需要，市政府在统一货币与财政的基础上，积极组织市场供应，稳定物价。1950 年 3 月后，重庆市先后成立国营贸易公司、零售公司、城乡供销合作社、消费合作社等商业机构。国营贸易公司有计划地进销物资，占领批发阵地，人民基本生活必需品如粮、油、煤等由国营零售公司组织销售，或者通过合作社直接分配到市民手中；对私营商业者采取团结、扶助的政策，解决他们的实际困难，使他们恢复正当营业；组织城乡物资交流大会，促进城乡商品流通，组织货源，扩散地方产品；对批发价、零售价、地区差价做出明确规定。这些强有力的措施稳定了物价，迅

---

[1] 中共重庆市委党史研究室等编《邓小平与大西南（1949～1952）》，中央文献出版社，2000，第 147 页。

[2] 重庆市地方志编纂委员会编著《重庆市志》（第三卷），西南师范大学出版社，2004，第 18 页。

速结束了解放前几年物价成数千倍上涨的恶性通货膨胀局面。1950 年与 1949 年相比，全市物价仅上涨 1.7 倍。1950 年 2 月，以 1949 年 12 月价格为基期的重庆 42 种主要商品趸售物价指数为 448.08，12 月降至 117.43；以 1950 年的重庆零售物价指数为 100，1951 年为 111.8，1952 年降至 108.7，1953 年降至 106.4。"一五"计划时期，重庆市场零售物价基本稳定，以 1952 年零售物价指数为 100，1953 年为 97.9，1955 年为 100.0，1956 年为 103.2。职工生活费用价格总指数以 1950 年为 100，则 1952 年为 106.1，1954 年为 104.9，1956 年为 109.0。① 长期相对稳定的物价，无疑有利于生产和人民生活的安定。

在市委市政府采取稳定经济、恢复生产的多种强力措施下，1950 ~ 1952 年重庆国民经济初步恢复和发展，"一五"期间持续稳定地向前发展。1952 年，全市工农业总产值达 9.11 亿元，比 1949 年增长 58.9%。到 1957 年，全市工农业总产值比 1952 年增长 112.7%。与工农业生产的发展相伴而来的，是市场的日渐稳定繁荣和人民生活的明显改善。1956 年，重庆市场进一步繁荣，全市社会商品零售总额接近完成 1957 年的计划目标，比 1952 年增长 47%。1957 年，重庆市场生产资料和生活资料购销两旺，社会商品零售总额达 5 亿元，比 1956 年增长 30%。截至 1956 年，全市累计安排就业人数 14 万余人，仅 1954 年由市劳动就业部门介绍就业的人数就达 4 万人，并对少数生活有困难的市民实行了救济、补助制度，仅 1956 年就发放救济金 100 多万元。职工工资收入不断增加。1954 年与 1950 年相比，冶金部门工人工资增长 105%，加工工业部门工人工资增长 124%，纺织工业部门工人工资增长 38%。1956 年，全市职工（包括手工业者）人均收入比 1952 年增长 37%。市民收入的增加增强了社会购买力，1954 年，全市市民购买力比 1950 年增加 56%。市民人均居住条件也有一定的改善，全市人均住房面积由 1952 年不足 2 平方米提高到 1957 年的 3 平方米。②

（二）城市精神文化生活日益丰富

精神文化生活是物质生活水平的反映和提升，是衡量人民生活富裕与幸福程度的重要指标。而解放前重庆公共文化娱乐场所很少，百万居民仅

---

① 重庆市城市社会经济调查队：《重庆市物生活调查史料（1950 – 1988）》（内部资料），1989，第 1、2 页。

② 本处资料可参见重庆市地方志编纂委员会编著《重庆市志》（第三卷），第 19、27 页。

有一个中央公园，人民群众文化生活状况也就可想而知。市委市政府为了改善民众的精神文化生活需求，采取了一系列的措施。

公共文化场所和设施的建设与发展，是保障和提升市民精神文化生活水平的重要载体，亦是城市文明程度的重要标志，坐镇重庆的邓小平对此非常重视。他对重庆市委市政府进驻环境清幽舒适、设施齐备且占地广大的前国民党要员的私人公馆——王陵基的"王园"和杨森的"渝舍"办公的行为给予严厉地批评，认为应该将这两处园林开辟为供人民休憩娱乐的公园。在邓小平的坚决督促下，重庆市委市政府积极设法另觅新址，进行搬迁，最终将这两处地方开辟为枇杷山公园和重庆市少年宫。随后，重庆市委市政府组织其建设城市公共文化设施。1951年4月底，开工仅半年时间，大田湾广场即告落成，成为当时重庆和西南地区大型集会和活动的主要场所，也是重庆解放后首个城市标志性建筑。1952年8月5日，由邓小平亲自题写宫名的"重庆市劳动人民文化宫"落成开幕，成为重庆市最大的职工文体活动中心。而西南军政委员会大礼堂（今重庆市人民大礼堂）的修建，更是当时重庆市政建设的经典之作。该工程于1951年9月由西南军政委员会组织修建。工程不仅以高达600余亿元（旧人民币）的造价、25000余平方米的建筑面积，成为当时的第一市政建设项目，而且更以其恢宏气势、独具民族特色的建筑风格享誉中外建筑史册。该大礼堂于1954年3月竣工后，即成为中共中央西南局、西南行政委员会以及重庆市诸多大型集会和活动的主要场所，至今仍是重庆市民集会、休闲娱乐的重要场所，并成为重庆市最为著名的人文景观。这些公共文化设施的出现为丰富市民文化娱乐生活提供了条件，也使重庆城市面貌和基础设施大为改观，初步奠定了重庆现代城市文化娱乐设施体系的基础。

文化艺术的发展与大众文体活动的开展丰富了人民群众的精神文化生活。重庆解放后，当地市委市政府在对旧有文化艺术进行改造的同时，筹组各行业协会组织。如在1950年内共组织654名旧艺人进行政治学习和文化学习，有针对性地对其旧思想、旧意识进行改造，以提高其政治觉悟和文化水平，为整个文艺界的改革奠定基础；同时组织了重庆市文协、剧协、美协等筹备会，正式成立重庆市音协和曲艺改进会，以公私合营的方式开办"大众游艺园"，采取多种形式开展丰富多彩的文艺活动。电影是当时人们文化生活的重要方式，也是主流意识形态进行政治思想宣传的重要手段，因此电影事业成为重庆整个文化事业恢复的重点之一。在三年的电影恢复工作中，重庆市主要加强了对影院的建设，尤其是郊区电影院的建设和对农民的影片巡回放映工作。1952 年底，重庆电影院由 1950 年的 8 家增加到 13 家，座位数从 8042 个增加到 11293 个，观众人次从 340.8 万人增加到 841.2 万人。① 电影事业的恢复和初步发展，在逐步丰富人民群众精神文化生活的同时，在宣传党和政府各种方针政策，传播文化科学技术，培育社会新风尚等方面也发挥了重要作用。戏曲艺术方面，因抗战时期大量文化机构和著名文化人士内迁，重庆的戏曲文化获得超常发展。抗战胜利后，尽管内迁机构和文化人大都返回内地，但是，直到解放时，重庆的戏曲文化也留下一定的基础。新中国成立后，经过三年的改革和调整，戏曲文化日渐繁荣，看戏、听戏成为市民休闲娱乐的又一主要方式。到 1952 年底，重庆有川剧、京剧、越剧、汉剧（1953 年初离渝）和杂技五个剧种；有 13 个剧团，包括京剧团、汉剧团、越剧团和杂技团和 9 个川剧团；有 13 家剧院（场），座位数和观众规模均有大幅增加，座位达 10486 个和观众达 440.68 万人次，分别为 1950 年的 2 倍和 2.6 倍。② 到 1954 年上半年，全市电影院发展到 19 个，电影队由 1 队发展到 37 队，剧场由 8 个发展到 15 个，文化馆由 1 个馆发展到 10 个馆、2 个站；另有图书馆 4 个，藏书 1472404 册。③ 群众性体育对于普及群众体育运动具有十分特殊的意义。1952 年 5 月 4 日至 15 日，西南首届人民体育运动大会在重庆大田湾广场举行，有力地推动了全西南、全重庆的群众体育乃至竞技体育运动的蓬勃开展。此后，以篮球为主的群众性体育活动蔚然成风，打篮球和组织球赛成为人民群众新的娱乐方式。可见，随着国民经济的恢复和财政收支平衡的实现，人民群众收入的逐步稳定和提高，人们的生活方式也在悄然发生变化，文化娱乐活动正日渐成为人们新的生活追求。

---

① 《重庆》课题组：《重庆》，当代中国出版社，2008，第 78 页。
② 重庆市文化局：《重庆市电影、戏曲文艺、书刊出版等调查总结报告》（1953 年 1 月），转引自《重庆》，第 79 页。
③ 俞荣根、张凤琦主编《当代重庆简史》，重庆出版社，2003，第 103 ~ 104 页。

（三）城市社会新风尚日渐形成

社会风尚是一定时期和一定范围内社会成员在某种物质生活和精神生活中表现出来的共同性，是一种普遍流行的社会行为。它是在一定的时空内，某一跃居突出地位的社会风气所产生的一种文化效应场。解放后的重庆，随着新生人民政权的建立和巩固，各项社会改革的不断深入，人民群众物质和精神文化生活的逐渐改善、思想文化素质的不断提升，人们作为人的权利越来越受到尊重。因而人民群众的价值观念和心理态度也随之发生变化，当家做主的主人翁意识成为人们的共同心理，平等、健康、文明、奋进的新风尚在全社会逐渐形成。

婚姻法的颁布，婚姻制度的改革，使深受封建压迫的妇女得以解放，促进了婚姻观念与习俗的更新。1950年4月，中央人民政府正式公布《中华人民共和国婚姻法》，明确规定"实行男女婚姻自由、一夫一妻、男女权利平等、保护妇女和子女合法利益的新民主主义婚姻制度"。重庆市自新婚姻法颁布之日起，即开始按照新的婚姻制度，试办婚姻登记，且于婚姻登记中，对新人进行新婚姻法的宣传教育工作。据统计，从1950年5月到1951年2月的9个月中，全市申请登记结婚的有2793对，离婚的有809对，复婚的有15对，其中以工人农民申请结婚的最多，工人占46%，农民占21%；申请结婚登记的逐月上涨，从最初的100人左右上升到1951年1月的460人；离婚者中，意见不合者占54%，重婚者占16%。① 由此可见，旧社会不合理的婚姻制度正受到冲击，新的婚姻制度正为广大人民群众，尤其是那些向往恋爱自由、婚姻自主的年轻人以及那些深受封建婚姻制度束缚的妇女所接受和拥护。但人们由于长时期受封建思想的统治和束缚，在试办新的婚姻登记中，也存在多方面的问题：如在结婚者中，有先同居后登记者，有年龄或身体不符要求来登记者，还有的是为了登记户口而来登记；在干部中，由于对新婚姻法的意义认识不够，有的干部不讲原则，过分地强调夫妻和好而不问其原因，有的干部则恰恰相反，机械地执行婚姻制度，因年龄不符将正在举行婚礼的一对夫妻当场拆散，在群众中造成十分恶劣的影响；在普通民众中，也有夫权意识严重，或对婚姻登

---

① 《重庆市试办婚姻登记情形》，转引自俞荣根、张凤琦主编《当代重庆简史》，第78页。

记制度不认同等思想。为此，重庆市委于 1950 年 10 月向各级党委发出《关于贯彻执行婚姻法的指示》，并于 1951 年 1 月成立了重庆市贯彻婚姻法运动委员会，发出了《关于开展贯彻婚姻法运动指示》，开展了"贯彻婚姻法运动月"活动，在全市范围内掀起了学习、贯彻、执行婚姻法的运动。据统计，在运动月中，全市共出动报告员 602 人，传授员 259 人，宣传队员 28133 人，举行专题报告会 1459 次，召开解释会 6323 次，全市受到婚姻法教育的群众多达 1431300 余人次。① 经过大规模、广泛深入的宣传教育，极大地推动了旧的婚姻观念和习俗走向变革。在婚姻形式方面主要表现为包办婚姻减少，自主自愿婚姻日趋增多，登记结婚的增加；在婚姻礼仪中落后、迷信的内容被淘汰，婚宴仪式中茶话会、集体结婚、旅游结婚等逐渐占据主导地位，尤其是茶话会成为城市婚礼中较为普及的一种形式。离婚再嫁习俗大变，人们敢于通过离婚的方式解除不幸的婚姻。据统计，重庆市 1953 年 1~9 月办理的 981 对离婚登记中，强迫包办的有 216 对，重婚的 152 对，不堪虐待的 34 对，遗弃的 2 对，有生理缺陷和精神病者 50 对。② 这些数据表明新的合理的婚姻制度正逐步取代旧的不合理的婚姻制度。

随着人们思想观念和生活方式的变化，渴求知识、学习文化成为社会新风尚。根据新中国文化教育总方针，重庆市委市政府确立了重庆文化教育工作方针，着力改造旧的文化教育事业，推进学校教育的恢复与改革，逐步建立起与生产相结合的、服务于广大人民大众的新型文化教育体系。同时，为适应新中国经济建设和社会发展的需要，广泛开展群众的业余教育，主要采取创办夜校识字班、建立人民文化馆，组织工厂职工业余教育委员会和工厂文艺工作委员会等形式，开展"以工教工""以农教农"的读书运动，吸引工农群众参加学习。至 1951 年底，全市共成立正式的职工业余学校 121 所，参加学习的固定职工达 5.08 万人；各厂矿企业中，90%以上都成立了业余学校或业余学习班；也为农民和街道居民建了 485 所业

---

① 《贯彻婚姻法运动月的工作报告》，转引自俞荣根、张凤琦主编《当代重庆简史》，第 80 页。
② 《民政局 1953 年工作总结报告》（摘要），转引自俞荣根、张凤琦主编《当代重庆简史》，第 80 页。

余学校，参加学习的人数达 19.68 万人。① 由此，这些措施和政策促使学知识、学文化的新风尚在全社会蔚然成风。

（四）市政建设与城市公用事业与日推进，城市生活环境不断改善

在 1950 年 12 月的西南局城市工作会议上，邓小平指出："恢复和发展生产，学会对于工厂、矿山、交通、市政等近代工业的管理。"② 他把市政建设提到与近代工业相同的高度，将其视为生产力发展的重要组成部分，可见他对重庆这类大城市的市政建设的重视程度。为此，重庆市人民政府提出"为工业、为生产，为劳动人民服务"的市政建设方针，积极推进市政建设与城市公用事业的整治和建设，以此改变市容市貌和城市生活环境，提升市民生活质量。

市委市政府的重视与资金的保障是推进市政建设恢复和发展的关键。据统计，1950~1952 年，重庆基本建设投资总额为 12035 万元，其中城市交通运输及邮电、城市公用分别为 247 万元、2021 万元，分别占全市基建投资总额的比例为 2.05%、16.79%。③"一五"期间，重庆的全部地方投资总额仅为 7979 万元，城市公用事业建设费即达 3163 万元，占投资总额的 39.64%，居各项事业投资首位。④ 市委市政府对城市市政设施与公用、事业建设在重庆社会经济发展和城市发展中所居地位重要程度的认识与努力由此可见一斑。因此，重庆市政设施与公用事业建设等在解放初期短短几年内，有了显著的发展，城市面貌发生了较大变化。

道路建设方面，1950 年新辟了北区干路、捍卫支路、杨（家坪）石（桥铺）公路，中二公路及嘉陵新村公路，全长计 8367 米；拓宽和翻修了两（路口）九（龙坡）公路、中区干线以及牛角沱至小龙坎公路一段，全长计 16671 米。1952 年，相继完成了江北公路、人和路、大河顺城街、杨石公路等 7 条道路的修建并开始通车，工程施工共 52.64 公里。到 1953

① 《重庆》课题组：《重庆》，第 77 页。
② 邓小平：《在西南局城市工作会议上的报告提纲》（1950 年 12 月 21 日），《邓小平西南工作文集》，第 289 页。
③ 重庆市统计局：《1950-1960 年重庆市国民经济统计概要》，转引自《重庆》课题组《重庆》，第 85 页。
④ 《重庆》课题组：《重庆》，第 109 页。

年，全市共完成道路工程 80.78 公里、沟道工程 15.66 公里，从而初步改变了重庆道路交通十分不便的状况。这无疑为恢复生产、发展经济，改善人民生活状况和城市发展奠定了基础。市政卫生建设方面，针对刚刚回到人民手中的重庆，城市公共卫生设施十分落后，环境卫生非常恶劣，到处污水横流，垃圾随意堆放，老鼠、苍蝇、蚊虫随处可见，病疫流行较为严重的状况，重庆市人民政府投入了大量的人力物力和财力，其中仅中央人民政府补助的市政建设款即达 2914451 万余元。在市政府与全市人民的艰辛努力下，1950 年共完成下水道工程 22.6 公里，超过预定计划的 13.32%；新建公厕 32 座，小便处 15 个，垃圾站 17 个，并疏通部分重要沟渠，使城区的雨水和污水初步有了去处。此外，重庆市还建立了街道清洁制度，配置专门的垃圾车，每月平均运出垃圾 2080 吨，从而减少垃圾乱堆乱倒的现象；还先后发动了两次大规模的群众清洁大扫除运动，组织群众清运垃圾、疏通沟渠、改阳沟为阴沟、填平污水塘，使积存多年的垃圾得以清除，城市卫生环境得到极大改善，人们逐步养成爱清洁、讲卫生的良好习惯；为预防疾病，保障人民群众的身体健康，又在春秋两季进行防疫工作，免费为 49 万余名市民种痘，还先后三次免费为市民注射霍乱、伤寒等预防针，受惠市民达 95 万余人。[①]

城市公用事业获得较快恢复和发展。重庆解放前夕，城市公用事业如电力设施、自来水管、公共汽车、轮渡等设施设备曾遭到国民党的严重破坏。经过三年的努力，重庆市的公用事业得到全面恢复和初步发展。仅以公共汽车公司、自来水公司和轮渡公司三个单位的资产总值为例，1952 年比 1950 年增加了 91.52%，人民政府每年均投入巨资改善和发展城市公用事业，使之逐渐满足人民的需要。公共汽车由 1949 年的 11 辆，猛增到 1952 年的 168 辆；载客人次从每月 6.2 万余人次，增加到每月 85.5 万余人次；公共汽车运营里程也从 1950 年的 161 公里增加到 1952 年的 348 公里。同时，从 1952 年 7 月份起，市区公交车全部改为苏式客车，使公交车的车况得到改善。路灯方面，解放前市区共有路灯 1008 盏，但其中只有 831 盏可供照明，而且灯光极其灰暗微弱，路灯形同虚设，还有许多道路街巷无路灯。到 1952 年，路灯增至 7891 盏，市区照明情况有了很大改进。生活

---

① 俞荣根、张凤琦主编《当代重庆简史》，第 106～107 页。

用水方面，1949 年，重庆自来水管道仅有 170 多公里，远远不能满足市民需要。尤其长江、嘉陵江两江沿江一带，由于没有铺设自来水管网，沿江约 2 万户、10 万人长年直接饮用污秽的江水，导致霍乱、伤寒、痢疾等疾病经常大面积流行。为逐步改善这种状况，市人民政府在原有 4 个水厂的基础上，新建立 1 家水厂，新增自来水管道 30 多公里，全市水管总长度达到 200 多公里，日产水量从 2 万吨增加到 3 万吨，自来水饮用人口从 1950 年的约 25 万人，增加到 1952 年的近 50 万人。同时，各自来水厂通过民主改革和技术革新，降低成本，以至 3 年中重庆自来水公司先后调整水价 11 次，使水价从 1950 年 0.92 元/吨调整到 0.44 元/吨。轮运方面，1951 年恢复了渝李（家沱）、渝唐（家沱）两条航线，加上新开通的，全部航线达 12 条；1952 年，航线增加至 15 条。两江轮渡，1949 年只有 6 艘，1952 年增加到 15 艘。[①] 这些新增的路灯、水管、水站及公共汽车的线路等大都在僻静小巷和居民聚居地区，极大地改善了市民工作和生活环境，无疑也有利于城市建设与社会经济的协调发展。

综上可见，解放初期，重庆"废旧立新"的社会建设实践，促使城市社会风气好转，社会秩序稳定，新的意识形态观念和社会风尚逐渐形成，广大民众对新政权的认同感逐渐增强，中国共产党的威信和形象得到极大的提升，从而培养了新的政治认同。而这方方面面的变化又为重庆城市经济、政治、文化诸方面的进一步发展提供了有利的"硬环境"和"软环境"，进而推动了重庆的现代化进程。

（作者：扶小兰，重庆市委党校中共党史教研部）

---

① 《重庆》课题组：《重庆》，第 87 页。

全景展示　立体解读：
新政时期的天津近代化历程

——"近代天津的文明建构：从洋务新政到
北洋新政"学术研讨会综述

成淑君　任吉东

摘　要： 为了进一步推动洋务新政、北洋新政与天津城市史的研究，2013 年 11 月 7 日至 9 日 "近代天津的文明建构" 学术研讨会在天津召开，60 多位专家学者会聚津门，从政治、经济、社会、文化、人物等方面，全方位地研究近代天津城市发展及其与北京、华北周边地区社会经济发展之间的关系，这对于当前实现京津冀一体化目标，明确天津城市的区域定位和前景规划等，都具有重要的学术价值和现实意义。

关键词： 近代天津　文明建构　新政　会议综述

"近代中国看天津，天津近代看新政"，正是从"洋务新政"到"北洋新政"时期，天津在政治、经济、文化、军事等方面所取得的一系列成就。这不仅大大加快了近代天津的文明建构，推进了天津城市的近代化，而且也使其逐渐发展成为京津冀地区"双核"首位城市之一，成为与北京并驾齐驱的京津冀地区政治经济发展的"双引擎"，对华北乃至整个中国的近代化进程产生了重要的影响。

为进一步推动近代文明与天津城市史的研究，天津社会科学院主办以及天津市历史学学会、通用地产（天津）有限公司协办的"近代天津的文明建构——从洋务新政到北洋新政"学术研讨会，于 2013 年 11 月 7 日至 9 日在天津召开。来自北京、河北、陕西、河南、广东、天津等省市的 60

余名学者参加了此次会议，与会学者围绕"政治变革""经济发展""社会文化"，以及"袁世凯与晚清新政"等方面展开深入研究与探讨。

本次会议的一个重要特点是大会主题发言整体质量高、反响大、效果好。5名专家学者所做的主题报告，分别从资料整合、理论建构、思维模式、研究视野、思辨论证等方面展示出资深学者深厚的学术功力，为研讨会增色良多。其中骆宝善先生详细讲述了《袁世凯全集》的资料挖掘整理和编修过程，为我们阐释了严谨扎实的基本内功与"板凳要坐十年冷"的学术奉献精神，为当今充满浮躁学风的学术界注入了正能量。王先明教授对"北洋"一词的研究立论深远、内涵丰富、分析到位、逻辑清晰，为我们解读了一个词语与一段历史之间错综复杂的内在联系，展示了非同一般的理论素养，发人深思、启人智慧。张利民对城市发展中政府行为的考察站位高远、宏大博深，从学理角度探讨了近代城市的发展动力问题，体现了史学界对史学鉴古资今功能的重视，阐明了城市发展自身所拥有的天然属性与历史惯性，令人耳目一新。刘志琴以地方志为例，分析了天津作为农耕文明（黄色文明）与海洋文明（蓝色文明）交汇点的重要地位及其在近代中国社会风俗文化变迁中的重要作用。尚小明对袁世凯的研究独辟蹊径，展示了史学考证的深厚功底，带给我们的不仅是史实辨伪的原则规范，并且还有对史学研究更深层次的对"本元"的追求与探索。

本次大会议程紧凑，主题集中，内容丰富，学术性强，32位学者分别进行了三场次六小组的分组报告，围绕各自的研究领域进行了深入的探讨和热烈的讨论。

一 政治变革： 天津近代化的制度推动

"洋务新政"至"北洋新政"时期，不仅是天津发展史上一个尤为关键的时期，而且也是京津冀区域政治经济协同互动的奠基期。在这一时期，天津的政治地位逐渐提升，尤其是1870年以后李鸿章和袁世凯充任直隶总督兼北洋大臣前后达33年之久的时期中，随着直隶总督兼北洋大臣移驻天津，天津逐渐取代保定成为直隶省（河北省）的政治中心，其在洋务、警察、海军、自治等方面均在全国起到示范的作用，已经超出了一个府或省级政府的职能范围。在19世纪末20世纪初的那些动荡岁月里，它在国内地位毫不亚于北京的紫禁城，它在国际上的地位也毫不逊色于上海和香港，是中国北方洋务运动的中心，也是清政府推行"新政"的试验场。

张华腾的《袁世凯与清末新政》指出清末新政是清朝统治阶级为挽救统治危机而发起和领导的一场自救运动、改革运动，但在客观上是中国被动适应世界现代化潮流而进行的一场早期现代化运动，清末新政成效卓著，中国社会发生了前所未有的大变化，开始了由传统社会向现代社会的重要转型。而晚清重臣袁世凯是清末新政的发起者和领导者，袁世凯创造的清末新政样板——北洋新政，也引领了新政的发展。

何德骞的《近代新政与官制改革因袭述略》指出新政是一项极为复杂的社会系统工程，既涉及中央政府和地方政治体制刷新，又牵扯中央和地方政府权力再分配的问题，因此官制改革成为新政的核心，清政府对中央和地方政府机构进行了增、改、并、删的变革。清末官制改革不仅标志着封建官僚体制的瓦解，而且"参酌中西制度"首开近代文官雏形。

高展的《浅论袁世凯新政时期天津城市建设的新发展》认为1901年袁世凯任直隶总督兼北洋大臣，开始他的北洋新政时期。在袁世凯主持下，天津的城市建设步入了新的发展时期，新式马路的修建、新区的建设和新车站的落成、有轨电车的启用，以及华界开始使用电灯、华界建立起近代化的西式公园，以上都说明天津这座近代化的城市初见端倪。

冯剑的《规范与介入：清末新政与北洋政府时期政府与民间借贷关系》具体分析了清末新政与北洋政府时期，随着社会经济的发展，国家对民间金融的介入呈现逐渐深入的趋势。文章认为国家通过立法、行政干预、救济等方式，力图规范民间金融，打击高利贷，维持社会经济的平稳运行，民间在借贷信用方面也需要政府出面充当借贷者或中介人，以维护资金市场和商业的正常运转。但是，国家与民间有着不同的需求和信用文化，在围绕借贷的博弈中，双方没有建立起信任的关系。

张畅的《晚清洋顾问与洋务运动：以李鸿章的洋顾问德璀琳为例》以李鸿章的洋顾问德璀琳为例，列举其所参与的北洋水师创建、近代邮政的创办、铁路的修建、大学的创办，以及作为李鸿章密使所参加的多项对外交涉。该文认为在晚清洋务运动中，一批来自西方的洋顾问，以海关为基地，利用掌握海关税收的权力，凭借自身对国际事务和规则的了解、行政管理专长，特别是对中国传统文化的理解，成为洋务派亲密可靠的顾问，从一开始就直接参与了中国的各项洋务活动，但在半殖民地半封建社会的中国，洋顾问不可能帮助中国人民实现真正对国家主权有益的现代化。

二　经济发展：天津近代化的内容建设

新政时期天津的近代化进程日益加快。从天津机器局到开平矿务局，新政时期的工业化是天津，也是中国北方近代工业的发端，几乎同时，天津民族资本的近代工业也借此孕育而生，一大批投资规模大、技术含量高的企业纷纷成立，许多企业经过艰辛的努力，生产出在国内独占鳌头的著名品牌。到20世纪30年代，天津共有工厂1200多家，产业工人达20多万人，形成了纺织、化工、造纸、印刷、食品、机器制造等比较完整的工业体系。工厂总数和工业投资总额仅低于上海，位居全国第二。至此，天津已经具备了一个工业城市带动和辐射周边地区经济发展的功能，成为实力雄厚的北方工业基地。

李金铮、李莉莉的《进出口商品检验的近代化：天津商品检验局探析（1929~1949）》，利用大量的未刊档案、报刊资料，首次系统论述了1929年至1949年天津商品检验局的历史及其活动，主要包括天津商检局成立的历史渊源与演进历程、商检局的检政建设、商检局的商检业务宣传、商检局的检验业务、商检局与中国对外贸易的关系。作者指出天津的进出口商品检验，始于19世纪后期洋行和公证行的进出口贸易，中华民国成立后，尤其是南京国民政府时期，开始重视商检工作，1929年工商部在上海、天津等地成立商品检验局，标志着商检主权的收回。

龚关的《金融风潮、金融发展与政府行为——清末至抗战前天津金融业发展分析》一文分析了清末至抗战前，尤其是北洋时期，天津金融市场的各种金融风潮。该文指出金融发展固然有着其根本的经济原因，而金融风潮与金融发展并存，则昭示着政府的行为造成了金融市场的波动，但其影响主要在金融市场范围之内，并没有造成对整个经济的损害，因而开埠以来天津经济发展的格局没有改变，得以持续。

李晓英的《天津洋行、货栈助推近代西北羊毛贸易》指出1860年天津开埠后，尽管区域性市场商品流通主要集中在华北地区，但是随着西方资本主义国家原料需求进一步增加，中国对外贸易的迅速发展，天津的商品流通范围远远超越了这一地区界限，地处内陆的西北地区也渐次成为天津开埠后的经济腹地，以羊毛为主体的畜牧业产品开始大量出口。近代西北羊毛出口肇始于天津洋行的收购，此后，货栈也发挥了一定的作用。

李健英、王国民的《民国政府与"永久黄"团体的发展》，结合史料分析民国政府对"永久黄"团体事业的态度和政策，阐明民国时期民营企业发展与政府政策的关系，指出 20 世纪 20 年代末，中国的社会变革在提速，国内化工产业轰轰烈烈地壮大起来，该产业的发展离不开政府的介入和扶持。"永久黄"团体的兴起与政府的扶持及有利的政策环境是分不开的，但也常遭政府摊派公债与各派军阀强征苛捐杂税，在夹缝中"永久黄"团体艰难发展壮大起来，为中国近代化学工业的建立做出了不可磨灭的贡献。

任吉东的《聚落养成与空间格局：近代天津与环城圈村镇体系衍变》认为，作为近代城乡关系的重要一环，城市与环城圈村镇关系的研究尚属薄弱环节。在天津城镇化进程下，天津周边村镇有着其成长衍化的独特之处。开埠前后的天津周边地区已经形成了以县城为中心，以各商业集镇为节点，以乡村聚落为主体，以河流水运为通道的聚落空间网络结构的特点，并具备不同于其他地区的亲水性特质，而随着开埠和河北新区的建设，村镇体系的空间布局又为之一新。

三　社会文化：天津近代化的深层建构

在新政时期天津的教育文化亦开始走向近代化。本着"师夷长技以制夷"的目的，数千年来传统私塾、书院一统教育界的局面被彻底打破，新式学堂破茧而出，天津成为近代教育的摇篮和基地。中国近代第一所大学——北洋大学堂，中国第一套完整的私立教育体系——南开学校，中国第一所工业技术学校——北洋电报学堂，中国第一所法政专科学院——北洋法政学堂，中国第一所水产学校——直隶水产讲习所等都是在这一时期酝酿并相继成立的。到 20 世纪初，天津近代教育已"洵为通商各属之冠"。随着天津城市近代化的迅速发展，城市社会文化也日渐繁荣。

李学智的《清末天津民间社会蠡测》一文认为西方学界的民间社会

（civil society）理论或可作为观察近代中国社会的一个角度。19世纪中期以来，中国受到西方世界的侵略——冲击，西方社会的经济、政治、思想文化渐次进入中国。西风东渐之下，中国资本主义经济有所发展，资产阶级（工商业者）、新型知识分子阶层初步形成，清朝统治者也被迫进行了一些变革。尤其是清末新政推行时期，一些城市和地区开始有现代性的民间社会团体出现，并积极开展各种活动，中国城市社会生活出现某些改良和进步。但这些社团不免仍带有传统民间社会组织的某些色彩，中国社会尚处于由传统向现代转型的起步阶段。其时之天津，作为中国北方最大的通商口岸城市，在清末新政及北洋新政的影响之下，民间社会亦有相当的成长，在社会生活中发挥着日益明显的作用，成为天津向现代城市转型进程中的标志性的现象。

郭常英、岳鹏星的《清末民国天津地区义务戏考察（1906～1937）》一文则考察了义务戏在天津的实际状况，包括缘起、演出的目的、属性以及意义等方面。该文认为天津地区的义务戏演出以公益慈善为意旨，同时很好地将戏曲演艺与现代慈善公益结合在一起，为推动天津整个戏曲业的发展起到了很大的作用，塑造着社会助益的良好氛围。而近代天津的城市地位与地域空间的限制又使天津地区义务戏具有立足本地区，辐射联动其他地方的特点。

王杰、张磊的《洋务新政——北洋新政与近代高等教育》指出中国近代高等教育发端于洋务新政晚期，到北洋新政时期铺展到全国。天津的近代教育在晚清处于全国领先位置，对于中国近代教育起到了示范和引领作用，并为中国现代性质教育体制的建立提供了经验。

田涛的《洋务时期天津的新知识群体》也表明1860年开埠通商后，洋务新政在天津的展开，成为这座城市迅速成长的契机。洋务新政的举办，各类西学人才的聚集，为天津形成新的知识社群提供了条件。19世纪下半期，以洋务为标识，一个新知识人群在天津逐渐兴起。他们从事着机器制造、西学教育以及其他各种文化活动，并形成了自身的交往网络，这可以看作近代天津新知识群体最初的形成期。这一群体所推动和示范的洋务风气，为天津社会带来了新的文明色彩。

任云兰的《二十世纪初袁世凯对天津的公共环境卫生治理》则独辟蹊径，重点论述了天津公共环境卫生的管理，指出袁世凯接管天津以后，根据与八国联军临时政府都统衙门的约定，许多原来通行的制度章程、机构以及一些惯常做法被保留下来，包括在城市公共环境卫生管理方面的一些制度措施和机构设置。这样不仅保证了公众的公共卫生安全，使天津的公共环境卫生管理体制从初创逐渐走向成熟，并且其逐渐与世界接轨，在建立近代化的城市管理体系上向前迈进了一步，使先进的西方文明在天津得以嫁接和延续，也缩短了天津自身近代化的进程。

张海荣的《清末天津卫生事业的发展与市民卫生观的初步确立——以〈大公报〉为中心的考察》也指出，清末天津卫生事业的发展与市民卫生观的初步确立，既由当时天津独特的政治、经济、文化和地理环境所决定，又与西学东渐的刺激密切相连。都统衙门时期建立的卫生机构及其推行的卫生举措，将天津的卫生事业初步导入正轨；袁世凯当政时期又使之得到进一步的完善与发展。此外，各种社会力量的参与，尤其是士绅阶层的积极干预，是推动天津卫生事业发展与卫生观普及的重要因素。而清末发生在天津的两次大瘟疫，则是市民卫生观确立与得到强化的直接诱因。与此同时，"讲究卫生"，作为当时地方自治的重要子课题，也契合了开民智、新民德、强种保国的时代要求，对于塑造新式市民形象，推动天津城市的近代化有不可忽视之功。

田筱丹的《清末新政时期妇女政策与妇女解放》认为清末新政是一场资本主义经济和政治体制改革运动，也是中国现代化的重大事件之一。清末新政期间清政府颁令废除缠足，确立女学的合法化教育地位和初步实行男女同校等措施，推进了中国近代妇女解放运动，在中国妇女"走出中世纪"进程中具有重大历中意义。

成淑君的《焦虑与风化——近代两性道德规范的调适和重建》也认为，自晚清开始，中国女性经历了有史以来最大的一次变革，即从隔绝的内闱到走出家门踏入社会。这一变革也宣告了男女有别的传统两性道德规范的破产。在传统治理理念的影响下，晚清和民国时期的政府对女性踏入社会后随之而来的男女接触存有一种本能的焦虑和抵触心态。因此，维持社会风化，调适和重建两性道德规范，不仅成为 19 世纪末 20 世纪初期报刊媒介普遍关注的公共话题，也成为这一时期城市政治的重要主题之一。晚清和民国时期的各级政府在重建两性道德规范时，明显是在男女有别传统两性道德规范的基础上进行的调整。这种两性道德规范的核心思想依旧是尽可能地减少，甚至是杜绝男女之间的接触。此外，人们仍一如既往地将女性视为男女关系中施诱的和着重被监控的一方。

许哲娜的《20世纪20～30年代报纸广告图像中的现代都市社会性别图景：以天津〈大公报〉、〈益世报〉为中心的考察》采用性别社会学、图像分析等多学科相结合的方法，对20世纪20～30年代天津两大主要报纸《大公报》《益世报》广告图像中呈现的社会性别图景进行解读，深入探讨了现代都市发展过程中的社会性别形象的定位及其微妙差异、两性关系的变迁以及性别视角的转变等话题。

王静的《近代日本律师立法对中国律师制度的影响》指出近代中日法律活动交往较为频繁，特别是基于废除领事裁判权而进行的法律改革对两国实现法律近代化有着重要的作用，律师制度的建立与完善即是其中一项重要内容。通过对晚清、民国律师制度内容的分析，作者探讨其发展过程中的日本因素，这对研究近代中国立法转型中的得与失不无裨益。

付燕鸿的《近代城市病及其时代性致因分析——以近代天津为中心的考察》认为城市病在近代以前已出现，但近代后呈现出异于传统时代的特质，其"低度城市化，高度城市病"的特性十分突出。引发城市病的因素有很多，作为近代化过程中出现的社会问题，近代城市病的发生发作有其独特的时代致因，一方面源于晚清民国时期"民族—国家"权威迟迟未能建立，以及城乡背离化发展的推助；另一方面源于天津城市化进程中社会分层和社会结构的失衡发展，以及政府在应对该问题上调控手段、管理制度的不合时宜。双重因素的叠加，致使近代天津城市病愈发严重。日益严重的城市病，反过来又阻碍了天津的城市化进程，同时也加剧了城市管理者的窘境。城市病的化解，必须建构在城乡社会结构的均衡发展，社会资源的合理分配以及保障制度的健全与完善等社会要件相结合的基础之上。

汤锐的《民治与官办之间：北洋时期华北地区武术活动的推展——以天津为中心（1912～1928年）》指出北洋时期，天津武术活动迎来了空前繁盛之时代。民间武术团体率先勃兴，如中华武士会、中华武术研究社等团体，在推展武术过程中扮演着先锋之要角。新文化运动前后，官办武术开始日渐隆盛，一方面，劝学所稳步推行学校武术教育；另一方面，军警两界亦成为推展武术之重要载体。武术走向武化，是北洋政府管理社会的一个显著标识。此外，天津各界在推广武术的同时，也努力进行埠际文化交流。正是在民间与官方双重力量的倡办之下，天津武术活动推展取得了较好的成绩，这与近代天津"尚武"之历史文化土壤是密不可分的。

四　人物评析：　天津近代化的相关研究

新政时期也是近代天津人文荟萃、精英辈出的时代，从这里相继走出了袁世凯、冯国璋、徐世昌、曹锟四任国家总统，还先后涌现了段祺瑞、唐绍仪、赵秉钧、张勋、王士珍、靳云鹏等17届政府总理，这在近代中国是独一无二的。

戴鞍钢的《地方督抚与洋务新政——以津沪等地为例》一文指出19世纪60年代开始的洋务新政亦称洋务运动，是中国早期现代化的起步阶段。洋务运动的发生和推进过程，曲折坎坷，反映了当时中国社会新旧因素消长缠绕的烦复场景，折射了中国现代化步履的蹒跚踉跄。在洋务运动推进过程中，各地督抚的作用格外突出，特别是天津、上海等沿海地区。中国早期现代化中至关重要的政府作用的发挥，可以说基本上是由地方政府承担。而地方的现代化能否启动和发展，一个主导因素就是地方当政者的主体认识如何。

尚小明的《攻击与回应：民初袁世凯三传面世之幕后故事》指出民初袁世凯虽然受任临时大总统，但因其过往行事常为人所不满，以致诟骂袁氏者，本国与邻邦，所在多有。其情形于《照妖镜中之袁世凯》及《阴谋家袁世凯》二书可窥一斑。前者代表革命党对袁氏之攻击，后者则反映部分日人及与日人关系密切的宗社党对袁氏之憎恶。面对口诛笔伐，袁氏一面设法查禁二书，一面支持亲信以《容庵弟子记》为本编撰《正传袁世凯》，再以日人名义印行，以此为回应。不仅如此，袁氏还收买早稻田大学教授青柳笃恒，通过多种方式在日本制造舆论，以维护其形象。

李永胜的《袁世凯被罢事件中的中外媒体舆论》也指出列强政府、清廷朝野、海外流亡党人对袁世凯被罢事件反应强烈，其不同态度和立场在各自媒体上有鲜明的反映。英、美政府对袁世凯被罢深感惋惜和忧虑，与此同时，英、美媒体力挺袁世凯。日本政府乐见袁世凯被罢，日本媒体则对袁世凯不遗余力地进行攻击。中国国内朝野内外对于袁世凯褒贬不一，有媒体为清政府的罢袁行动喝彩叫好，也有媒体为袁世凯鸣冤叫屈。康有为、梁启超一派紧紧抓住袁世凯被罢的天赐良机，大造舆论，欲置袁死地而后快，以扫除政治道路上的最大障碍。革命派借机宣传革命排满的政治主张。

牛秋实的《晚清新政改革与袁世凯权力的崛起——评麦金农著〈中华帝国晚期的权力与政治：袁世凯在天津与北京 1901～1908〉》认为麦金农先生的著作对直隶的新政进行了详细的梳理和研究，这些研究都建立在丰富的档案学资料基础上，如将英国外交部档案、地方志、海关报告以及中国史料，如《袁世凯奏折》相互比勘使用。麦金农先生的研究说明了袁世凯在天津推行的新政为他带来了一生的荣誉和权力。美国学者由于对中国历史的局外人的眼光，恰恰揭示出一些中国人容易忽视的历史细节，但是毕竟美国人对中国历史的理解忽视了中国历史的背景文化，对历史的解释显得矫枉过正。如麦金农先生认为列强对袁世凯的支持加强了国家的权力地位是值得商榷的。列强的支持的确加强了袁世凯的权力和地位，但对中央政府来说是却起一种削弱的作用。

许效正的《袁世凯与清末民初的军衔制度》指出军衔制是近代以来世界各国普遍采用的一项军事管理制度，它于清末新政期间被引进中国，并在民国初年得到了进一步发展。在清末民初军衔制的引进、完善过程中，袁世凯做出了重要贡献。南北统一以后，作为国家元首的袁世凯却把军衔制视为收买人心的工具，毫无节制地封将授衔。在 3 年时间里，他授予的将军军衔多达 1602 个，数量之多、频率之高都达到了无以复加的地步。这种行为不仅对军衔制度造成了严重破坏，而且也对北洋军的管理造成了不可忽视的负面影响。

周醉天的《袁世凯在天津——以晚清新政为中心的考察》也指出了在袁世凯的领导下，直隶新政使直隶和天津近代化进程有了一个很大的发展，使天津在政治、经济、文化、教育、科技、军事诸领域均走在全国的前列，也使天津在全国的地位达到历史上的最高点。袁世凯在天津倡导、施行新政，业绩斐然，对于天津这座城市的文明构建，意义重大而深远。

杨涛的《官业余利与北洋六镇军费的筹集》则认为袁世凯担任直隶总督期间，他所控制的北洋官业对北洋六镇军费筹集所起作用并不一致。其中只有轮电二局明确提取二成余利作为军费，而滦州官矿公司、启新洋灰公司、北洋银圆局等并没有规定将余利作为军费来源。关内外铁路余利只是起到临时垫拨、挪借作用，次数不超过两次，不可能"任便挪用"为军费。官业余利对军费筹集作用有限，这说明，清政府与袁世凯对军事与经济现代化是同时兼顾的。

赵鲁臻认为周盛传是淮军中极具趋新精神与忧患意识的将领。在其主导下，盛军的武器、训练总体上一直有所改进。但这种外在现代化，并不能解决思想发展停滞的问题。传统的认知方式始终制约着周盛传，使其思想观念与近代军事发展趋势常常凿枘不投，所以在他的统帅与指导下，盛军虽火器精利，却长久地滞留在军队现代化的表层，而其命运则颇能作为淮军现代化的一个缩影。

熊群荣的《北洋武备生与小站练兵》指出北洋武备生是一个受过正规军事训练的知识技术型军官群体。袁世凯积极延揽军事人才，编练新建陆军，为北洋武备生提供了施展才能的机会。在小站练兵中，北洋武备生积极辅助袁世凯，担任各种要职，在建章立制、军事训练和学堂教育等方面发挥重要作用，是袁氏小站班底的核心力量，他们在小站的出色发挥为袁世凯练兵取得骄人成绩奠定了坚实基础。小站练兵的成功既成就了袁世凯，也为北洋武备生的升迁带来机遇。在袁世凯的提携和重用下，北洋武备生发展成北洋集团的中坚力量，进而成为北洋武备派势力，对清末民初的政局影响甚大。

另外还有熊亚平对市镇管理体制和王勇则对直隶总督天津行馆沿革及遗址方位的考略等文章，也各有千秋。

总体看来，学者们的文章呈现出以下的鲜明特色。

（1）研究内容的多元化

本次会议论文内容广泛、涉猎丰富，囊括了新政时期的政治、经济、文化、社会、军事等各个方面，学者们的研究独辟蹊径，在一定程度上填补了该领域的研究空白，提供了富有建设性的系统观点和研究成果，大大拓展了与会者的学术视野，也为新政研究逐步发展成为具有系统性、体系性的全面综合的新兴学科奠定了基础。

（2）研究内容的前沿化

这次会议报告的成果在新政研究的有原创特征的理论建构和方法学创新方面，也已迈出坚实的步伐，诸如在人物、军事、女性、金融、商业、法政、市镇等方面都有独到的见解和诠释，在一些领域提出了带有独创性的观点和带有前瞻性的论断。有些虽略显稚嫩，但呈现出一股蓬勃的活力与生命力，为史学的创新与超越带来了希望与愿景。

另外，本次会议体现了史学研究队伍的老中青三代梯队的有序建设进程，既有威望高深的资深专家，也有崭露头角的新兴力量，而不同的学者因其涉猎内容与从事研究的时间问题有不同侧重，表现出风格各异的史学路径。资深学者多以宏观理论和整体把握见长，努力思考、探索史学研究的理论与研究方法的构建。中年学者的研究兴趣则主要集中于某一领域的理论阐释与解读，极力探求、寻找符合近代中国社会发展特征的理论体系与模式。青年学者中多以具体而微的专史和个案研究为主，热衷开辟、拓展新的研究领域和运用新的研究方法。正是在这些富有时代特色的三代研究者的共同努力下，新政研究在各个节点上都呈现出新兴的趣向，在进一步突出新史料、新方法与新视野的基础上，不断跨越经济史、社会文化史、政治制度史、法律史、市镇史、军事史等不同学科的界限，全方位地展示出新政时期中国社会发展的总体特点与壮观蓝图，为我们呈现出一幅全新的全方位的近代中国社会图景。

而令人感到振奋与鼓舞的是大批具有博士学历、博士后学术经历的年青研究者的与会，壮大了本次会议的研究力量。他们所提交的论文显示出良好的学科训练和研究才能，已经成为本次会议学术报告和研讨的主要力量之一，他们以活跃的姿态积极参与学术讨论，给与会者留下深刻印象。

当然，本次会议也反映出新政研究亟待改进与完善的领域。第一，理论化框架需要加强。作为一个推陈出新的研究领域，新政研究缺乏具有宏观意义上的理论建构，关乎新政时期的社会发展的基本内涵和基本线索、近代化的主体脉络等有深度的成果难得一见。第二，"空泛化"现象需要避免。史学研究要带有浓重的问题思维，而不能满足于浮光掠影的泛泛而谈，应该深入挖掘历史现象背后的深层次元素，做到一定程度上的高度提升。第三，"断代化"思维需要克服。人为的史学分期必将使新政研究画地为牢，形成研究中的诸多断层和代沟，古不知今，今不通古。这种片断性和孤证性的研究或者能窥视在某时段的社会发展历程，但无法实现"管中窥豹"。第四，"超前化"评判需要改变。在人物评价的标准上，更多的应该是在理解的基础上合理解释，不能超越历史时代，以后人的标准去规范前人，而应从时人时境的立场出发去评判行为发生的前因后果，得出符合历史发展规律的客观结论与判定。第五，"单一化"方法需要突破。虽然新政研究在其内容和领域上取得了一定的进展，但在研究方法上仍然带有浓厚的史学既定套路和惯用路径，而真正意义上交叉运用心理学、社会人类学与经济学等进行综合研究的成果尚不多见，特别是对新文化史，网络分析理论的吸收和借鉴还有待深入。

总体而言，瑕不掩瑜。本次学术研讨会的成功举办，不仅进一步夯实了该研究领域的理论构建，拓展了研究主题，并且，更为重要的是形成了新政研究的团队群体，它必将使该领域的研究形成合力，取长补短、资源共享，促进研究整体良性互动发展，从而为研究增添新的动力与后劲。

（作者：成淑君，天津社会科学院历史研究所；任吉东，天津社会科学院历史研究所）

海洋·港口城市·腹地

——19 世纪以来的东亚交通与社会变迁学术研讨会综述

熊亚平

内容提要：2013 年 10 月 19 日至 20 日在上海复旦大学召开的"海洋·港口城市·腹地：19 世纪以来的东亚交通与社会变迁学术研讨会"，是一次具有双重角色性质的研讨会。学者们围绕港口与腹地的关系、交通与区域社会变迁、港口与腹地、沿海港口城市与贸易发展等方面展开的深入讨论，一方面丰富了"港口—腹地理论"及相关研究的内容，另一方面促进了中国近代交通社会史研究的国际化。

关键词：东亚交通　社会变迁　学术综述

2013 年 10 月 19 日至 20 日，复旦大学历史地理研究中心、韩国仁荷大学韩国学研究所、中山大学亚太研究院、南开大学历史学院等多家单位联合在上海复旦大学召开了"海洋·港口城市·腹地：19 世纪以来的东亚交通与社会变迁学术研讨会"。来自韩国仁荷大学、台北中研院、香港树仁大学以及复旦大学、中山大学、南开大学、武汉大学、厦门大学、上海社会科学院、天津社会科学院等高校和科研机构的 50 余位专家学者参加了本次会议，提交论文 40 余篇。与会学者围绕港口与腹地的关系、交通与区域社会变迁、沿海港口城市与贸易发展等方面进行了深入研讨，在中国近代经济史、城市史、区域史、贸易史、海关史、交通社会史等多个研究领域取得了新的成绩。

一　关于港口与腹地关系的探讨

港口与腹地的关系是本次会议的一个重要议题。多位学者从不同角度和层次对这一问题进行了探讨，有学者从 2004 年时开始对"港口—腹地与中国现代化的空间进程"这一重要问题进行探讨，并逐渐形成了"港口—腹地理论"。此次会议又对已有理论做了修正，不仅对港口城市、口岸城市、陆向腹地、海向腹地、核心腹地、边缘腹地、交叉腹地等概念进行了阐释，而且重新将中国近代经济变迁的空间进程概括为"自东向西，由边向内"，并指出近代中国存在着起点在国内和起点在国外两种"港口—腹地"系统。有学者以海关、侨批、信局网络为研究对象，从多个层次分析了海洋、港口城市与腹地的关系，展示了中国近代经济变迁的空间进程。有学者考察了 19 世纪末进口机制棉织品消费分布与传统手工棉纺织业地理格局的变迁，认为此项进口贸易对沿海、沿江"核心区"之外的广大内地经济发展具有更明显的促进作用，并在一定程度上改变了传统手工棉纺织业的分布格局。

在进行较为宏观考察的同时，也有学者通过个案研究，对港口与腹地关系进行探讨。如有学者探讨了厦门及其腹地经济关系的演变，认为厦门开埠后，逐渐成长为人力输出港和福建省华侨集散地。这不仅刺激了厦门城市的发展，而且提高了侨民在内地的家属的生活水平，促进了地区商品化趋向，刺激了闽南手工业城镇的兴起，但对闽南近代工业发展并无显著影响。有学者从开港后的腹地范围、近郊商业化农业的发展、殖民农政和粮食增产、工业政策和京仁工业园地等方面，考察韩国仁川开港和腹地产业的变动。作者认为仁川开埠后，形成"米棉交换"的贸易体制，不仅影响了仁川港的腹地，并且还影响了朝鲜整体的产业结构，但这并不意味着仁川开埠就直接决定了腹地产业结构的变化。与其他通商口岸不同，仁川港作为首都首尔的门户，背后有京仁地区广阔的平原，地理位置决定了其腹地产业的形成和发展的灵活性。还有学者从殖民地空间的起源和传播的角度，探讨了平壤的开市过程，认为平壤开市论最初是作为取缔走私的对策提出来的，尽管所有努力都以失败告终，但未通商的口岸仍然成为外国船舶自由出入的"内地中的海洋"空间。

从以上宏观和微观个案两个方面的讨论可以看到，尽管学者们的具体讨论对象并不限于中国港口，但都有对"港口与腹地理论"的修正和有益补充，也都有助于"中国近代经济发展的空间进程"这一研究的深入开展。

二　关于交通与社会变迁的研究

本次会议由于同时也担当了"第三届中国近代交通社会史学术研讨会"的角色，因此交通与社会变迁成为会议的又一个主要议题。与会学者主要从以下几个方面展开研究。

首先，在海运与内河航运方面，有学者利用日本汽船会社社史、新闻报道、报纸广告等资料，考察了19世纪末20世纪初上海与青岛之间的汽船航运情况，认为上海和青岛港之间航线的运营扩大了日本在中国国内航运的区域，使青岛被纳入日本经营下的"山东—中国东北—上海—朝鲜—日本"的东亚航运网中。有学者考察了近代上海与浙东沿海地区的航运往来，认为上海在开埠后与浙东沿海地区间密切的航运往来有力地推动了彼此的经济社会发展。有学者以产权处置为中心，探讨了制度变迁与近代闽江内河轮船航运业的发展，认为近代闽江轮运业是在既定自然条件的基础上，经过以产权处置为核心的制度变迁和技术创新而产生和发展起来的，并且在其发展过程中也时刻受制于国家力量和地方习惯的影响。也有学者专注于作为航运重要组成部分的灯塔建设，着重考察了近代中国灯塔建设中的民间因素，指出近代中国灯塔的建设是中国海关、民间和外国三种力量共同完成的。

其次，在铁路与社会变迁方面，有学者以株昭铁路的筹建和建设为例，探讨了晚清铁路产权争议中的社会、企业与政府的关系，指出产权争议一方面延误事机，影响了株昭铁路建设的进程，另一方面又体现了近代社会力量的成长。有学者以《火龙》这部回乡散记为核心史料，结合田野调查所得资料，对杭江铁路开通之初所引起的乡民社会的惊惧、惊奇、惊喜、惊醒等变化过程做了初步讨论，认为随着现代交通引入，人们的生活观念逐渐出现变化。有学者以蚌埠为例，初步研究了近代铁路交通与金融业发展之间的互动关系，认为在近代中国，铁路与商贸和金融的关系一开始就表现得非常直接。一方面，以银行为主的金融机构成为铁路建设的融资主体；另一方面铁路对金融业分布和业务拓展具有推动作用。这种关系更为持久和更为深刻的表现是铁路交通与金融资本流通线之间的契合程度。有学者考察了芦汉铁路、汉阳铁厂与武汉地区早期城市化之间的关系，认为芦汉铁路、汉阳铁厂与武汉城市历史地理环境之间的互动，丰富了对中国近代交通建设、工业发展、城市地理环境变迁之间相互关系的认识。有学者以警政、商会和自治为中心，考察了华北铁路沿线地区市镇管理体制的变迁，认为应在关注市镇社会经济发展的同时，注重管理体制的创新，适时地建立或调整市镇管理体制，以更好地促进市镇的可持续发展。还有学者详细考察了抗战时期叙昆铁路的矿权之争。

再次，在其他交通以及多种交通方式与社会变迁方面。有学者以《申报》等清末民初报刊为主要史料，考察了清末民国时期汽车与近代上海新式婚丧的关系，分析了1901～1949年汽车与上海民众婚丧礼俗之日常展示转变，从中探究汽车被上海民众赋予的社会含义，以及背后蕴含的社会风气变迁。有学者以多版本的邮政舆图为主要史料，初步研究了近代中国的邮政空间网络。有学者考察了晚清民国两湖地区的交通格局，认为一方面新式交通工具成为近代工商实业能否持续发展的制约因素和社会变迁的重要标志，另一方面传统交通工具仍然在社会经济生活中扮演着不可替代的重要角色，与轮船等新式交通相契合，形成多层次、多功能的交通格局。有学者考察了天山南北的近代交通网络，认为三大陆路干线、水路与邮政、电信网络相交汇，构筑起天山南北地区的近代交通体系，在一定程度上加快了当地的开发，加强了与国内外市场的联系，提升了新疆地区整体的现代化水平。还有学者从交通运输与社会变迁的角度，运用区位理论，考察了天津在近代经济兴起和交通运输发展的影响下，从一个水陆码头演变为北方经济、金融和商贸中心的历史过程，分析了交通运输、经济发展与社会变迁之间的关系。

总之，本次会议关于交通与社会变迁的研究，仍以水运和铁路为主，兼及其他交通方式，但在研究方法上更注重时空结合，更注重地理学、经济学和历史学等多学科方法的运用。

三　关于沿海港口城市与贸易发展的讨论

关于港口与腹地关系和交通与社会变迁的研究，这一研究领域是探讨沿海港口城市与贸易发展的一个重要基础。由此，沿海港口城市与贸易发展成为本次会议的第三个主要议题。有学者以贸易统计为基础，讨论了20世纪30年代东亚的内部交易和港口城市，认为东亚内部交易中的物流由19世纪后半期网状样式演变为20世纪以后的网状构造，东亚的内部交易则由以日本的工业中心为背景的大阪、神户以放射状伸展到釜山、仁川、基隆、高雄、大连、青岛、上海、香港，进而编织成一个放射状的物流网。有学者以目前仅见的1894～1905年以宁波为中心，作为泉州、台湾各港代理商的闽南商人所抄写的通信信稿，即"尺素频通"为主要史料，对晚清时期宁波、泉州及台湾的三角贸易做了考察，认为19世纪末期宁波的轮船和帆船贸易的竞争相当激烈；当时宁波仍为南北贸易的中心。同时"尺素频通"中的家信等则反映了这群以宁波、泉州、台湾为中心的海商集团的关系、家庭以及生活价值观。有学者比较研究了近代港澳自由港政策与绩效，指出在香港和澳门成为自由港后的一个世纪中，二者分别呈现出兴衰迥异的发展历程，其缘由固然可以归结为两地不同的地理环境，但更为根本的则是英式和葡式自由港政策在各自主导近代港澳经济发展过程中的制度差异。有学者考察了香港、仰光贸易网络与近代云南口岸贸易，认为云南不同口岸与香港、仰光贸易网络的联系以及如何取得联系在很大程度上影响了各口岸不同的贸易特征。有学者以烟台为中心，以《中国旧海关史料》为基础，考察了近代中朝海上贸易，指出就总体而言，烟台是近代中朝贸易的重要港口，其中人参在中朝贸易中扮演了重要的角色。有学者以烟台港为中心，讨论了近代东北亚的海带贸易，认为烟台与俄国远东地区、日本北部沿海地区的海带贸易在一个相当长的时期内大体稳定，1910年之后才逐渐衰落，1920年之后海带退出大宗进出口货物之列；海带采集、"淘金热"增加了中国山东与俄国远东地区的人员、物资交流，促进了俄国远东地区的开发进程。随着由海带贸易联系起来的烟台和俄国远东港口间的贸易领域不断拓展，中国东北豆货、进口工业品、俄国木柴等商品贸易也得以不断发展。有学者考察了近代东北的兽皮贸易及生态影响，认为近代东北与西方国家之间兽皮贸易迅速发展的结果，一方面获得了高额利润，另一方面野生动物种类和数量的急剧下降，成为造成生态环境严重破坏的关键因素之一。还有学者以码头捐为中心，讨论了近代上海的对外贸易与城市发展，文章认为随着时间的推移，工部局日益减少了对码头捐的依赖，这反映出近代上海虽然以港口城市闻名，但其城市建设对上海贸易的直接依赖却越来越小。

综上所述，学者们的关注点在于沿海规模较大的港口城市与对外贸易的发展及其影响，关于沿海中小港口与沿海贸易的讨论尚不多见。

四 结语

除了以上三大主要议题外，学者们还就与此相关的"封锁香港问题"、上海城市发展、晚清珠三角地区鸦片走私与缉私、龙口开埠设关、港口城市规划等诸多议题展开了广泛而深入的讨论。作为一次扮演着双重角色的重要学术会议。本次学术研讨会一方面延续了前两次中国近代交通社会史学术研讨会的某些优点，另一方面又呈现出诸多特点：在研究视野上扩大至整个东亚，使研讨会具有了更多的国际化色彩；在研究视角上更加重视时空的结合，突出空间的维度；在研究方法上，更加重视经济学、地理学、历史学等多学科的研究方法，特别是 GIS 的运用；在史料运用上更加重视对数量丰富的中国旧海关史料的发掘和利用。这些特点也更加凸显了本次会议的学术意义。

当然本次会议也折射出当前相关领域中存在的一些不足，如在研究时段上尚缺乏长时段的考察；在关于中国近代经济发展的空间进程的研究方面，仍然偏重于东南沿海，尚缺乏关于其他地区的较为深入的个案研究；在研究内容上尚缺乏关于中小港口以及除铁路、海运之外的其他交通方式与社会变迁间关系的深入研究，等等。这些不足，似应成为学者们今后努力的重要方向。

（作者：熊亚平，天津社会科学院历史研究所）

Abstracts

Municipal Administration and Planning Construction

An Analysis on The System of Natural Disasters of Mitigation and Relief
about the Valley Cities in Modern West China   *Cai yunhui* / 1

Abstract: This was a special period that the natural disaster high – frequency
happened in modern China. Because the river valley cities located at the special
geography position and the natural environment, those natural disasters high –
frequency to happen and damage with one of a important object. Thoes various
natural disasters had Formed the huge destruction and influence to the valley cities
in modern China. Both the official and the folk had taken a series of measures of
mitigation and relief to slow – down and prevent from the destruction and the in-
fluence of valley cities in Modern west China.

Keywords: west; valley cities; natural disaster; mitigation and relief

New Study on "City of Autonomy" of Shijiazhuang (1923 – 1928)

Li Huimin / 15

Abstract: Beijing government's "city of autonomy" in the 1920s was an ini-
tial phase of creation of administrative center function in the early stage of Shiji-
azhuang city. The whole process was divided into: the phase of application to the
preparatory, the stage of the municipal association produced, the stage of the mu-
nicipal office produced, the stage of operation and termination of the municipal
office. After the end of ten years, Shijiazhuang formed a unique mode of adminis-
trative management.

Keywords: the modern history; city history; Shijiazhuang; city of autonomy; administrative functions

The Police's Maintenance to the Modern Municipal Road
——*Beijing as an Example in the Period of BeiYang Government*
Ding Rui / 33

Abstract: When Beijing police organization was founded in the late Qing dynasty, in addition to the basic public security management, it was also responsible for the management of civil engineering, municipal affairs and so on. Beijing municipal government was founded in 1914 and it was responsible for the overall planning, such as road construction and maintenance. But Police Board still assumed important civic duties, and it played an important role in the municipal road construction and maintenance. Police Board and Beijing municipal government cooperated on municipal projects, and it was not only conducive to the formation of the modern public transportation systems, but also promoted the development of the modern urban social life.

Keywords: police; Beijing; municipal administration; road

Regional System and Economic Development

The Self – opening Trading Port and the Characteristics of Modern
Economic Development in Ji'nan   *Zhuang Weimin* / 44

Abstract: Driving in the development of surrounding political economic situation as well as the city of its own, Ji'nan in 1904 opened port and the economy had developed rapidly. The establishment of Ji'nan's regional economic advantages benefited from government policies and improving traffic conditions, the new merchant capital. Because of its special background and conditions of its development, Ji'nan was different from the other city characteristics, namely the harmony relationship between modernization and traditional comparative, strong national capital, and chamber of Commerce in city governance played an important role.

Keywords: Ji'nan; Self – opening trading port; national capital chamber of commerce

Traffic Transformation and Urban Rise and Fall of the Hanjiang River Basin

Zhang Duqin / 54

Abstract: After the Qing dynasty governed by Kang Xi, the increase of population in the Han river basin evoked the improvement of the economy and the increase of the commodity exchange, which in turn contributed to the unprecedented prosperity of the water and land transportation as well as urban economy and rural market. In the late Qing dynasty, the appearing of the new traffic mode and the new transportation pattern led the traditional transportation of Han river basin to lose its competitive edge. It led commodity circulation to be blocked and town economic development unmotivated. These factors result in the towns of the Han river basin are from flourish to decadence except for the Hankou, which rise sharply depend on the policy of open – door to the outside world and the industry of trucking and shipping.

Keywords: Qing dynasty; Han river; transportation; urban

The Construction of Chinese Eastern Railway and Early Urbanization
along Railway

Qu Xiaofan / 73

Abstract: Chinese Eastern Railway is a T type railway through the whole Manchuria that was mainly built by Russians with minor cooperation of Russo – Sino companies at the end of 19th Century and the beginning of 20th century. It was the longest railway (2500km) built without delay in the shortest time (less than 6 years) and brought the great change to areas along the railway, so it plays an outstanding role in the development of Manchuria. This thesis focus on one section of Chinese Eastern Railway, called Bingchou Railway, the deeply change of social economy and regional urbanization activated by the completion of the railway in a view of new communication and transportation as well as the vicissitude of regional society, in order to provide references to more comprehensive study and more impartial assessment on the history of Chinese Eastern Railway.

Keywords: Chinese eastern railway; Binchou railway; urbanization

The Rise of Steamship Transportation and the Vicissitude of the Modern Chinese Cities
                                                              Bao Chengzhi / 96

Abstract: The change of traffic is an important driving force about city vicissitude. From modern times, Chinese shipping transport had a significant change due to the development of steamship. It produced a profound impact on urban development. Firstly, the rise of steamship traffic drove the rapid development of coastal port and cities, at the same time, it also made the urban system gradually to be formed; Secondly, the change of the wheel transportation route made tremendous impact on many port cities, and some cities in the ups and downs; Thirdly, the steamship routes open also changed the basic structure of the original north – south traffic, and therefore many traditional traffic cities were into decline. The vicissitude of cities, which was caused by the rise of steamship transport, is an important part of early modern transformation of city in china. It laid the foundation for modern China to form a new urban system.

Keywords: modern China; steamship transportation; city vicissitude

Discussion on the Change of Guizhou City System during the Period of Anti – Japanese War
                                                              Wang Zhaolei / 110

Abstract: During the Anti – Japanese War, Guizhou became the national strategic rear important has been focusing on the development of city, but also because of the eastern industrial and mining enterprises, population migration and Xinxian County province reform development faster, so as to promote the

Guizhou city level and city system by prewar segmentation system continuously to the unified system in Guiyang City as the core. Development, and ultimately the formation of the modern Guizhou city system laid the foundation.

Keywords: the Anti – Japanese war period; Guizhou; city system

Xushu Guan and Food Market of Suzhou in the Early Qing Dynasty

Yang Jianting / 123

Abstract: Xushu Guan, located in Suzhou Prefecture, was one of most important customs in the Early Qing Dynasty. Food was the most important commodity via the pass. Policies regarding ports setting and prohibition of the rice made the food to be gathered in the Suzhou through the canal. The amount of food in circulation reached 10 million – 15 million piculs in the Qianlong Period, which not only met the food demand, food processing industry and catering industry of the Suzhou, but also played an important role in transiting food to Fujian and Zhejiang via Suzhou.

Keywords: Qing dynasty; Xushu Guan; Suzhou; food market

Space Structure and Environmental Transition

Research Materials and Spatial Structure Restoration in the Historical Urban – Morphology Study of Wu – xi City in Jiang – nan Region, China

Zhong Chong, Qin Zhongpei and Chen ji / 142

Abstratct: Wu – xi have developed into large city in Jiang – nan region during more than 2000 years. Based upon the analysis of research materials, such as local gazetteers, the ancient maps and the early modern city maps, archaeological data, the study seeks to present accurate spatial structure restoration and draw large – scale historical maps of different time sections from the 13th century to the 20th century of Wu – xi. This paper also discusses the material properties and analytic procedure in the historical urban – morphology study of the big cities on the level of Fu（府）or Zhou（州）in Jiang – nan region, and attempt to present some universal approaches about the studying of research materials and a general method in historical spatial structure restoration of the cities.

Keywords: Wu – xi; historical urban – morphology study; spatial structure restoration; Jiang – nan region; time section

The Spatial Structure of Fuzhou under the Perspective of Human Ecology

Lin Xing / 158

Abstract: This paper discusses the changes of the long time of Fuzhou urban spatial structure, especially analysis the characteristics of the modern district of Fuzhou city, population, occupational structure and community function, and finally discuss the theory of human ecology and Chinese urban studies. Human e-cology theory argues that the formation of urban spatial structure is the spontaneous result of competition and choice, different classes and status of people living in different communities. However, Analysis of this Fuzhou case, the urban population has not differentiated by socio – economic status and different urban space, urban spatial structure has no fixed pattern, spatial distribution of urban factors economic competitiveness, as well as state power, cultural and social factors values identity. Factors affecting the urban spatial distribution in addition to the economic competition, as well as state power, cultural factors and social values.

Keywords: human ecology; Fuzhou; spatial structure

Prince zhou's Palace and the Influence to Kaifeng City's Form in Ming Dynasty

Wu Pengfei and Deng Yuna / 174

Abstract: Kaifeng was an important city and owned the special City form in Ming Dynasty. The city had obvious times characteristics because of the Prince zhou's Palace. With the method of documents and archaeological findings, this paper restored the eleven Prince zhou and the building layout of Prince zhou's

Palace. A conclusion considered that the palace largely affect the city form, the regional structure and the land use planning.

Keywords: The Ming dynasty; Kaifeng; prince zhou's palace; city structure

The Japanese Influences on Treaty Port Tianjin in Early Twentieth Century China
——*Taking the construction of Kao Gong Chang (Commercial Museum) and Quanye Expo site as a case*　　　　　　　　　　　　　　　　*Xu Subin* / 188

Abstract: The previous treaty ports are the areas where modernization started relatively earlier in China. The factors promoting modernization are worth to be concerned. Tianjin is a typical port city with dual characteristics, since it had both foreign concessions and Chinese districts. The Chinese region which influenced by the foreign countries reflects "active reception" characteristics, while changes within foreign concessions owns "passive reception" characteristics. This paper examines the Commercial Museum created during New Deal era both in Chinese Hebei new district and Japanese concession of Tianjin, and the late Quanye Expo site at Chinese Hebei new district. It intends to illustrate the modernization of treaty port promoted by both "active" and "passive" forces. As a result, "active reception" stimulated the formation of nationalism during the New Deal era.

Keywords: treaty port; Tianjin; Japan; commercial museum; Quanye exposite

Social Class and Cultural Education

The Transformation of Modern Dalian and the Origins of New Elite Group
　　　　　　　　　Jing Huilan, Qu Hong and Chi Linlin / 204

Abstract: In the end of the 19th century, with the invasion of foreign capitalism, Dalian was pushed into the capitalist development orbit. The transformation of the city, the promotion of the urbanization and the development of capitalist industry, produced a number of special new elite group in modern Dalian. Dalian new elite group was composed of two parts. One part was patriotic industrialists and businessmen group, and the other part was a new group of intellectuals. They had distinctive features and made an important contribution to the preservation of national culture and national dignity, stimulating Dalian residents'patriotic enthusiasm, and the dissemination of the New Culture Movement in Dalian.

Keywords: modern Dalian; city transformation; new elite group

The Growth of Civil Society and Modern Transformation of the City
——City of Tianjin in the late Qing Dynasty   Li Xuezhi / 215

Abstract: From the middle of the 19th century, The East was influenced by the affection of the West under the background of "Learning Merits from the Foreign to Conquer the Foreign". By the end of the Qing Dynasty, Chinese capitalism economy had had some development, and the bourgeoisie and new intelligentsia preliminary formed. In some cities along the sea and the Yangtze River, such as the city of Tianjin, the civil groups with modernity appeared and carried out activities vigorously. The Qing Dynasty was also forced to implement certain social reforms. Some improvement and reforms therefore, appeared in the urban social life. These groups, however, were marked by obvious transitional feature and the city of Tianjin was still in its initial stage of transition to modernization.

Keywords: modern China; civil society; urban transition

Urban Social Changes of Chongqing In the Early Years of New China
Fu Xiaolan / 228

Abstract: The liberation of Chongqing and the city to take over, is the fundamental political prerequisite and foundation of urban social change in the early years of the People's Republic of China. The governance of urban social leftover problems is an important part of social change, and for social change to create a stable social environment. The measures to build new urban social life make

Chongqing urban fundamental changes have taken place in social life. Thus suc-
ceeded in consolidating the new regime of the people, for Chongqing econom-
ic, political, and cultural aspects of development has provided the favorable
"hard environment" and "soft environment", thus promote the progress of
Chongqing and even the entire social change of new China.

Keywords: the early years of new China; urban social change; Chongqing

Academic Review

Panoramic Display and Dimensional Interpretation: the Modernization course
of Tianjin in the New Deal period
　　——*Attended the academic seminar on* "*the modern civilization construction*
　　in Tianjin"　　　　　　　　　*Cheng Shujun and Ren Jidong* / 249

Abstract: In order to promote the westernization "New Deal" further,
Beiyang New Deal with the research on the history of Tianjin city, On Novem-
ber 8 ~ 9, 2013, "Modern Civilization Construction in Tianjin" academic sem-
inar held in Tianjin. More than 60 experts and scholars gather, from the political,
economic, social, cultural, etc., discusses the modernization process of Tian-
jin in all aspects, discussing the modernization process of Tianjin in all aspects,
and trying to draw lessons from history, plan for the future, for study of the his-
tory of Tianjin city new breakthrough.

Keywords: the modern Tianjin; civilization construction; the new deal;
review meeting

Sea, Port City, Hinterland
　　——*the Review of the conference on East Asian traffic and social change since the*
　　19th century　　　　　　　　　*Xiong Yaping* / 262

Abstract: the Symposium of *Sea Port City Hinterland*: *Traffic and Social Change*
in East Asia since nineteenth Century which was held on October 19, 2013 to 20 at

the Fudan University in Shanghai is a two – dual role's seminar. Around the port and its hinterland, the relationship of transportation and regional social changes, coastal port city and trade development and other aspects, Scholars make an in – depth discussions, enriching the "harbor hinterland theory" and related research content, on the other hand to promote the internationalization of social history in modern traffic Chinese.

Keywords: traffic; social change; academic review

稿　约

　　《城市史研究》创刊于 1988 年，是目前国内唯一的城市史研究专业刊物，由天津社会科学院历史研究所主办，现为中国城市史研究会会刊，一年两期，由社会科学文献出版社出版发行。

　　一、本刊欢迎具有学术性、前沿性、思想性的有关中外城市史研究的稿件，涉及的内容包括城市政治、经济、文化、社会及与之相关的地理、建筑、规划等多学科和跨学科课题。对视角新颖、选题独特、有创见、有卓识的文稿尤为重视。另设有硕博论坛、新书评论、国外译丛、研究动态和会议综述等栏目。

　　二、文章字数一般应控制在 15000 字，优秀稿件可放宽至 3 万字，译稿则须附原文及原作者的授权证明，由投稿人自行解决版权问题。

　　三、来稿除文章正文外，请附上：

　　（一）作者简介：姓名、所在单位、职称、学位、研究方向、邮编、联系电话、电子邮箱；

　　（二）中英文摘要：字（词）数控制在 150～200 字；

　　（三）中英文关键词：限制在 3～5 个；

　　（四）文章的英文译名；

　　（五）注释：一律采用脚注，每页编号，自为起止。具体格式请参见《社会科学文献出版社 2012 年学术著作出版规范》第 17～25 页，下载地址：http：//www. ssap. com. cn/pic/Upload/Files/PDF/F6349319343783532395883. pdf。

　　四、本刊有修改删节文章的权力，凡投本刊者被视为认同这一规则。不同意删改者，请务必在文中声明。

　　五、本刊已加入中国学术期刊（光盘版）全文数据库，并许可其以数字化方式在中国知网发行传播本刊全文，相关作者著作权使用费与稿酬不再另行支付，作者向本刊提交文章发表的行为即视为同意我刊上述声明。

六、为方便编辑印刷，来稿一律采用电子文本，请径寄本刊编辑部电子邮箱：zhanglimin417@ sina. com，或 chengshishiyanjiu@ 163. com。来稿一经采用，即付样刊两册，因财力有限，没有稿酬；翻译外文文章，酌予翻译费。未用稿件，一律不退，一月内未接到用稿通知，可自行处理。文稿如有不允许删改和做技术处理的特殊事宜，请加说明。

需要订阅本刊的读者和单位，请与《城市史研究》编辑部联系。联系方式：电子邮箱 chengshishiyanjiu@ 163. com。

本刊地址：天津市南开区迎水道 7 号天津社会科学院历史研究所

邮编：300191；电话：022 – 23075336

《城市史研究》编辑部

图书在版编目（CIP）数据

城市史研究. 第30辑 / 张利民主编. —北京：社会
科学文献出版社，2014.9
ISBN 978 - 7 - 5097 - 6312 - 4

Ⅰ.①城⋯ Ⅱ.①张⋯ Ⅲ.①城市史—文集
Ⅳ.①C912.81 - 53

中国版本图书馆 CIP 数据核字（2014）第 178775 号

城市史研究（第30辑）

主　　编 / 张利民

出 版 人 / 谢寿光
项目统筹 / 宋荣欣　李丽丽
责任编辑 / 李丽丽

出　　版 / 社会科学文献出版社·近代史编辑室（010）59367256
　　　　　　地址：北京市北三环中路甲29号院华龙大厦　邮编：100029
　　　　　　网址：www. ssap. com. cn
发　　行 / 市场营销中心（010）59367081　59367090
　　　　　　读者服务中心（010）59367028
印　　装 / 北京鹏润伟业印刷有限公司

规　　格 / 开　本：787mm×1092mm　1/16
　　　　　　印　张：18　字　数：292千字
版　　次 / 2014年9月第1版　2014年9月第1次印刷
书　　号 / ISBN 978 - 7 - 5097 - 6312 - 4
定　　价 / 65.00元